成都天府国际机场一期考古发掘报告

（一）

成都文物考古研究院　编著

科　学　出　版　社

北　京

内 容 简 介

本报告是成都天府国际机场一期文物保护项目成果之一。详细公布了140座墓葬资料，其中汉代墓葬35座、宋代墓葬7座、明代墓葬98座。简阳地区以往考古发掘较少，此批墓葬的发现，为研究该地区三个时期普通平民阶层的墓制、葬俗等提供了新的资料。

本书可供从事考古学、历史学等学科的研究者、爱好者参考使用。

图书在版编目（CIP）数据

成都天府国际机场一期考古发掘报告. 一 / 成都文物考古研究院编著. —北京：科学出版社，2022.10
ISBN 978-7-03-073505-8

Ⅰ.①成… Ⅱ.①成… Ⅲ.①考古发掘–发掘报告–成都 Ⅳ.①K872.711

中国版本图书馆CIP数据核字（2022）第193534号

责任编辑：柴丽丽 / 责任校对：邹慧卿
责任印制：肖　兴 / 封面设计：刘可红

斜 学 虫 版 社 出版
北京东黄城根北街 16 号
邮政编码：100717
http://www.sciencep.com
北京汇瑞嘉合文化发展有限公司 印刷
科学出版社发行　各地新华书店经销

*

2022年10月第 一 版　开本：889×1194　1/16
2022年10月第一次印刷　印张：21 3/4　插页：30
字数：626 000
定价：**328.00元**
（如有印装质量问题，我社负责调换）

目　　录

插图目录

插表目录

图版目录

第一章 概 述

第一节 自然地理环境

简阳地处四川盆地腹地，位于盆地中部偏西，龙泉山脉东麓。沱江自北由金堂县入境，向南流入简阳市内，将简阳市划分为东西两部分。简阳处于沱江中游，市境内沱江弯曲较大，水流相对较缓，形成多个回水湾。绎溪河为简阳市内沱江最大的支流，位于沱江右岸，发源于仁寿县内的龙泉山脉中，流经简阳市镇金镇、三岔镇、草池镇后，在简阳市人民公园附近汇入沱江。市辖范围地跨东经104°11′34″~104°53′36″、北纬30°04′28″~30°39′0″，南北长63.3千米，东西宽68.3千米，行政区域面积2213.4996平方千米。

地貌以丘陵地带为主，其次为低山和河坝冲积平原，丘陵占总面积的88.13%，低山地区主要靠近龙泉山和丹景山，河坝冲积平原主要位于沱江沿岸。东部丘陵以中丘、深丘为主，地势由北向南倾斜，平均海拔450米。西部丘陵以浅丘为主，地势由西北向东南倾斜，平均海拔420米。东部丘陵大部分为灰褐色土壤，西部丘陵多为红褐色土壤。境内湖泊主要有三岔湖和龙泉湖，其中龙泉湖位于龙泉山下，部分在龙泉境内。

气候属于亚热带季风气候，夏季高温多雨，冬季温和少雨。四季分明，雨量充沛，春季易出现"倒春寒"现象，秋季会出现绵雨天气，全年基本无降雪或有一次降雪，年平均气温17℃，南部气温略高于北部。年平均降水量800毫米，每年8、9月份降水最多，12月份最少。年无霜期311天。

第二节 历史沿革

根据四川省文物考古研究院2010年龙垭遗址的发掘收获可知，至迟在旧石器时代中期简阳地区即有人类活动痕迹。秦时简阳属蜀郡。汉武帝元鼎二年置牛鞞县，后属犍为郡。东晋永和年间重新改属为蜀郡。西魏恭帝二年置武康郡，下辖阳安、婆闰二县。后周时沿袭前时行政设置未变。隋开皇初，废除武康郡，开皇十八年婆闰县改为平泉县，仁寿三年置简州，下辖阳安、平泉、资阳三县，州治所在地为阳安县，大业初年废简州改为县，其下辖的阳安、平泉二县归属于蜀郡，资阳县则归属于资州。唐武德三年，将简阳从益州分离出来，重新设置简州，下辖阳安、平泉、金水三县，其中阳安、平泉两县在现简阳境内，金水县在现金堂境内；乾元元年简州归属于剑南道，贞元年间在简州城内设置清化军。宋代时仍置简州，也称为阳安郡，属于成都府路，下辖阳安、平泉、灵泉三县，其中灵泉县于天圣四年改直接属于成都府路。元代简州属成都府路，至元中期后下辖阳安、平泉、灵泉三县，与前朝所置基本相同。明代变化较大，明初仍置简州，属于成都府管辖，洪武六年废简州改为县，正德八年又升县为简州。清顺治十二年，置简州隶属于成都府，下不辖县。民国二年，改简州为简阳，隶属于西川道。1935年，简阳县属于四川第二行政督察区，专员公署治所位于现资中县。中华人民共和国成立后，四川划分为川西、川东、川北、川南四个行署区，下设专区和县，简阳县隶属于川南行政公署的内江专区。1994年，简阳撤县设市（县级市），由四川省直辖，内江市代管。1998年，新设立资阳地区，简阳市由资阳地区代管①。2016年，简阳市由成都代管。

历代简阳设置的县主要如下。

牛鞞县：汉武帝元鼎二年置，西魏时废。

武康郡：汉牛鞞县旧地，西魏恭帝二年置，隋开皇初废。

阳安县：汉牛鞞县旧地，西魏时置阳安县为武康郡治地。隋、唐二朝为简州治地。宋代沿袭前朝。

婆闰县、平泉县：位于清代简州治所西南五十里，本为牛鞞县地界，西魏恭帝二年置婆闰县，当时属于资州管辖。隋开皇十八年改婆闰县名为平泉县，属益州管辖。唐武德三年后归于简州管辖。

灵泉县：现行政区划属于龙泉驿区。位于清代简州治所西北七十里，唐天宝元年以县南灵池为名改为灵池县，宋仁宗天圣四年改为灵泉县，属于成都府路管辖，元至元二十二年归入简州。明洪武六年撤县，仍旧属于简州管辖，正德八年置巡检司，并设龙泉驿。清代沿袭明代建制。

金水县：现行政区划属于金堂县。唐武德三年归属简州，五代时县名及隶属关系未改变，仍旧属于简州管辖。宋乾德五年，在原金水县旧地立怀安军。元代至元十三年，怀安军改置为怀州，从此废金水县并入怀州。

简阳自古自然人文景观皆较为丰富，根据清代咸丰癸丑年修《重修简州志》的记载，旧简州有八景，分别为印鳌拱壁、金绛流虹、龙门锦浪、应第莲池、一塔凌云、四崖泛月、渔村暮艇、朝阳曙阁。

---

① 主要参照咸丰癸丑年修《重修简州志》以及《简阳市志（1986～2005）》。

第三节 简阳地区以往主要考古发现

2016年以前，简阳市考古发现总体较少，2016年成都代管后，天府国际机场、成都新机场高速公路、成资渝高速公路等一大批基建项目的开展，以及配合天府国际机场进行的一系列基本建设揭开了简阳考古大发现的序幕。

从20世纪50年代开始，简阳地区在基本建设中陆续有文物发现。1950年，在修建成渝铁路的过程中，西南文教部文物调查征集工作小组对铁路沿线文物进行调查，在简阳发现有古建筑、古墓葬、石刻造像、金石碑刻以及诸多器物。发现地点主要为现简阳城区或其周边地区，离城区较远的踏水镇等地亦有发现[①]。1973年，在修建四川拖拉机厂子弟校的过程中，发现一座石室墓，出土陶罐、买地券等器物，从买地券纪年可知墓葬年代为南宋端平三年[②]。1974年，在扩建简阳氮肥厂过程中发现一座石椁墓，出土有陶俑、钱币等，由于墓葬破坏十分严重，根据随葬器物推断墓葬时代为北宋末年[③]。1974年，四川省文物管理委员会会同简阳县文化馆在简阳东溪园艺场清理了一座元代石室墓，出土了大量器物，以瓷器为大宗，另有较多的铜器、石砚和少量陶器、铁盒等[④]。1988年，内江市文管所会同简阳县文化馆对位于董家埂乡深洞村小地名为鬼头山的一座崖墓进行了清理，出土了一批器物和画像石棺，特别是出土带榜题的画像石棺为研究汉代画像提供了十分重要的材料[⑤]。1988年4月，在中国农业银行建设过程中发现一处明代窖藏，出土瓷器、铜器共100件，其中以明代青花瓷为主[⑥]。同年10月，在简阳棉纺厂施工过程中发现两座汉代砖室墓，发现陶俑、银戒指、银手镯、铜顶针、钱币等器物[⑦]。2010年，当地村民在修建自用房屋时偶然发现龙垭遗址，四川省考古研究院对该遗址进行了正式的考古发掘，出土了较多的动物骨骼化石、石制品等，是西南地区一处重要的旧石器时代中期遗址，为我们揭开简阳地区史前文化面貌提供了重要线索[⑧]。2016年以来，随着天府国际机场的建设，成都文物考古研究院、四川大学历史文化学院、简阳市文物管理所共同在机场及其配套设施建设范围内发掘了大量汉晋、宋、明时期墓葬，出土了大量珍贵的器物及画像，为研究简阳地区的社会历史文化提供了丰富的资料，揭开了简阳地区考古大发现的序幕。

---

① 西南文教部文物调查征集工作小组：《成渝铁路筑路当中出土文物调查报告》，《文物参考资料》1951年第11期。

② 方建国：《简阳县发现南宋纪年墓》，《四川文物》1987年第3期。

③ 方建国：《四川简阳县发现一座宋墓》，《考古》1988年第12期。

④ 四川省文物管理委员会：《四川简阳东溪园艺场元墓》，《文物》1987年第2期。

⑤ 雷建金：《简阳县鬼头山发现榜题画像石棺》，《四川文物》1988年第6期；内江市文管所、简阳县文化馆：《四川简阳县鬼头山东汉崖墓》，《文物》1991年第3期。

⑥ 方建国、唐朝君：《简阳县发现明代瓷器窖藏》，《四川文物》1991年第2期。

⑦ 方建国、唐朝君：《简阳黄泥坪汉墓清理简报》，《四川文物》1990年第2期。

⑧ 陈苇、仪明洁、孙智彬等：《四川简阳龙垭遗址出土的石制品》，《人类学学报》2020年第39卷（网络版）。

第四节　项目概况、缘起、发掘及报告编写经过

一、项目概况

成都天府国际机场项目位于四川省简阳市芦葭镇、草池镇、石板凳镇，距成都市中心51.5千米，初期设计运营能力满足旅客4000万人次，建设3条跑道。机场规模为双流T2航站楼的1.8倍，定位为中国第四个国家级国际航空枢纽，总占地面积近22平方千米（图一）。

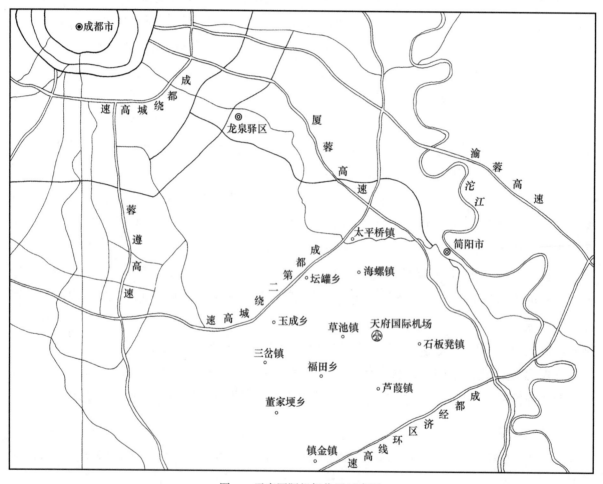

图一　天府国际机场位置示意图

二、项目缘起

2015年，受四川省机场建设集团委托，四川省文物考古研究院对项目红线范围内地下文物点进行了详细调查，初步摸清了红线范围内文物点的分布情况。2016年5月，经国务院及四川省人民政府批准，简阳市由成都代管。同年6月16日，四川省、成都市文物行政主管部门召开了成都天府国际机场一期建设项目文物保护工作协调会，明确了成都市文物考古工作队（成都文物考古研究院）负责承担该项目范围内的地下文物发掘保护工作。2016年6月22、23日，四川省文物考古研究院向成都市文物考古工作队（成都文物考古研究院）移交了前期的相关工作资料，成都市文物考古工作队（成都文物考古研究院）随即组织专业人员对移交资料中的地下文物部分进行了整理和分析，并于2016年7月6～13日联合简阳市文物管理所组织了两支队伍在原调查资料的基础上进行了复查，完成了红线范围内地下文物分布情况的实地核查，并同步对清代墓葬开展了资料提取工作。

三、项目发掘及报告编写经过

该项目的考古发掘工作正式开始于2016年8月10日。由于项目建设工期紧，文物点较多，为有效保护地下文物，同时尽量减小对项目建设工期的影响，本着既有利于基本建设又有利于文物保护的原则，成都市文物考古工作队（成都文物考古研究院）联合四川大学、西南民族大学对红线范围内文物点进行了配合基本建设的考古发掘工作。本报告主要涉及成都市文物考古工作队（成都文物考古研究院）发掘部分文物点，四川大学和西南民族大学发掘的文物点资料另文发表。

本报告涉及墓地共41处（图二），全部由成都市文物考古工作队（成都文物考古研究院）工作人员开展发掘工作，同时负责资料整理和报告编写工作。墓葬内容主要为崖墓和石室墓，其中崖墓主体时代为东汉中晚期，石室墓时代为宋代和明代。2018年初，成都市文物考古工作队（成都文物考古研究院）组织人员对出土器物开展修复工作，于2019年初完成。2020年初完成对墓葬和随葬器物的基础整理和描述工作。2020年底完成报告的初步编写工作，后几经调整，于2021年上半年完成。本报告主要分汉代崖墓、宋代墓葬、明代墓葬三部分。

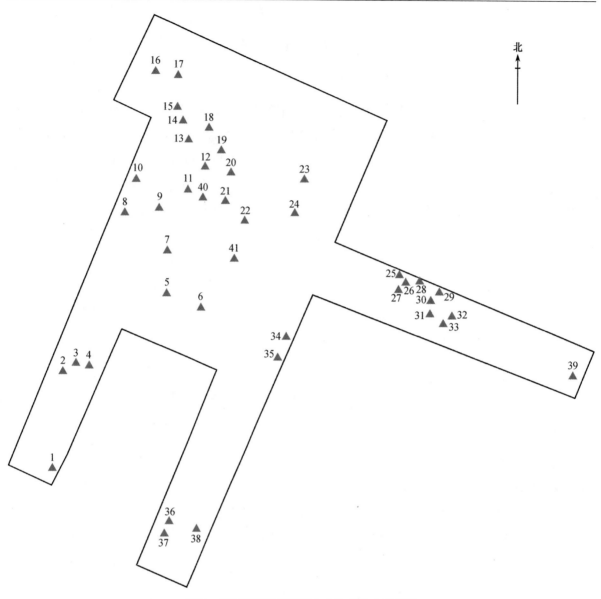

图二　天府国际机场范围内文物点分布示意图

1.汪家山崖墓群　2.汪家湾墓地　3.汪家山石室墓　4.生基嘴墓地　5.林盘山石室墓　6.唐家沟墓地　7.马鞍山石室墓

8.庙儿山（幸福村）石室墓　9.狮毛山墓地　10.团顶山石室墓　11.家蛋湾石室墓　12.核桃沟墓地　13.吊嘴嘴山石室墓

14.坛神地石室墓　15.坡改梯墓地　16.土家碥石室墓　17.碑湾碥石室墓　18.猫斗山墓地　19.生基山石室墓　20.赵家庙石室墓

21.蛮洞子山崖墓　22.周家大坪墓地　23.长山石室墓　24.雷万波坡石室墓　25.枣子山石室墓　26.大坟山石室墓　27.何家坟

石室墓　28.细坡石室墓　29.庙儿山（金龙村）石室墓　30.王家岭墓地　31.碓窝山墓地　32.生基坡墓地　33.花果山墓地

34.尖山坡崖墓　35.大山崖墓群　36.张家坝石室墓　37.敲钟山墓地　38.何家山石室墓　39.竹林湾石室墓　40.甘蔗嘴墓地

41.三圣庙墓地

第二章 汉 墓

本报告中汉代崖墓地点共4个，分别为汪家山崖墓群、大山崖墓群、蛮洞子山崖墓、尖山坡崖墓。共发掘崖墓35座。以下分节分别对每个墓地具体发掘情况进行介绍。

第一节 汪家山崖墓群

位于简阳市草池镇三渔村三组，小地名为汪家山，墓地编号为"2016CJSW"。中心地理坐标为东经104°25′12″、北纬30°17′14″，海拔436米。该地点共发掘崖墓18座，墓葬编号为M1～M18。其中M3、M10仅开凿墓道，未完成整个墓的开凿，故此次不予介绍。现将其余16座墓葬的具体情况介绍如下（图版一；图版三，1）。

一、M1

（一）墓葬形制

单室墓。东临M2。方向30°。由墓道、墓门、甬道、墓室、侧室组成，葬具及人骨均已不存。全长6.28米（图三）。

墓道　前端被破坏，残留部分平面呈梯形，由墓门向外逐渐收窄，底部不甚平整，由墓门向外倾斜。残长1.8、宽1.08～1.32、残深1.3～2.3米。

墓门　位于墓道南端，立面呈长方形，门楣已坍塌。宽0.84、高1.5米。

甬道　北接墓门，平面呈不规则长方形，顶部平直，底部近墓室侧较高，向墓道侧倾斜。宽0.84、进深0.64～0.86、高1.5米。

墓室　平面呈不规则梯形，近甬道侧较窄，弧顶，前后较低，中间较高，墓底向甬道侧略微倾斜。长3.6、宽0.88～1.3、高1.2～1.5米。东西两侧各有一个侧室，东侧室平面呈不规则形，底部高出墓室底部0.2米，弧顶，靠近墓室侧较高，向墓壁侧弧形倾斜。长2.24～2.46、宽

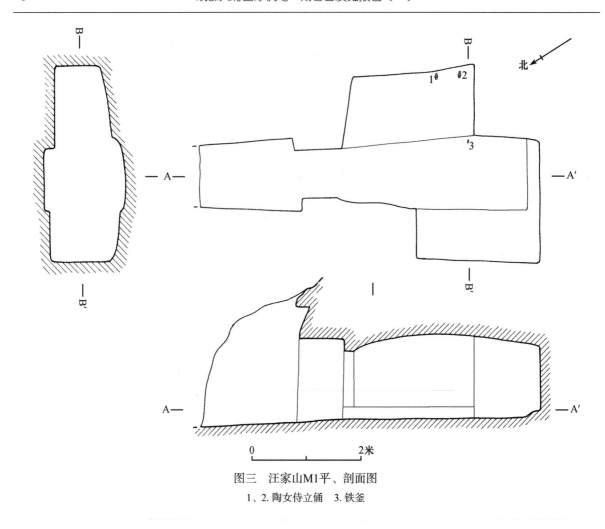

图三　汪家山M1平、剖面图

1、2.陶女侍立俑　3.铁釜

1.26、高0.8～1.08米。西侧室平面近长方形，弧顶，靠近墓室侧较高，向墓壁侧弧形倾斜，底部高出墓室底部0.12米。长2.3、宽0.9、高1.08～1.28米。

（二）随葬器物

出土随葬品3件，质地有陶、铁两种，另有钱币25枚。分述如下。

1. 陶器

2件。

女侍立俑　2件。泥质红陶。M1：1，面庞圆润，目光平视前方，身着宽袖长裙，左手托一物置于胸前，右手长袖上摆，脚尖外露。高13.5厘米（图四，1；图版一六，1）。M1：2，面庞圆润，微露笑容，昂首挺胸，身着右衽交领宽袖长袍，腰束带，双手前置笼于袖中，脚尖外露。残高14.5厘米（图四，2；图版一六，2）。

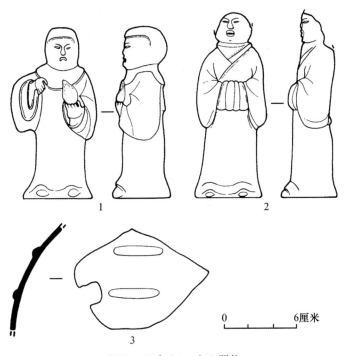

图四 汪家山M1出土器物

1、2.陶女侍立俑（M1：1、M1：2） 3.铁釜（M1：3）

2. 铁器

1件。

铁釜 1件。M1：3，残损严重。残高8厘米（图四，3）。

3. 钱币

25枚。均为五铢钱。钱径2.5～2.63、穿宽0.85～1.15厘米（图五；表一）。

二、M2

（一）墓葬形制

双室墓。西邻M1。方向48°。由墓道、墓门、甬道、前室、后室、侧室组成。葬具及人骨均已不存。全长9.96米（图六）。

墓道 前端部分被破坏，残留部分平面呈梯形，由墓门向外逐渐收窄，底部不甚平整，由墓门向外倾斜。残长4.84、宽1.48～2、残深0.2～3.84米。排水沟始于墓室前部，经甬道、墓道东侧一直向外延伸。残长6.5、宽0.1～0.3、深0.04～0.18米（图版四，1）。

墓门 位于墓道西端，立面呈长方形，单层门楣。宽1.24、高1.65米（图版四，1）。

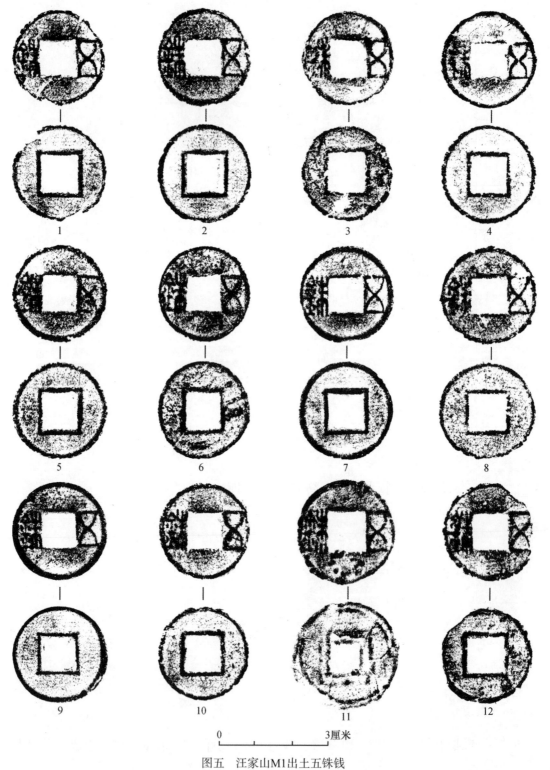

图五　汪家山M1出土五铢钱

1. M1：4　2. M1：5　3. M1：6　4. M1：7　5. M1：8　6. M1：9　7. M1：10　8. M1：11　9. M1：12　10. M1：13
11. M1：14　12. M1：15

表一 汪家山M1出土钱币统计表

编号	钱文	钱径/厘米	穿宽/厘米	现重量/克	备注
M1：4	五铢	2.5	1	2.7	
M1：5	五铢	2.6	1.15	3.2	
M1：6	五铢	2.5	1	3.3	
M1：7	五铢	2.59	1	2.4	
M1：8	五铢	2.58	0.96	2.5	
M1：9	五铢	2.52	0.96	3.4	
M1：10	五铢	2.55	1.08	3.1	
M1：11	五铢	2.61	1.03	3	
M1：12	五铢	2.61	0.98	2.1	
M1：13	五铢	2.51	0.95	2.1	
M1：14	五铢	2.63	1.02	2	
M1：15	五铢	2.52	0.98	1.4	残
M1：16	五铢	/	0.93	0.7	残
M1：17	五铢	/	0.94	1.3	残
M1：18	五铢	/	0.88	2.2	残
M1：19	五铢	/	0.92	1.3	残
M1：20	五铢	/	0.85	0.9	残
M1：21	五铢	/	/	0.8	残
M1：22	五铢	/	0.98	0.9	残
M1：23	五铢	/	/	0.7	残
M1：24	五铢	/	0.9	1.1	残
M1：25	五铢	/	/	1.2	残
M1：26	五铢	/	/	1.1	残
M1：27	五铢	/	/	0.7	残
M1：28	五铢	/	/	1.1	残

甬道 东接墓门，平面呈长方形，顶部平直，底部近墓室侧较高，向墓道侧倾斜。宽1.24、进深0.68、高1.4米。

前室 平面呈不规则长方形，斜顶，靠近后室侧较高，向甬道侧倾斜，底部向甬道侧略微倾斜。长2.74、宽1.52～1.72、高1.6～1.93米。

后室 平面呈不规则形，斜顶，靠近后壁侧较高，向前室侧倾斜，底部亦向前室侧倾斜。长1.74～2.32、宽1.48～1.72、高1.84～2.1米。后壁邻近北壁侧有一灶台案龛。灶台长0.96、宽0.4、高0.3米。其上有一对灶眼，小灶眼长径0.2、短径0.16、深0.16米，大灶眼长径0.2、短径16.5、深0.16米。案龛长0.9、进深0.26、高0.3米。侧室纵跨前后室，南北两侧各有一个。南侧室平面略呈长方形，底部高出前室底部0.32米，顶部距墓顶0.12～0.32米，斜顶，斜底，皆由墓室向甬道侧略微倾斜。长2.9、宽1、高1.54米。北侧室平面呈不规则形，底部高出

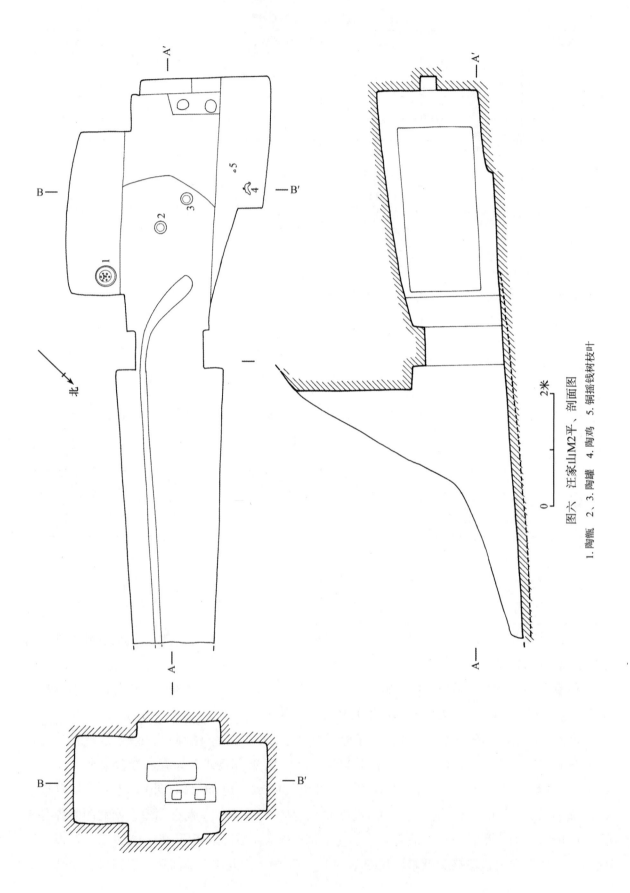

图六　汪家山M2平、剖面图
1. 陶甄　2、3. 陶罐　4. 陶鸡　5. 铜摇钱树枝叶

前室底部0.56米，斜顶，斜底，皆由墓室向甬道侧略微倾斜。长2.32～3.94、宽0.95、高1.2米（图版四，2）。

（二）随葬器物

出土随葬品5件，质地有陶、铜两种，另有钱币9枚。分述如下。

1. 陶器

4件。包括甑、鸡各1件，罐2件。

罐　2件。泥质灰陶。M2：2，侈口，圆唇，圆肩，斜弧腹，平底。肩部饰一周凹弦纹。口径9.2、最大径16.2、底径8.4、高13厘米（图七，4；图版一三，1）。M2：3，侈口，方唇，束颈，圆肩，斜弧腹。肩部饰一周凹弦纹、两周附加堆纹，凹弦纹与附加堆纹间饰一周绳纹，腹部饰一周凹弦纹、一周戳印纹。口径10、最大径18、残高10.8厘米（图七，5）。

甑　1件。M2：1，泥质灰陶。侈口，窄沿，尖圆唇，弧腹，平底，底部有10个圆形箅孔。腹部有轮制痕迹。口径36.8、底径17、高26.6厘米（图七，2；图版一一，4）。

鸡　1件。M2：4，泥质红陶。站立状，鸡头正对前方，长颈，躯体丰满，翘尾。高24.8厘米（图七，1；图版一五，1）。

2. 铜器

摇钱树枝叶　1片。M2：5，残高1.9厘米（图七，3）。

3. 钱币

9枚。均为五铢钱。钱径2.56～2.63、穿宽0.9～1厘米（图八；表二）。

表二　汪家山M2出土钱币统计表

编号	钱文	钱径/厘米	穿宽/厘米	现重量/克	备注
M2：6	五铢	2.61	0.9	2.1	残
M2：7	五铢	2.63	0.97	1.9	
M2：8	五铢	2.61	1	2.2	
M2：9	五铢	2.56	0.98	1.5	残
M2：10	五铢	/	/	2.1	残
M2：11	五铢	2.62	0.96	2.8	
M2：12	五铢	2.57	0.96	2.1	
M2：13	五铢	2.56	0.95	2.6	
M2：14	五铢	2.59	1	2.1	残

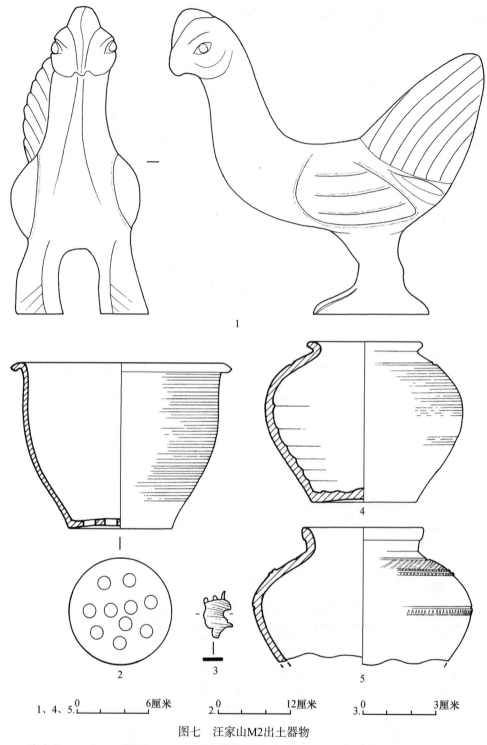

图七　汪家山M2出土器物

1. 陶鸡（M2：4）　2. 陶甑（M2：1）　3. 铜摇钱树枝叶（M2：5）　4、5. 陶罐（M2：2、M2：3）

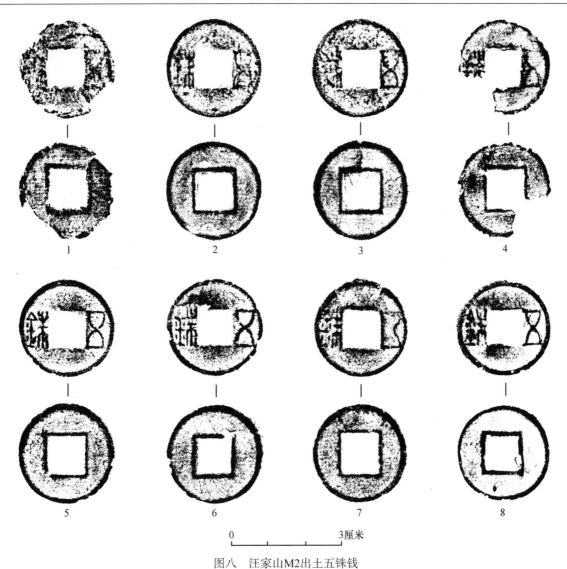

图八 汪家山M2出土五铢钱

1. M2：6 2. M2：7 3. M2：8 4. M2：9 5. M2：11 6. M2：12 7. M2：13 8. M2：14

三、M4

（一）墓葬形制

双室墓。东南邻M16。方向40°。由墓道、墓门、甬道、前室、后室组成。葬具及人骨均已不存。全长9.68米（图九）。

墓道 前端被破坏，残存部分平面呈不规则梯形，由墓门向外逐渐收窄，底部不甚平整，由墓门向外倾斜。残长2.26~2.44、宽1.44~1.92、残深0.8~2.56米。西壁中部有一人像雕刻，浅浮雕，头戴帻，面部已不清，下部已破坏。人像高0.43、宽0.23米（图版五，2）。

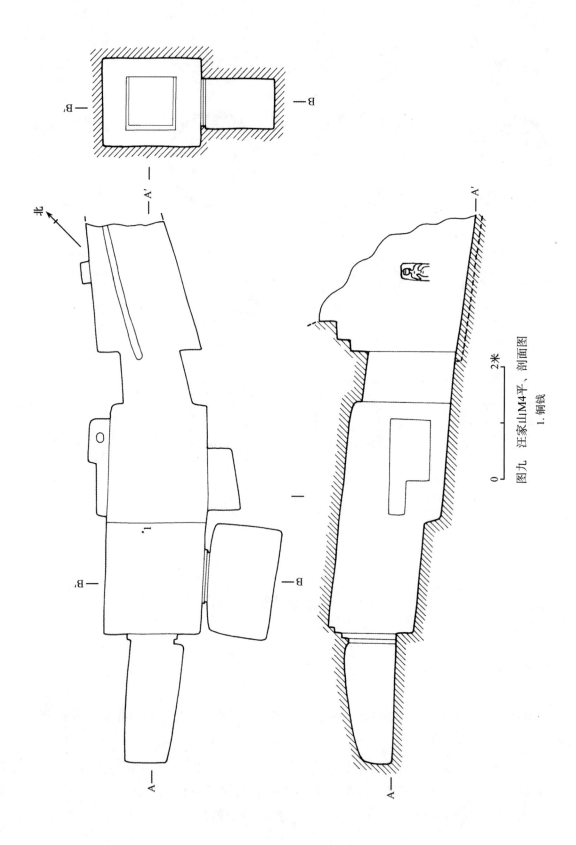

图九 汪家山M4平、剖面图

1. 铜钱

0   2米

排水沟始于甬道近墓道侧，经甬道、墓道西侧一直向外延伸。残长2.46、宽0.12、深0.13米。

墓门 位于墓道南端，立面呈长方形，双层门楣。宽1.1、高1.6米。

甬道 北接墓门，平面呈不规则梯形，顶部、底部近墓室侧较高，向墓道侧倾斜。宽1.1～1.3、进深0.94、高1.6米。

前室 平面呈不规则长方形，斜顶，斜底，皆由墓室向甬道侧倾斜。长2.06、宽1.74～1.84、高1.76～1.84米。东西壁各有一龛。东壁龛平面呈梯形。宽1.1、进深0.46～0.6米。西壁为灶台案龛，灶台长0.8、宽0.38、高0.72米；灶眼长径0.16、短径0.14米；案龛宽0.92、进深0.2、高0.3米。

后室 平面呈长方形，斜顶，斜底，皆由后室向前室侧倾斜。长2、宽1.8～1.84、高1.56米。东壁有一龛，平面呈不规则长方形，底部高出后室底部0.36米，顶部距墓顶0.32米。宽1.92～2、进深1.28、高0.88米。后壁有一棺龛，龛与后室之间置门，双层门楣。平面呈不规则长方形，底部高出墓底0.32米，顶部距墓顶0.28米。弧顶，靠近后室侧较高。斜底，向后室侧倾斜。宽0.8～1、进深2.3、高0.52～0.92米（图版五，1）。

（二）随葬器物

该墓后期盗扰严重，仅出土钱币1枚。M4：1，锈蚀严重，无法清晰辨认钱文。钱径2.8、穿宽1.2厘米（图一〇；表三）。

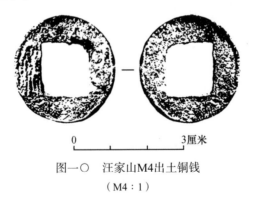

0   3厘米

图一〇 汪家山M4出土铜钱

（M4：1）

表三 汪家山M4出土钱币统计表

编号	钱文	钱径/厘米	穿宽/厘米	现重量/克	备注
M4：1	/	2.8	1.2	2.8	

四、M5

（一）墓葬形制

单室墓。东邻M6。方向30°。由墓道、墓门、甬道、墓室组成。葬具残存陶棺碎片，人骨已不存。全长7.98米（图一一）。

墓道　前端被破坏，残存部分平面呈梯形，由墓门向外逐渐收窄，底部不甚平整，由墓门向外倾斜。残长3.44、宽0.8～1.72、深0.16～2.2米。排水沟始于墓室与甬道交接处，经甬道、墓道西侧一直向外延伸。残长4.06、宽0.1、深0.08米。

墓门　位于墓道南端，立面呈长方形，门楣已坍塌。宽1.16、高1.56米。

甬道　北接墓门，平面呈梯形，斜顶，斜底，皆近墓室侧较高，向墓道侧倾斜。宽1.16～1.34、进深0.6、高1.56～1.6米。

墓室　平面呈梯形，顶部与底部皆不甚平整。长3.94、宽1.56～1.84、高1.58～1.64米。东壁有两个龛，平面皆大致呈长方形，近墓门一侧的龛宽0.7、进深0.52米，远墓门一侧的龛宽2.06、进深0.56～0.6、高1.24米。西壁有两龛，近墓门一侧的龛平面近长方形，龛底部高出墓室底部0.8～0.86米，顶部距墓顶0.2～0.28米，宽1.06～1.8、进深1、高0.54米；远墓门一侧的龛平面呈梯形，龛底部高出墓室底部0.73～0.75米，顶部距墓顶0.3～0.32米，宽0.7～1.46、进深0.72、高0.6米。

（二）随葬器物

出土随葬品3件，均为陶器，包括钵、猪、子母鸡各1件。

钵　1件。M5∶1，泥质灰陶。敞口，圆唇，折弧腹，平底略内凹。口径20.4、底径8.4、高7.6厘米（图一二，3；图版一〇，1）。

猪　1件。M5∶2，泥质红陶。左右分模而制，后黏接而成，背部有刮削痕，正中有一圆孔。立耳，圆目，低首，四足站立，尾部卷曲。高13.2厘米（图一二，1；图版二〇，1）。

子母鸡　1件。M5∶3，泥质红陶。俯卧状，鸡头直视前方，躯体肥满，翘尾，背驼一鸡仔。高12.4厘米（图一二，2；图版一五，2）。

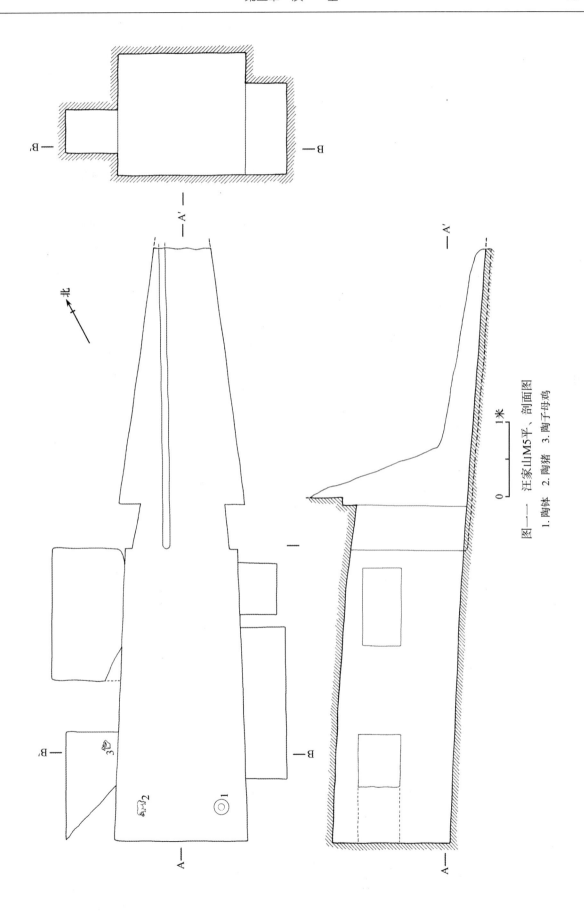

图一一 汪家山M5平、剖面图
1.陶钵 2.陶猪 3.陶子母鸡

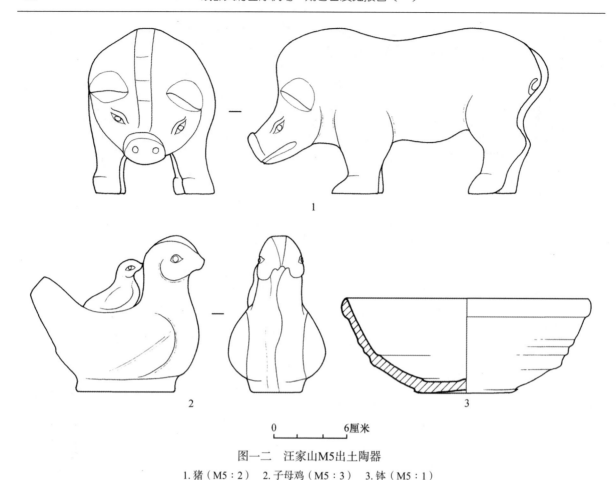

图一二　汪家山M5出土陶器

1. 猪（M5：2）　2. 子母鸡（M5：3）　3. 钵（M5：1）

五、M6

（一）墓葬形制

双室墓。东邻M7。方向22°。由墓道、墓门、甬道、前室、后室组成。后室东侧现有一原岩石棺，另墓室扰土内出土少量陶棺碎片，可推测葬具原有原岩石棺和陶棺两种，人骨已不存。全长11.62米（图一三；图版六，1）。

墓道　前端被破坏，残存部分平面呈梯形，由墓门向外逐渐收窄，底部不甚平整，由墓门向外倾斜。残长4、宽1.2～1.64、深0.34～2.6米。

墓门　位于墓道南端，立面呈长方形，单层门楣，部分已坍塌。宽1.06、高1.56米。

甬道　北接墓门，平面呈梯形，斜顶，斜底，皆近墓室侧较高，向墓道侧倾斜。宽1.06～1.68、进深1.7、高1.4米。

前室　平面呈不规则长方形。弧顶，向两侧略微倾斜，斜底，由后室侧向甬道侧倾斜。长3.8、宽1.56～1.62、高1.52～1.72米。东西壁上各有一龛。东壁龛平面近长方形，底部高出墓室底部0.28～0.6米，顶部距墓顶0.16～0.42米。宽1.92～2、进深0.96、高0.8～1米。西壁龛

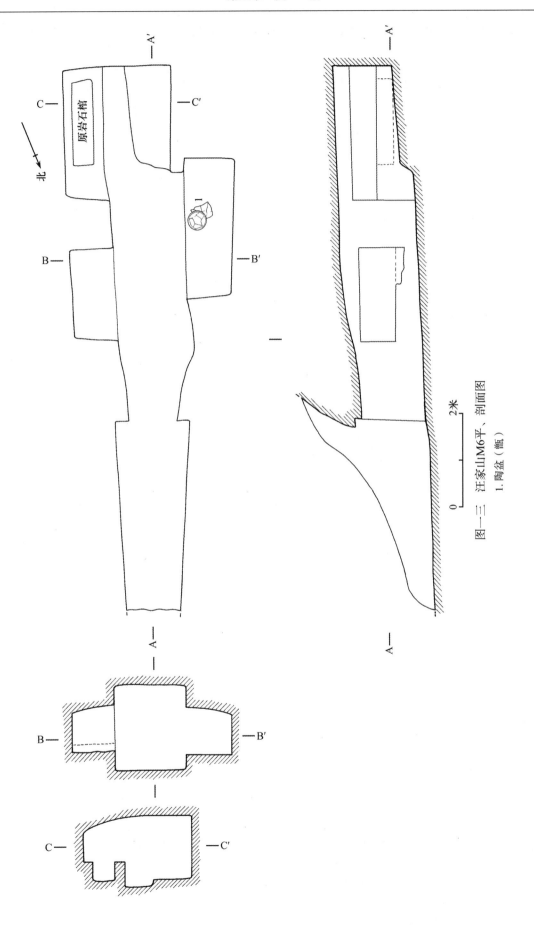

图一三 汪家山M6平、剖面图
1. 陶盆（瓿）

平面近长方形，底部高出墓室底部0.32米，顶部距墓顶0.48米。宽2.88～3.04、进深1.06、高0.86～1.04米。

后室　平面呈不规则长方形，斜顶，斜底，皆向前室侧倾斜。长2.16、宽1.5、高1.32～1.4米。西侧有一棺台，平面呈不规则形，高出墓底0.28米。长2.06～2.28、宽0.72～1.02米。东侧有一原岩石棺，棺内长1.85、宽0.46、深0.44米。

（二）随葬器物

出土陶器1件，另有铜钱6枚。分述如下。

1. 陶器

1件。

盆（甑）　1件。M6：1，泥质灰陶。敞口，窄沿，尖唇，斜弧腹。腹部有数道凸弦纹。口径40、残高19厘米（图一四）。

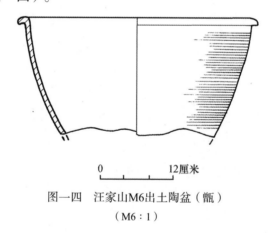

0　　　　　12厘米

图一四　汪家山M6出土陶盆（甑）

（M6：1）

2. 钱币

6枚。均为五铢钱。钱径2.55～2.63、穿宽0.92～0.99厘米（图一五；表四）。

表四　汪家山M6出土钱币统计表

编号	钱文	钱径/厘米	穿宽/厘米	现重量/克	备注
M6：2	五铢	2.6	0.98	2.6	
M6：3	五铢	2.62	0.92	3.1	
M6：4	五铢	2.6	0.92	2.5	
M6：5	五铢	2.55	0.98	2.1	
M6：6	五铢	2.63	0.99	3	
M6：7	五铢	2.62	0.95	3.4	

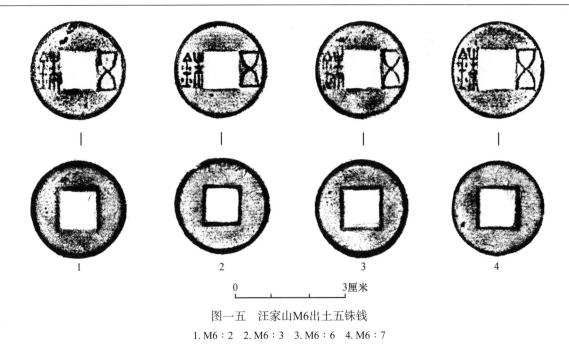

图一五 汪家山M6出土五铢钱
1. M6：2　2. M6：3　3. M6：6　4. M6：7

六、M7

（一）墓葬形制

三室墓。西邻M6，东邻M8并打破M8。方向40°。由墓道、墓门、前室、中室、后室组成。葬具及人骨均已不存。全长10.02米（图一六；图版六，2）。

墓道 前端被破坏，残存部分平面呈不规则形，由墓门向外逐渐收窄，底部不甚平整，由墓门向外倾斜。残长1.8～3.49、宽1.66～1.86米。

墓门 位于墓道南端，已被破坏，顶部坍塌，从残存部分可推测其立面呈长方形。宽1.14、残高1.14米。

前室 北接墓门，平面呈梯形，顶部坍塌，底部不甚平整，由中室侧向墓门侧倾斜。长3.28、宽1.13～1.54米。

中室 平面为不规则梯形，顶部已坍塌，底部高出前室底部0.72米，较为平整。长1.02、宽1.13～1.78米。

后室 平面呈不规则梯形，底部高出中室底部0.22米，斜顶，斜底，皆向中室侧倾斜。长2.23、宽1.46～1.78、高1.36米。

（二）随葬器物

该墓盗扰严重，未出土随葬品。

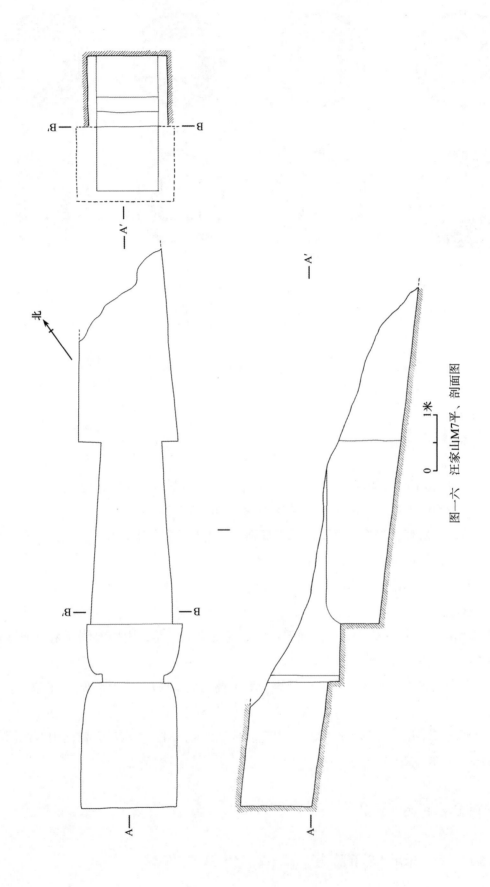

图一六 汪家山M7平、剖面图

七、M8

（一）墓葬形制

双室墓。西邻M7，并被M7打破。方向36°。由墓道、墓门、前室、甬道、后室组成。墓室西侧现有一原岩石棺，另墓室内出土少量陶棺碎片，可推测葬具原有原岩石棺和陶棺两种，人骨已不存。全长6.7米（图一七；图版六，2）。

墓道　前端被破坏，平面呈梯形，由墓门向外逐渐收窄。残长1.02、宽1.2～1.32米。

墓门　位于墓道南端，顶部被破坏。宽1.02、残高1.56米。

前室　平面略呈梯形，近墓道侧较窄，由甬道侧向墓道侧逐渐收窄，顶部已被破坏不存，底部较平，向墓道侧略微倾斜。长2.24、宽1.04～1.48米。

甬道　位于前后室之间，平面近梯形，底部和顶部皆较平。宽1.02～1.2、进深0.78、高1.4米。

后室　平面呈长方形，顶部前端为弧形，后端较平，底部较平，向甬道侧略微倾斜。长2.66、宽1.46、高1.52～1.76米。西壁有一原岩石棺，西侧破坏较为严重，棺内长1.7、宽0.3、深0.36米。

（二）随葬器物

该墓后期盗扰严重，仅出土钱币1枚。M8：1，锈蚀严重，通过残存字迹可辨认为五铢。钱径2、穿宽0.9厘米（图一八；表五）。

表五　汪家山M8出土钱币统计表

编号	钱文	钱径/厘米	穿宽/厘米	现重量/克	备注
M8：1	五铢	2	0.9	2.8	

八、M9

（一）墓葬形制

单室墓。西邻M8。方向20°。由墓道、墓门、甬道、墓室组成。西侧室现有一原岩石棺，另墓室扰土内出土少量陶棺碎片，可推测葬具原有原岩石棺和陶棺两种，人骨已不存。全长9.08米（图一九）。

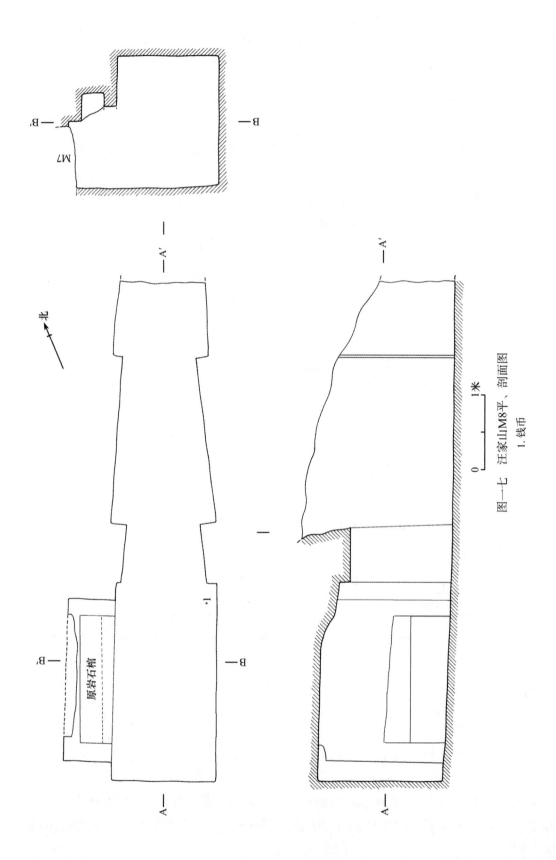

图一七　汪家山M8平、剖面图

1. 钱币

墓道 前端已被破坏，残存部分平面呈梯形，由墓门向外逐渐收窄。分前后两段，靠近墓门段底部高于外段底部0.6米。残长5.8、宽1.06~1.96、深0.9~2.56米。

墓门 位于墓道南端，立面呈长方形，单层门楣，部分已坍塌。宽1.08、高1.32米。

甬道 平面呈长方形，平顶，底部不甚平整，向墓道侧倾斜。宽1.04、进深0.54、高1.16米。

墓室 平面呈不规则长方形，后壁为弧形。底部和顶部皆不甚平整，向甬道侧倾斜。长2.74、宽1.66~1.76、高1.68~1.76米。有东西两侧室，西侧室底部高出墓室底部0.12~0.2米，内凿出一原岩石棺，棺内长1.7、宽0.66、深0.24米（图版七，1）。东侧室呈不规则长方形，底部高出墓底0.18米。长2~2.08、宽1.4、高1.6米。靠近墓室东侧底部在原岩上凿出一单眼灶，灶眼长径0.18、短径0.16米。东侧室北壁有一壁龛，平面呈不规则长方形。宽0.76、进深0.34米。东侧室东壁亦有一龛，平面呈不规则长方形。宽2~2.52、进深1.12、高0.4米。

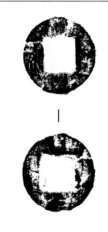

图一八 汪家山M8出土五铢钱
（M8∶1）

（二）随葬器物

出土随葬品19件，质地有陶、石两种，另有钱币5枚。分述如下。

1. 陶器

18件。包括簋、甑、女侍立俑、残侍立俑、女俑头、抚耳俑、舞蹈俑、狗、房、案各1件，罐、釜、鸡、水田各2件。

罐 2件。M9∶2，泥质灰陶。圆肩，斜弧腹，下腹斜收，平底略内凹。肩部饰一周凹弦纹。最大径19.6、底径10.2、残高15.2厘米（图二〇，4）。M9∶3，泥质灰陶。圆肩，斜弧腹，下腹斜收，平底略内凹。肩部饰一周凹弦纹，凹弦纹下饰四周戳印纹。最大径25.6、底径13.6、残高15厘米（图二〇，3）。

釜 2件。M9∶4，夹细砂红陶。侈口，宽沿，方圆唇，束颈，溜肩，弧腹，圜底。沿部饰数道凹弦纹，腹部饰数周戳印纹，底部饰数道细绳纹。口径16、最大径16.7、高11.2厘米（图二〇，5；图版一二，1）。M9∶5，泥质红陶。侈口，宽沿，尖唇，溜肩，弧腹，圜底。沿部有一周凹槽，腹部饰三周凹弦纹，底部饰数周细绳纹。口径23.6、最大径23.4、高16.4厘米（图二〇，1；图版一二，2）。

簋 1件。M9∶6，泥质灰陶。直口微敛，圆唇，弧腹，圜底，圈足，圈足外撇。腹部饰两周凹弦纹。口径21.6、足径13.6、高16厘米（图二〇，2；图版一四，5）。

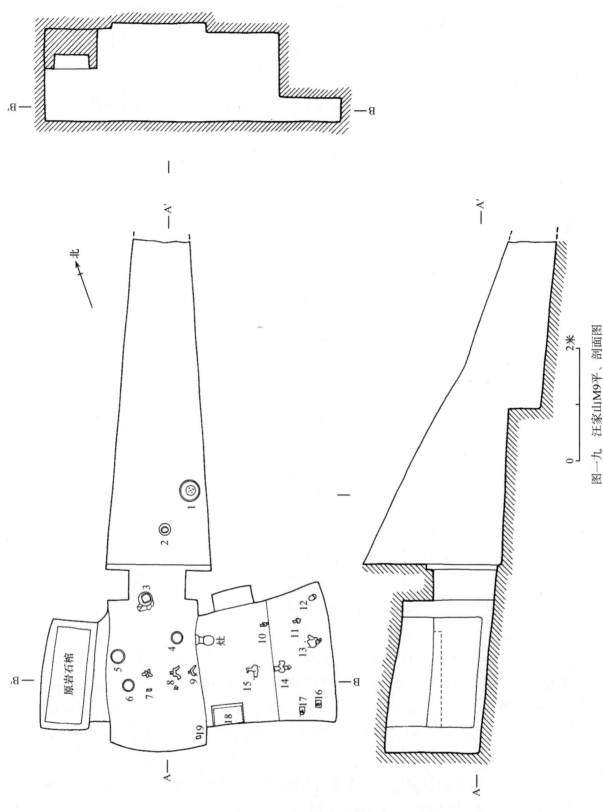

图一九　汪家山M9平、剖面图

1.陶瓶　2、3.陶罐　4、5.陶釜　6.陶甑　7.陶房　8、9.陶鸡　10.陶女侍立俑　11.陶侍立俑（残）　12.陶女俑头　13.陶抚耳俑　14.陶舞蹈俑　15.陶狗　16、17.陶水田　18.陶案　19.石器

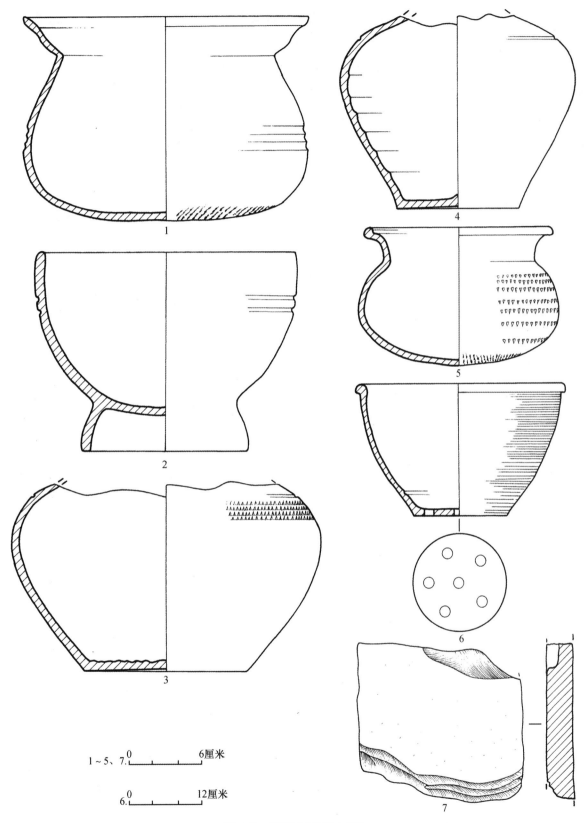

图二〇 汪家山M9出土器物

1、5.陶釜（M9：5、M9：4） 2.陶簋（M9：6） 3、4.陶罐（M9：3、M9：2） 6.陶甑（M9：1） 7.石器（M9：19）

甑　1件。M9：1，泥质灰陶。敞口，圆唇，斜弧腹，平底，底部有6个圆形箅孔。腹部有轮制痕迹。口径35.2、底径15.4、高21.6厘米（图二○，6；图版一一，5）。

女侍立俑　1件。M9：10，夹细砂红陶。身着右衽交领宽袖长袍，双手笼于袖中置于胸前，脚尖外露。高22厘米（图二一，2；图版一六，3）。

残侍立俑　1件。M9：11，夹细砂红陶。身着右衽交领宽袖长袍，双手笼于袖中置于胸前，脚尖外露。残高18厘米（图二二，2；图版一六，4）。

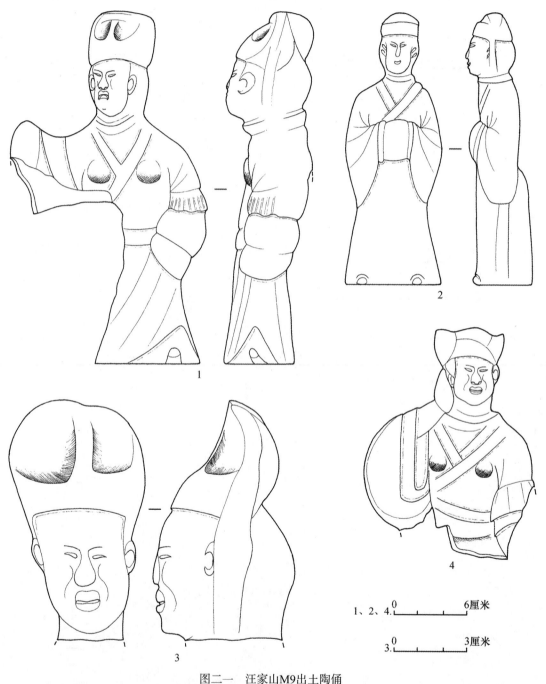

图二一　汪家山M9出土陶俑

1. 舞蹈俑（M9：14）　2. 女侍立俑（M9：10）　3. 女俑头（M9：12）　4. 抚耳俑（M9：13）

女俑头 1件。M9：12，夹细砂红陶。头挽扇形髻，高鼻，眉目清晰，面带微笑。残高9.7厘米（图二一，3）。

抚耳俑 1件。M9：13，泥质红陶。头戴高帽，高鼻。内穿圆领衫，外穿右衽交领宽袖长衣，腰间束带，右手置于耳边做倾听状。残高18.7厘米（图二一，4；图版一六，5）。

舞蹈俑 1件。M9：14，泥质红陶。头挽扇形髻，高鼻。内着圆领衫，外着右衽宽袖长裙，左手提裙放于腰间，右手长袖上摆，扭臀，作舞蹈状。高28.2厘米（图二一，1；图版一六，6）。

狗 1件。M9：15，泥质红陶。仅存一足。残高12厘米（图二二，3）。

鸡 2件。M9：8，泥质红陶。站立状，鸡头正对前方，长颈，躯体丰满，翘尾。高20.6厘米（图二二，4；图版一五，3）。M9：9，泥质红陶。站立状，长颈，躯体丰满，翘尾。残高

0   6厘米

图二二 汪家山M9出土陶俑

1、4.鸡（M9：9、M9：8） 2.残侍立俑（M9：11） 3.狗（M9：15）

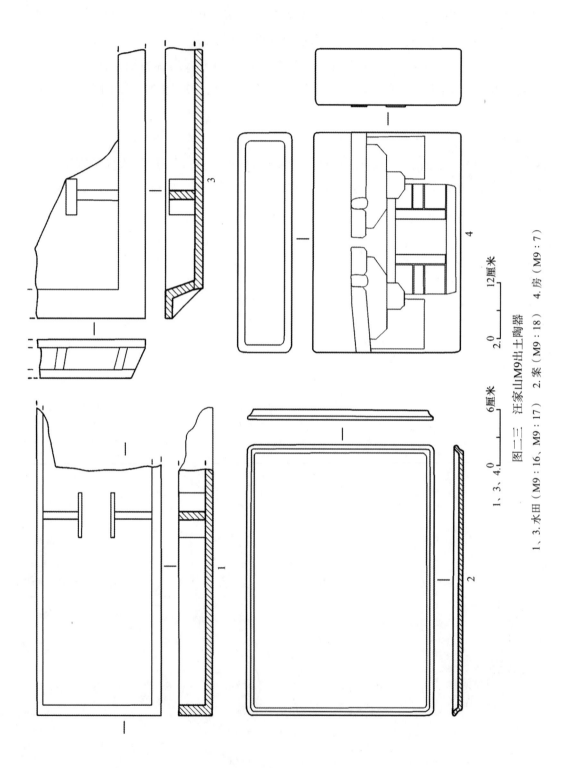

图二三　汪家山M9出土陶器

1、3.水田（M9：16、M9：17）　2.案（M9：18）　4.房（M9：7）

15厘米（图二二，1）。

房　1件。M9：7，泥质红陶。平顶，左右有角柱，柱上为一斗一升，房内有门。长23.4、宽6、高16.2厘米（图二三，4）。

水田　2件。M9：16，泥质灰陶。平面呈长方形，中以田埂隔开。残长32.8、宽13.8、高3.8厘米（图二三，1）。M9：17，泥质红陶。平面呈长方形，中以田埂隔开。残长28.6、宽12、高4.2厘米（图二三，3）。

案　1件。M9：18，泥质灰陶。长方形案身，平沿，斜直腹。长59.5、宽41、残高2厘米（图二三，2）。

2. 石器

1件。M9：19，平面呈不规则长方形。残长13.4、厚2.2厘米（图二○，7）。

3. 钱币

5枚。均为五铢钱。钱径2.22～2.6、穿宽0.91～0.92厘米（图二四；表六）。

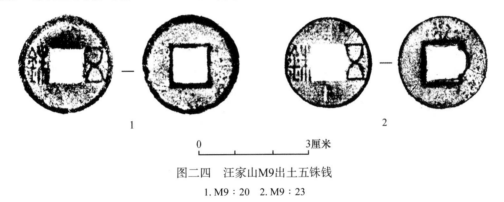

0　　　　　3厘米

图二四　汪家山M9出土五铢钱

1. M9：20　2. M9：23

表六　汪家山M9出土钱币统计表

编号	钱文	钱径/厘米	穿宽/厘米	现重量/克	备注
M9：20	五铢	2.6	0.92	3.1	
M9：21	五铢	2.49	0.92	2.2	变形严重
M9：22	五铢	2.22	0.92	1.9	变形严重
M9：23	五铢	2.5	0.91	2.7	
M9：24	五铢	2.26	0.91	1.7	

九、M11

（一）墓葬形制

双室墓。东邻M12，并被M12打破。方向40°。由墓道、墓门、甬道、前室、后室组成。在扰土内出土有陶棺碎片，可推测葬具为陶棺，人骨已不存。全长16.72米（图二五）。

墓道　前端已被破坏，残存部分平面呈梯形，由墓门向外逐渐收窄。残长7.4、宽1.2~2、深0.6~2.44米。排水沟始于甬道近前室侧，沿甬道、墓道东侧向外一直延伸。长8.06、宽0.16、深0.16米。

墓门　位于墓道南端，立面呈长方形，双层门楣，部分已坍塌。宽1.32、高1.44米。

甬道　平面略呈梯形，底部向墓道侧倾斜，平顶。宽1.32~1.4、进深0.8、高1.4~1.44米。

前室　平面呈长方形，墓顶东南角被M12打破，顶部和底部不甚平整，皆向甬道侧倾斜。长4.4、宽1.94、高1.9米。东壁有一灶台案龛，案龛底部高出墓室底部0.6米，宽0.55、进深0.54、高0.44米。灶台宽0.66、进深0.5、高1.1米。单眼灶，灶眼长径0.26、短径0.16米。西壁有一侧室，平面近长方形。长1.7、宽1.52~1.68、高1.8~1.88米。侧室西壁有一龛，平面呈不规则平行四边形。底部高出墓底0.16~0.2米，宽1.3、进深0.6、高1.36米。

后室　平面呈不规则长方形，以甬道与前室西壁侧室相连。甬道平面略呈梯形，顶部略弧，不甚平整。宽1~1.08、进深0.6、高1.52米。后室平面呈不规则长方形，底部分为两段，近甬道侧低于近后壁侧，弧顶，弧底，皆为中间低两边高。长3.86、宽1.84~1.88、高1.8~2米。西壁有一小龛，平面略呈长方形。宽0.26、进深0.16、高0.3米。

（二）随葬器物

出土随葬品14件，质地有陶、石两种，另有铜钱1枚。分述如下。

1. 陶器

13件。包括罐、甑、女侍立俑、提罐俑、房、狗、鸡各1件，残俑、男侍立俑、男俑头各2件。

罐　1件。M11：13，泥质灰陶。敛口，圆唇，折肩，弧腹。上腹部饰数周弦纹。口径20、最大径34.4、残高23厘米（图二六，2；图版一三，2）。

甑　1件。M11：1，泥质褐陶。斜腹，平底，底部残存7个圆形箅孔。底径17、残高10.2厘米（图二六，4）。

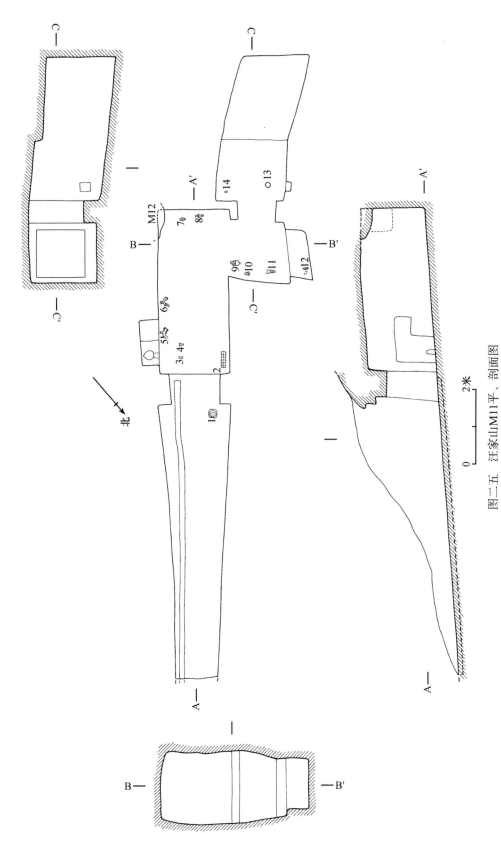

图二五　汪家山M11平、剖面图

1. 陶瓿　2. 陶房　3、4. 陶残俑　5. 陶狗　6. 陶鸡　7. 陶女侍立俑　8、12. 陶男侍立俑　9. 陶提罐俑　10、11. 陶男俑头　13. 陶罐　14. 石器

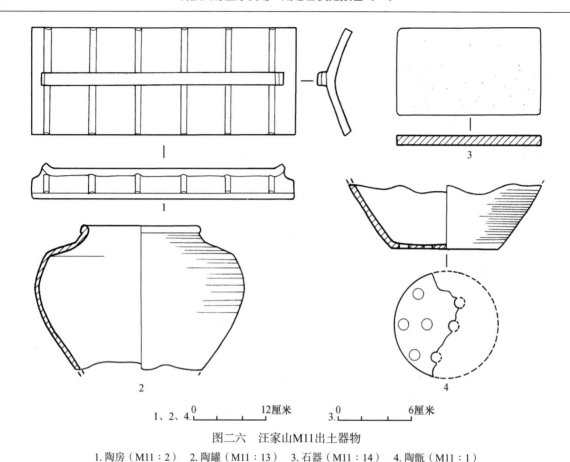

图二六　汪家山M11出土器物

1. 陶房（M11：2）　2. 陶罐（M11：13）　3. 石器（M11：14）　4. 陶甑（M11：1）

残俑　2件。夹细砂灰陶。仅残存腿部。M11：3，残高12.2厘米（图二七，3）。M11：4，残高12.4厘米（图二七，4）。

女侍立俑　1件。M11：7，泥质红陶。身着右衽交领宽袖长袍，双手笼于袖中置于胸前，脚尖外露。高21厘米（图二八，4；图版一七，1）。

男侍立俑　2件。M11：8，泥质红陶。身着右衽交领宽袖长袍，双手笼于袖中置于胸前，脚尖外露。高20厘米（图二八，5；图版一七，2）。M11：12，泥质褐陶。身着右衽交领宽袖长袍，双手笼于袖中置于胸前，脚尖外露。高12.4厘米（图二七，2；图版一七，3）。

提罐俑　1件。M11：9，泥质红陶。站立状，头部残缺，穿右衽交领窄袖长袍，腰间束带，双臂下垂，双手各提一罐，脚尖外露。残高18.2厘米（图二八，1；图版一七，4）。

男俑头　2件。M11：10，泥质红陶。头戴圆顶平巾帻，面容安详。残高5厘米（图二八，2）。M11：11，泥质灰陶。头戴平上帻，平上帻的后部增高，高鼻，面容安详。残高8.6厘米（图二八，3；图版一七，5）。

房　1件。M11：2，泥质褐陶。两面坡顶，顶中有脊，脊上有六组筒瓦。长43.8、宽17.4、残高5.6厘米（图二六，1）。

狗　1件。M11：5，泥质灰陶。站立状，头部正对前方，双耳竖立，鼻凸大，面颊起皱纹，颈部粗短，躯体丰满结实，颈和后背栓连束带。高34.6厘米（图二七，5；图版二〇，2）。

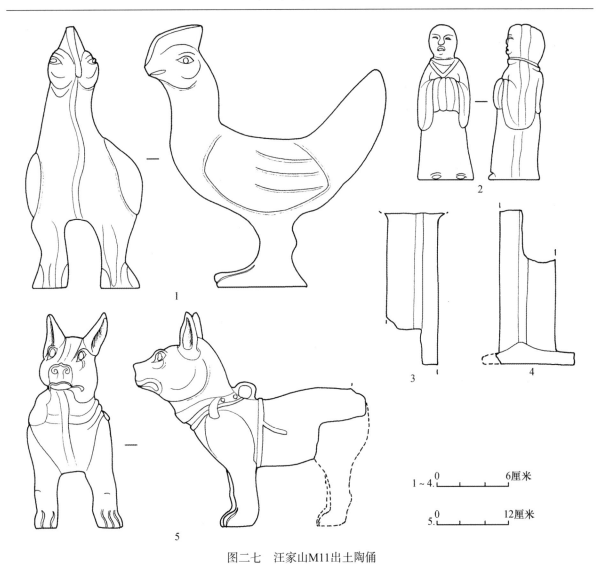

图二七 汪家山M11出土陶俑

1. 鸡（M11：6） 2. 男侍立俑（M11：12） 3、4. 残俑（M11：3、M11：4） 5. 狗（M11：5）

鸡 1件。M11：6，泥质褐陶。站立状，鸡头正对前方，长颈，躯体丰满，翘尾。高21厘米（图二七，1；图版一五，4）。

2. 石器

1件。M11：14，平面呈长方形，表面较粗糙。长11.8、宽7、厚0.8厘米（图二六，3）。

3. 钱币

1枚。M11：15，五铢钱。钱径2.66、穿宽0.95厘米（图二九；表七）。

表七 汪家山M11出土钱币统计表

编号	钱文	钱径/厘米	穿宽/厘米	现重量/克	备注
M11：15	五铢	2.66	0.95	2.8	

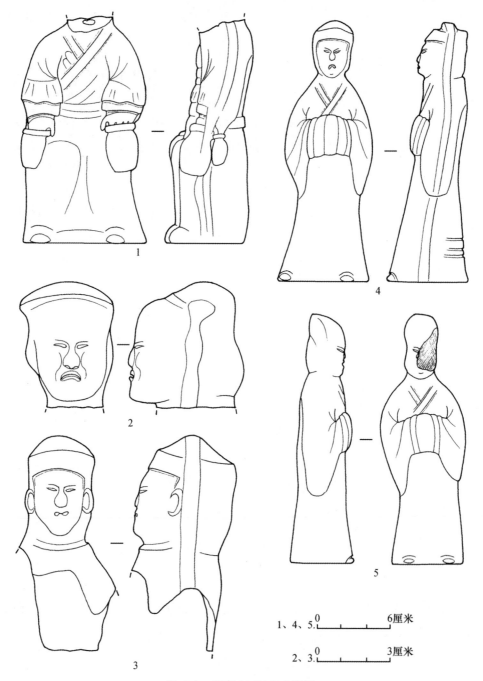

图二八　汪家山M11出土陶俑

1. 提罐俑（M11：9）　2、3. 男俑头（M11：10、M11：11）　4. 女侍立俑（M11：7）　5. 男侍立俑（M11：8）

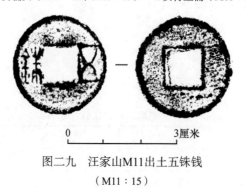

图二九　汪家山M11出土五铢钱

（M11：15）

十、M12

（一）墓葬形制

双室墓。东邻M13，前室西侧打破M11。方向30°。由墓道、墓门、甬道、前室、后室组成。葬具残存陶棺碎片，人骨已不存。全长11.52米（图三〇）。

墓道 前端已被破坏，残存部分平面呈不规则梯形，由墓门向外逐渐收窄。残长2.4~2.76、宽1.64~1.9、深1.7~2.38米。排水沟始于甬道与墓室交界处，沿甬道东侧向外延伸，终于墓道近甬道处。残长1.4、宽0.2米。

墓门 位于墓道南端，立面呈长方形，单层门楣，部分已坍塌。宽1.02、高1.54米。

甬道 平面略呈梯形，东西两侧不对称，底部和顶部皆较平整。宽1.02、进深0.88~1.04、高1.54米。

前室 平面略呈梯形，前室西侧中部打破M11，平顶，平底。长3.12、宽1.66~1.9、高1.76米。

后室 通过甬道与前室相接。甬道平面略呈梯形，平顶，平底，底部高出前室0.12米。宽1.06~1.12、进深0.9、高1.46米。墓室平面呈不规则梯形，顶部近后壁侧较高，向甬道侧倾斜，平底。长3.9、宽2.24~2.6、高1.7~2米。

（二）随葬器物

出土随葬陶器4件。包括罐、人物俑、男俑头、抚琴俑各1件。

罐 1件。M12：3，泥质灰陶。侈口，尖唇，矮领，折肩，圆弧腹，平底。腹部饰拍印网格纹。口径26.2、最大径38.4、底径20.4、高26.4厘米（图三一，1）。

人物俑 1件。M12：1，泥质灰陶。头戴圆顶平巾帻，内穿圆领衫，外为右衽衣服，面露微笑。残高20.6厘米（图三一，4；图版一七，6）。

男俑头 1件。M12：2，夹细砂红陶。头戴圆顶平巾帻，面容安详。残高5.5厘米（图三一，2；图版一八，1）。

抚琴俑 1件。M12：4，泥质灰陶。头戴圆顶平巾帻，内穿圆领衫，外穿右衽交领宽袖长袍，席地而坐，琴置双膝上，双手抚琴。高22.6厘米（图三一，3；图版一八，2）。

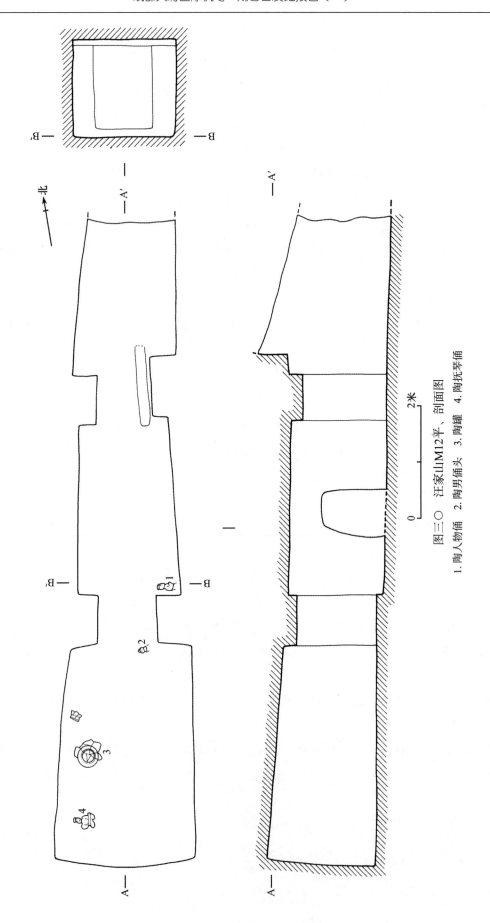

图三〇 汪家山M12平、剖面图

1. 陶人物俑 2. 陶男俑头 3. 陶罐 4. 陶抚琴俑

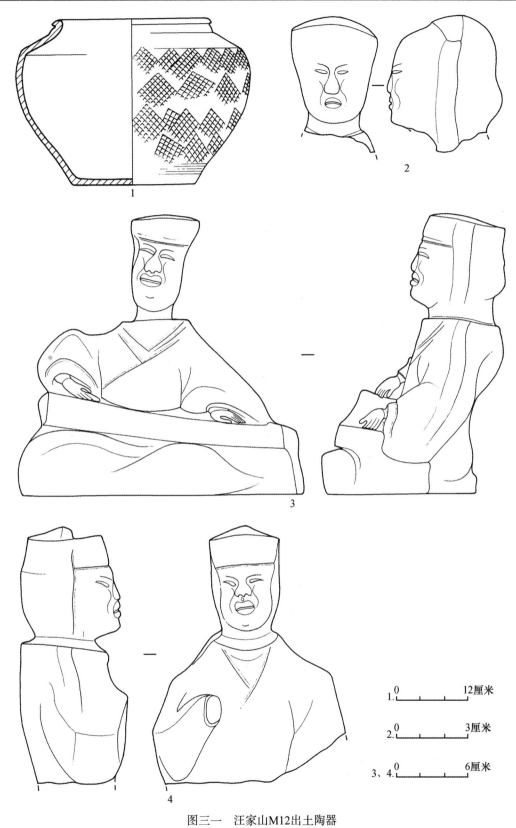

图三一 汪家山M12出土陶器

1. 罐（M12：3） 2. 男俑头（M12：2） 3. 抚琴俑（M12：4） 4. 人物俑（M12：1）

十一、M13

（一）墓葬形制

双室墓。西邻M12。方向10°。由墓道、墓门、甬道、前室、后室组成。在扰土内出土有陶棺碎片，可推测葬具为陶棺，人骨已不存。全长16.67米（图三二）。

墓道　前端已被破坏，残存部分平面呈不规则梯形，由墓门向外逐渐收窄。残长6.9、宽1～1.8、深1.9～2.46米。排水沟始于甬道与墓道交接处，沿墓道东侧一直向外延伸。长7.04、宽0.08～0.12、深0.12米。

墓门　位于墓道南端，门楣部分已坍塌，根据残存部分可推测立面呈长方形。宽1.2、残高1.6米。

甬道　平面略呈梯形，东西两侧不对称，平顶，底部向墓道侧倾斜。宽1.2～1.24、进深0.72～0.88、高1.52～1.6米。

前室　平面呈不规则长方形，底部、顶部皆不甚平整，向甬道侧倾斜。长5.16、宽1.7～2、高1.8米。东壁前部有一灶龛。宽1.02、进深0.7米。双眼灶，北侧灶眼大于南侧，大灶眼长径0.34、短径0.22米，小灶眼长径0.26、短径0.16米。西壁有一龛，平面略呈长方形，底部高出墓底0.2～0.24米。宽1.3、进深0.6、高1.3米。东西两侧各有一侧室，皆通过甬道与前室相连。东侧室甬道平面呈梯形，底部与前室底部在同一平面。宽1.2、进深0.54、高1.54米。东侧室平面呈不规则长方形，底部后高前低，呈阶梯状，分为前后两段，近甬道侧底部低于近后壁侧，二者高差0.16米。顶部由内向甬道侧倾斜。长4.34、宽1.7～1.9、高1.72～1.92米。西侧室甬道平面略呈梯形，底部向前室侧倾斜，平顶。宽1.2～1.28、进深0.56、高1.54米。西侧室平面呈不规则长方形，底部后高前低，呈阶梯状，分前后两段，近甬道侧底部低于近后壁侧，二者高差0.28米。顶部向甬道侧倾斜。长2.92、宽1.74～2.08、高1.8～2.06米。西侧室南壁有一棺龛，平面略呈长方形，底部高出侧室底部0.24米。宽1.54、进深2.7～2.88、高1.36～1.4米。内残留一瓦棺，残长1.04～1.28、宽0.6、高0.76米。西壁有一龛，平面略呈梯形，底部高出侧室底部0.41米。宽2.76～3.1、进深1.68、高1.4米。

后室　通过甬道与前室相接，甬道平面呈不规则长方形，底部与前室底部在同一平面，宽1.21、进深0.4、高1.66米。墓室平面近长方形，平顶，底部后高前低，呈阶梯状，分前后两段，近甬道侧底部低于近后壁侧，二者高差0.12米。长3.4、宽1.74、高1.8～2米。西壁有一壁龛，平面略呈长方形。宽2、进深0.92、高0.72米。

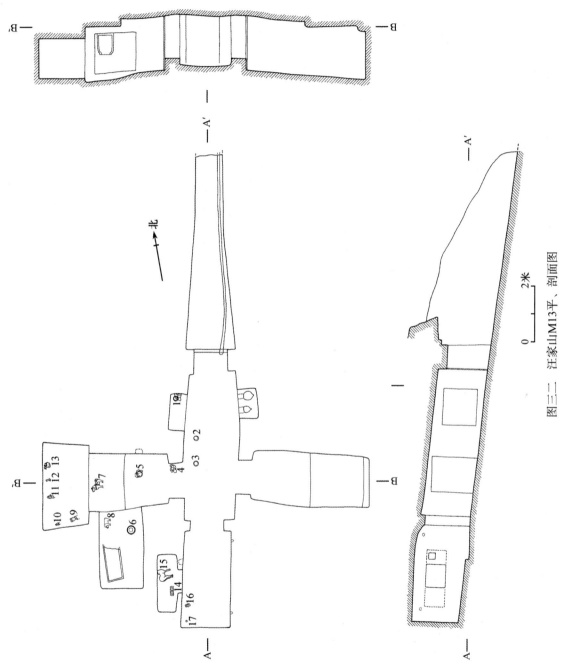

图三二 汪家山M13平、剖面图

1. 陶罐 2~5. 陶钵 6. 陶盆 7. 陶狗 8. 陶猪 9. 陶女俑头 10、11. 陶男俑头 12. 残陶俑 13. 陶子母鸡 14、16. 陶房 15. 陶马 17. 铜环

（二）随葬器物

出土随葬品17件，质地有陶、铜两种。分述如下。

1. 陶器

16件。包括罐、盆、女俑头、残俑、狗、猪、子母鸡、马各1件，男俑头、房各2件，钵4件。

罐　1件。M13：1，泥质褐陶。侈口，卷沿，圆唇，短颈，折肩，弧腹。肩腹交接处饰一周凹弦纹。口径13.2、最大径22.8、残高18.2厘米（图三三，2）。

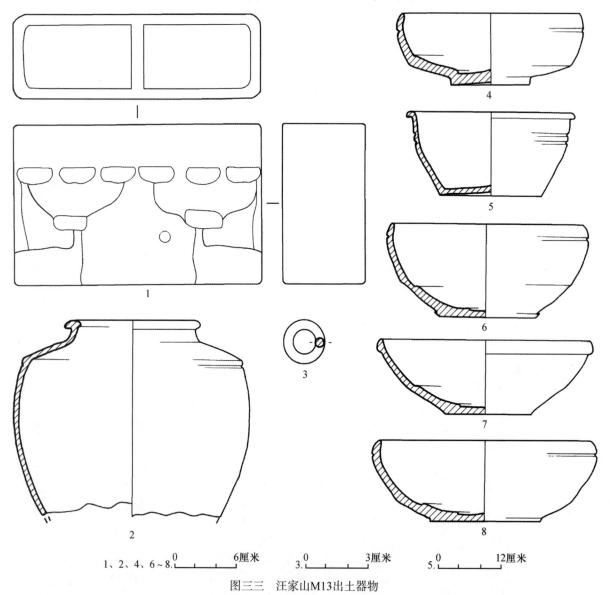

1、2、4、6~8.　　0 ⌗ 6厘米　　3.　0 ⌗ 3厘米　　　0 ⌗ 12厘米
5.

图三三　汪家山M13出土器物

1.陶房（M13：14）　2.陶罐（M13：1）　3.铜环（M13：17）　4、6~8.陶钵（M13：2、M13：3、M13：4、M13：5）
5.陶盆（M13：6）

钵 4件。M13：2，泥质灰陶。敛口，尖圆唇，折腹，平底略内凹，假圈足。口沿下部饰一周凹弦纹。口径17.2、底径7.6、高6.8厘米（图三三，4；图版一〇，2）。M13：3，泥质褐陶。敛口，尖唇，弧腹，平底，假圈足。口沿下部饰一周凹弦纹。口径18.6、底径9.8、高8.8厘米（图三三，6；图版一〇，3）。M13：4，泥质褐陶。敞口，圆唇，弧腹，平底。口径20.8、底径8.4、高7厘米（图三三，7；图版一〇，4）。M13：5，泥质褐陶。敛口，尖唇，弧腹，平底，假圈足。口径20、底径10.6、高7.8厘米（图三三，8；图版一〇，5）。

盆 1件。M13：6，泥质灰陶。敞口，宽沿，方唇，斜弧腹，平底略内凹。上腹部饰两周凹弦纹。口径32.4、底径19.6、高15.6厘米（图三三，5）。

女俑头 1件。M13：9，夹细砂红陶。头挽扇形髻，高鼻，眉目清晰，面带微笑。残高8.8厘米（图三四，1；图版一九，1）。

男俑头 2件。M13：10，泥质红陶。头戴圆顶平巾帻，内穿圆领衫，面露微笑。残高8.8厘米（图三四，6；图版一八，3）。M13：11，夹细砂红陶。头戴圆顶平巾帻，高鼻，面容安详。残高18厘米（图三四，2；图版一九，2）。

残俑 1件。M13：12，夹细砂红陶。上半部分残缺，下身着长裙。残高16.4厘米（图三四，3）。

狗 1件。M13：7，泥质红陶。站立状，头部正对前方，双耳竖立，鼻凸大，面颊起皱纹，颈部粗短，躯体丰满结实，颈和后背栓连束带，卷尾上翘。高21.8厘米（图三五，2；图版二〇，3）。

猪 1件。M13：8，泥质红陶。左右分模而制，后黏接而成，背部有刮削痕，正中有一圆孔。立耳，圆目，低首，四足站立，尾部微翘，作觅食状。高14.4厘米（图三五，1；图版二〇，4）。

子母鸡 1件。M13：13，夹细砂红陶。俯卧状，鸡头直视前方，躯体肥满，翘尾，背驮一鸡仔，左右翼下各有一鸡仔。残高12.2厘米（图三四，4；图版一五，5）。

马 1件。M13：15，泥质红陶，除中间背腹部外其余施酱釉。由马头和马身两部分扣合而成，马头已不存，马身膘壮，直颈，曲背，臀部上翘，中空，四肢健硕。残长60、高68厘米（图三五，3；图版二〇，5）。

房 2件。M13：14，泥质红陶。顶部不存，左右有角柱，柱上为一斗三升。长24、宽8、残高15厘米（图三三，1）。M13：16，夹细砂红陶。平顶，圆形边柱，左右边柱上各刻有一人物模型，房内中部有一水井。长21.4、宽8、高12厘米（图三四，5）。

2. 铜器

1件。

环 1件。M13：17，外径2、内径1.1厘米（图三三，3）。

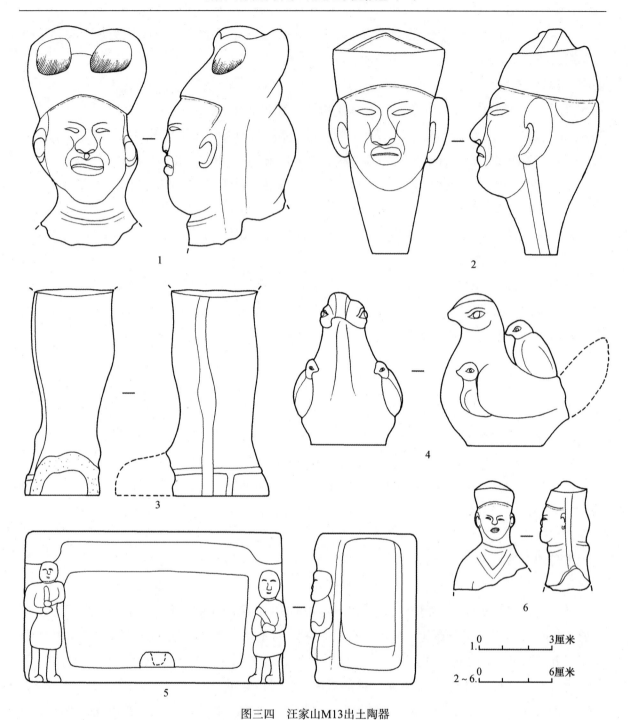

图三四　汪家山M13出土陶器

1.女俑头（M13：9）　2、6.男俑头（M13：11、M13：10）　3.残俑（M13：12）　4.子母鸡（M13：13）

5.房（M13：16）

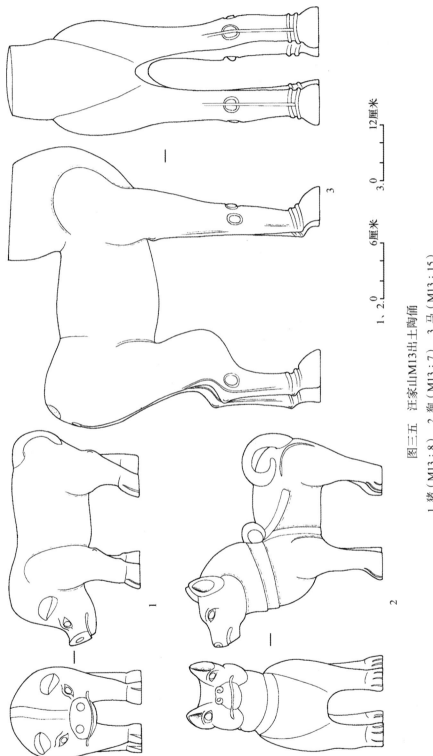

图三五 汪家山M13出土陶俑

1. 猪（M13：8） 2. 狗（M13：7） 3. 马（M13：15）

十二、M14

（一）墓葬形制

三室墓。东邻M15。方向80°。由墓道、墓门、前室、中室、后室组成。在扰土内出土有陶棺碎片，可推测葬具为陶棺，人骨已不存。全长10.88米（图三六；图版七，2）。

墓道　前端已被破坏，残存部分平面呈不规则梯形，由墓门向外逐渐收窄。残长2.96、宽1.6～1.8、深1.9～2.5米。排水沟始于前室与墓道交接处，沿墓道南侧一直向外延伸。残长3.04、宽0.02～0.15、深0.02～0.2米。

墓门　位于墓道西端，立面呈长方形，双层门楣。宽1.21、高1.6米。

前室　平面呈不规则梯形，底部和顶部皆不甚平整，向墓道侧倾斜。长2.68、宽1.28～2.06、高1.6～2米。

中室　平面略呈长方形，底部高出前室底部0.12米，弧顶，平底，底部和顶部皆向前室侧倾斜。长1.64、宽1.88～2、高1.88～1.92米。

后室　以墓门与中室相连。墓门立面呈长方形，单层门楣。宽1.34、高1.46米。门框外两侧有凸起的原石条，北侧石条宽0.36、高0.76米，南侧石条宽0.24、高0.68米。墓室平面呈不规则梯形，底部和顶部不甚平整，皆向中室侧倾斜。长3.2、宽1.12～1.84、高1.46～1.88米。

（二）随葬器物

出土随葬品9件，质地皆为陶质，另有钱币2枚。分述如下。

1. 陶器

9件，包括男劳作俑、女劳作俑、抚耳俑、狗、鸡、马各1件，罐3件。

罐　3件。M14：1，泥质灰陶。侈口，圆唇，矮领，圆肩，斜弧腹，平底。肩部饰数道交错弦纹。口径9.2、最大径19.8、底径10.7、高16厘米（图三七，6；图版一三，3）。M14：2，夹细砂灰陶。侈口，尖圆唇，矮领，圆肩，斜弧腹，平底。肩部饰一周凹弦纹。口径11、最大径18.6、底径9、高16.2厘米（图三七，4；图版一三，4）。M14：3，泥质灰陶。侈口，尖圆唇，矮领，折肩，圆鼓腹，平底略内凹。口径11、最大径17.4、底径8.8、高17厘米（图三七，5；图版一三，5）。

男劳作俑　1件。M14：4，夹细砂灰陶。站立状，头戴笠帽，上身短裳，下着裤，左手下垂持一簸箕，右手持一长铲。残高31.8厘米（图三八，2；图版一八，4）。

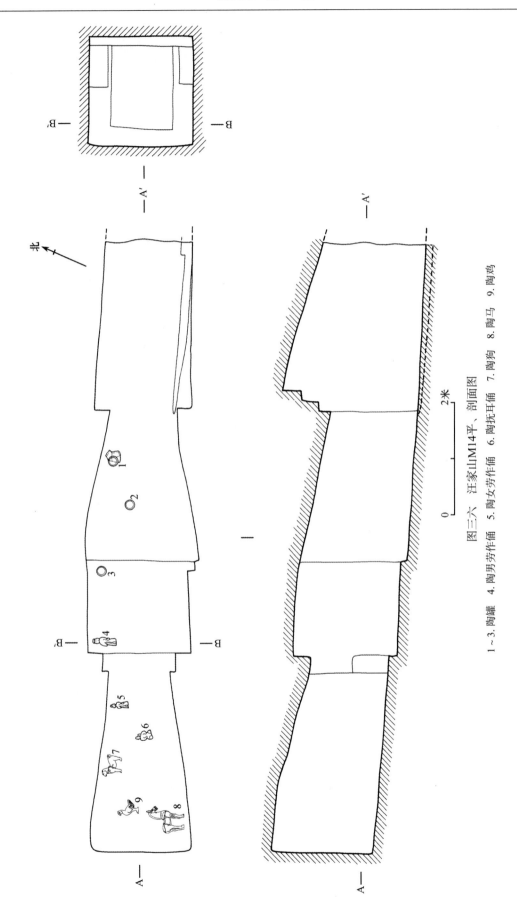

图三六 汪家山M14平、剖面图
1~3.陶罐 4.陶男劳作俑 5.陶女劳作俑 6.陶抚耳俑 7.陶狗 8.陶马 9.陶鸡

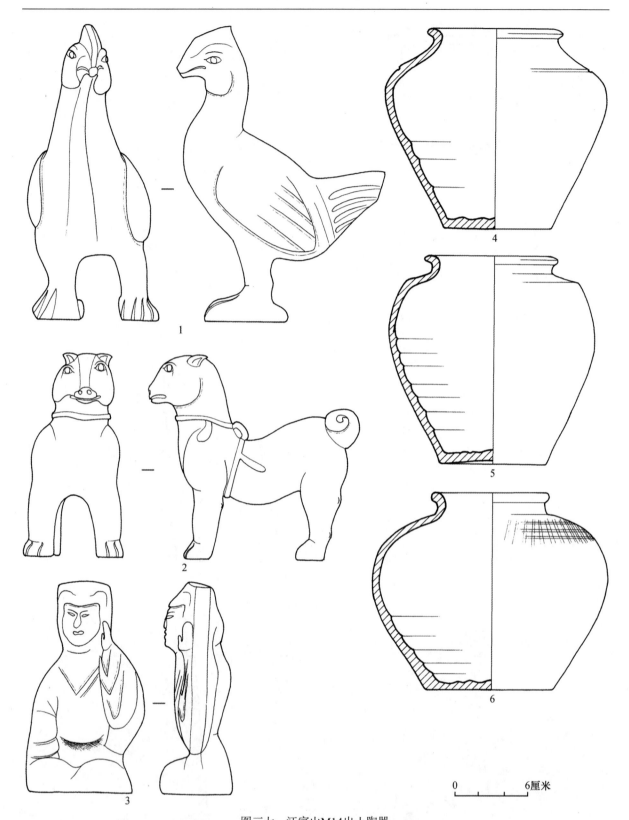

图三七　汪家山M14出土陶器

1.鸡（M14：9）　2.狗（M14：7）　3.抚耳俑（M14：6）　4~6.罐（M14：2、M14：3、M14：1）

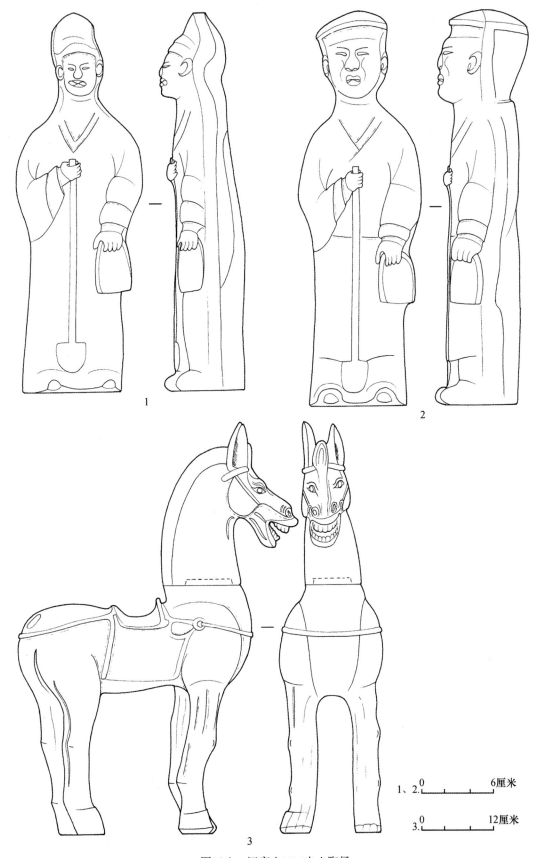

1

2

3

1、2. 0 ____ 6厘米

3. 0 ____ 12厘米

图三八　汪家山M14出土陶俑

1. 女劳作俑（M14：5）　2. 男劳作俑（M14：4）　3. 马（M14：8）

女劳作俑　1件。M14：5，泥质红陶。站立状，头挽高髻，着及地长袍，脚尖外露，左手下垂持一簸箕，右手持一长铲。残高30.6厘米（图三八，1；图版一八，5）。

抚耳俑　1件。M14：6，夹细砂红陶。跪坐状，面庞圆润，微露笑容，着交领窄袖长袍，左手置于耳前呈倾听状，右手置于膝上。高17.3厘米（图三七，3；图版一八，6）。

狗　1件。M14：7，夹细砂红陶。站立状，头部正对前方，双耳竖立，鼻凸大，面颊起皱纹，颈部粗短，躯体丰满结实，颈和后背栓连束带，卷尾上翘。高16.5厘米（图三七，2）。

鸡　1件。M14：9，夹细砂红陶。站立状，鸡头正对前方，长颈，躯体丰满，翘尾。高24厘米（图三七，1；图版一五，6）。

马　1件。M14：8，夹细砂灰陶。由马头和马身两部分扣合而成，昂头，直耳呈圆筒状，张嘴露牙，鼻凸露孔，凸眼注视前方，五官轮廓清晰。马身膘壮，直颈，曲背，臀部上翘。背上置一鞍，中空，鞍前部上翘作花边饰，四肢粗短。通高65.4厘米（图三八，3；图版二○，6）。

2. 钱币

2枚。均为五铢钱。钱径2.59、2.6厘米，穿宽0.9、1厘米（图三九；表八）。

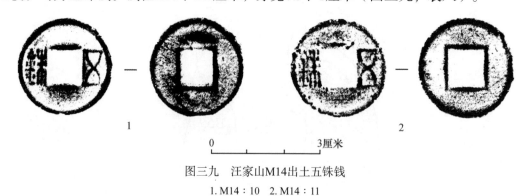

图三九　汪家山M14出土五铢钱
1. M14：10　2. M14：11

表八　汪家山M14出土钱币统计表

编号	钱文	钱径/厘米	穿宽/厘米	现重量/克	备注
M14：10	五铢	2.6	0.9	2.4	
M14：11	五铢	2.59	1	2.2	残

十三、M15

（一）墓葬形制

单室墓。北邻M14。方向95°。由墓道、墓门、甬道、墓室组成。在扰土内出土有陶棺碎片，墓室南壁前部有一原岩石棺，可推测葬具为原岩石棺和陶棺两种，出土少量陶棺碎片，人骨已不存。全长9.56米（图四〇）。

墓道　前端已被破坏，残存部分平面呈不规则梯形，由墓门向外逐渐收窄。残长1.52~2.04、宽1.38~1.76、残深1.9~2.82米。

墓门　位于墓道西端，立面呈长方形，单层门楣，部分已坍塌。宽1、高1.4米。

甬道　平面呈不规则梯形，南北两侧不甚对称，底部和顶部皆较平。宽1~1.16、进深1.08~1.16、高1.4米。

墓室　平面呈长方形，底部和顶部皆不甚平整，向甬道侧倾斜。长5.8、宽1.71~1.8、高1.7~1.8米。北壁前部有一灶台案龛，灶台平面高出墓室底部0.28米。宽0.78、进深0.6、高0.26米。单眼灶，眼呈不规则形。长0.59、宽0.04~0.28米。案龛宽0.49~0.55、进深0.54~0.6、高1.05米。北壁后部有一棺龛。龛底高出墓底0.2~0.34米，底部和顶部不甚平整。宽2.88、进深0.95、高1.2~1.27米。南壁前部有一原岩石棺。棺内长1.63、宽0.31米。南壁后部有一棺龛。宽2.88、进深1.64米。

（二）随葬器物

出土随葬品15件，质地有陶、铜两种，另有钱币3枚。分述如下。

1. 陶器

14件，包括釜、盆（甑）、执锸俑、女侍立俑、女俑头、男俑头各1件，钵3件，罐5件。

釜　1件。M15：1，夹细砂红陶。侈口，宽沿，圆唇，束颈，弧腹，圜底。沿上饰一周凹弦纹，腹部饰数周戳印纹，底部饰数道细绳纹。口径17、最大径19、高12厘米（图四一，3；图版一二，3）。

罐　5件。M15：5，泥质灰陶。口微敛，圆唇，束颈，折肩，鼓腹，圈足。口径12.6、最大径23.4、足径12.5、高23.2厘米（图四二，1；图版一三，6）。M15：6，泥质灰陶。敛口，圆唇，折肩，圆腹。腹部饰划纹。口径30、残高11.2厘米（图四一，2）。M15：7，泥质灰陶。口微敛，方唇，高领，溜肩，鼓腹。口径10.2、最大径19.4、残高11.2厘米（图四二，

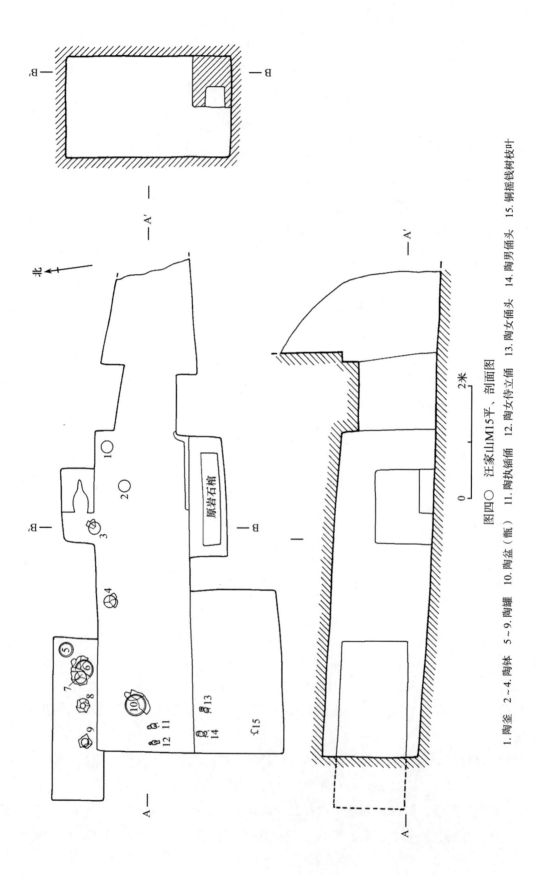

图四〇　汪家山M15平、剖面图

1. 陶釜　2~4. 陶钵　5~9. 陶罐　10. 陶盆（甑）　11. 陶执锸俑　12. 陶女侍立俑　13. 陶女俑头　14. 陶男俑头　15. 铜摇钱树树枝叶

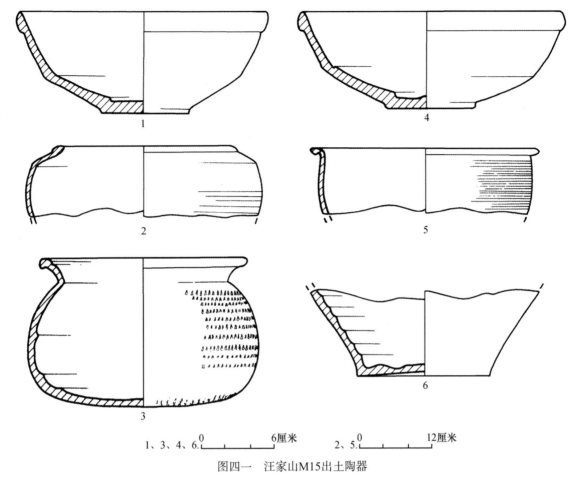

图四一 汪家山M15出土陶器

1、4.钵（M15：4、M15：3） 2、6.罐（M15：6、M15：9） 3.釜（M15：1） 5.盆（甑）（M15：10）

3）。M15：8，泥质褐陶。弧腹，平底。最大径19.6、底径7.2、残高20.5厘米（图四二，4）。M15：9，泥质褐陶。腹部斜收，平底内凹。底径10.8、残高6.8厘米（图四一，6）。

钵 3件。M15：2，夹细砂褐陶。敛口，尖唇，弧腹，饼足。口径20、底径9、高8.5厘米（图四二，2；图版一一，1）。M15：3，夹细砂褐陶。敛口，圆唇，折腹，饼足。口径21.6、底径7.2、高7.8厘米（图四一，4；图版一〇，6）。M15：4，夹细砂灰陶。敛口，尖圆唇，折腹，平底。口径21、底径7、高8.2厘米（图四一，1；图版一一，2）。

盆（甑） 1件。M15：10，泥质灰陶。口部微敛，宽沿，尖圆唇，斜弧腹。口径38、残高9.2厘米（图四一，5）。

执锸俑 1件。M15：11，夹细砂红陶。站立状，高鼻，头戴圆形平顶笠，身穿交领窄袖长衣，右手握锸。残高19.6厘米（图四三，2；图版一九，3）。

女侍立俑 1件。M15：12，泥质红陶。站立状，头部挽髻，高鼻，面容安详，身穿宽袖长袍，双手笼于袖中置于胸前，脚尖外露。高18.8厘米（图四三，3；图版一九，4）。

女俑头 1件。M15：13，泥质红陶。头部挽髻，高鼻，面容安详。残高7.5厘米（图四三，5；图版一九，5）。

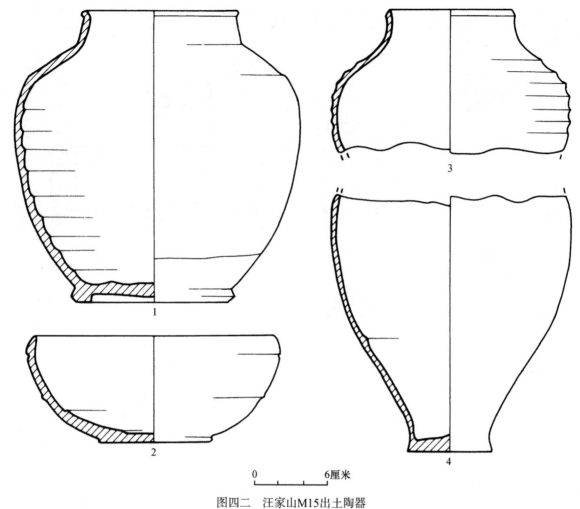

图四二　汪家山M15出土陶器

1、3、4.罐（M15：5、M15：7、M15：8）　2.钵（M15：2）

男俑头　1件。M15：14，夹细砂红陶。头戴圆顶平巾帻，高鼻，面容安详。残高9.1厘米（图四三，1；图版一九，6）。

2. 铜器

摇钱树枝叶　1片。M15：15，残高7.2厘米（图四三，4）。

3. 钱币

3枚。均为五铢钱。钱径2.16~2.62、穿宽0.86~0.95厘米（图四四；表九）。

1、4、5.｜0　　　　　3厘米　　　2、3.｜0　　　　　6厘米

图四三　汪家山M15出土器物

1. 陶男俑头（M15：14）　　2. 陶执锸俑（M15：11）　　3. 陶女侍立俑（M15：12）　　4. 铜摇钱树枝叶（M15：15）

5. 陶女俑头（M15：13）

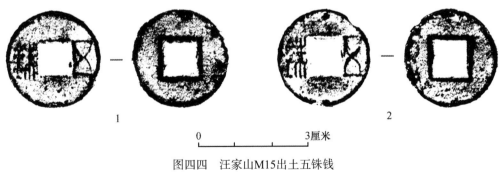

0　　　　　3厘米

图四四　汪家山M15出土五铢钱

1. M15：17　　2. M15：18

表九　汪家山M15出土钱币统计表

编号	钱文	钱径/厘米	穿宽/厘米	现重量/克	备注
M15∶16	五铢	2.16	0.89	1.4	
M15∶17	五铢	2.62	0.86	3.2	
M15∶18	五铢	2.55	0.95	2.5	

十四、M16

（一）墓葬形制

双室墓。东邻M17，打破M17。方向15°。由墓道、墓门、甬道、前室、后室组成。在扰土内出土有陶棺碎片，后室东壁有一原岩石棺，可推测葬具为原岩石棺和陶棺两种，人骨已不存。全长8.28米（图四五；图版八）。

墓道　前端已被破坏，残存部分平面呈梯形，由墓门向外逐渐收窄。残长3.04、宽1~1.5、深1.21~2.42米。

墓门　位于墓道南端，立面呈长方形，单层门楣。宽1、高1.6米。

甬道　平面呈梯形，东西两侧不甚对称，底部和顶部皆不甚平整，顶部向墓道侧略微倾斜。宽1~1.16、进深0.7、高1.6米。

前室　平面呈不规则梯形，底部和顶部皆不甚平整，向甬道侧倾斜。长2.14、宽1.16~1.96、高1.62~1.7米。

后室　平面呈不规则梯形，底部高出前室底部0.16米，弧顶，平底，皆向前室侧倾斜。长2.5、宽0.96~1.68、高1.6~2.08米。东壁有一原岩石棺。棺内长1.96、宽0.36~0.44、深0.34米。棺底凿出仿木结构，似数根横枋置于棺下支垫。足高0.14米。西壁有一棺龛，平面形状不甚规则，底部高出墓底0.88米。宽1.7~2.2、进深0.68~0.8、高0.82~1.02米。

（二）随葬器物

出土陶器5件，另有铜钱9枚。分述如下。

1. 陶器

5件，包括簋1件，罐、盘各2件。

罐　2件。M16∶1，夹细砂灰陶。圆肩，鼓腹，平底。最大径15.6、底径8.4、残高9.8厘米（图四六，5）。M16∶2，泥质灰陶。口微敞，方唇，高领，圆肩，弧腹，平底内凹。肩腹交接处饰对称三角形纽，腹部有数周横向刮抹痕。口径22、最大径26、底径16.6、高22.8厘米

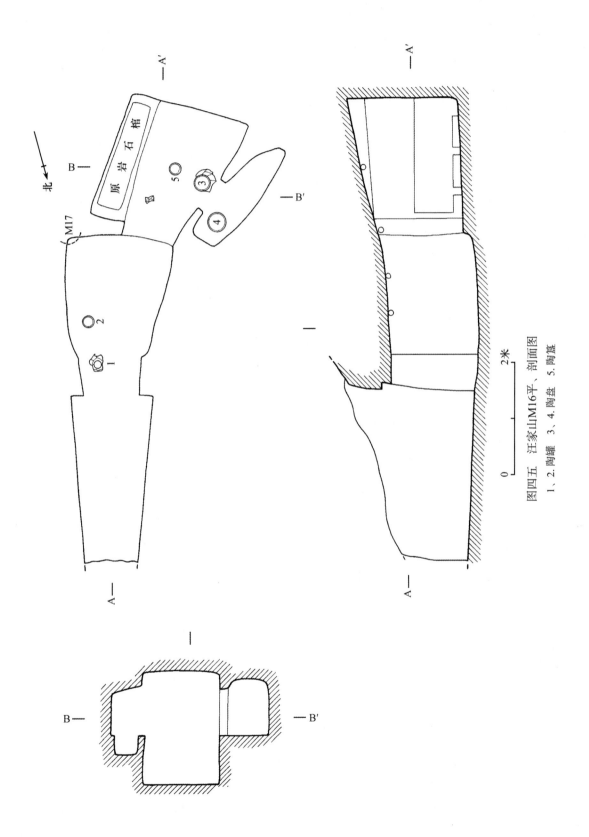

图四五 汪家山M16平、剖面图
1、2.陶罐 3、4.陶盘 5.陶簋

（图四六，4；图版一四，1）。

篇　1件。M16：5，泥质灰陶。口部微敛，圆唇，斜弧腹，高圈足外撇。上腹部饰两周凹弦纹。口径22.4、足径13.6、高14.8厘米（图四六，3；图版一四，6）。

盘　2件。M16：3，泥质灰陶。敞口，窄沿，方唇，折腹，平底。口径28、底径12、高6厘米（图四六，1；图版一二，5）。M16：4，泥质灰陶。敞口，窄沿，方唇，折腹，平底。口径28.2、底径12.8、高6.2厘米（图四六，2；图版一二，6）。

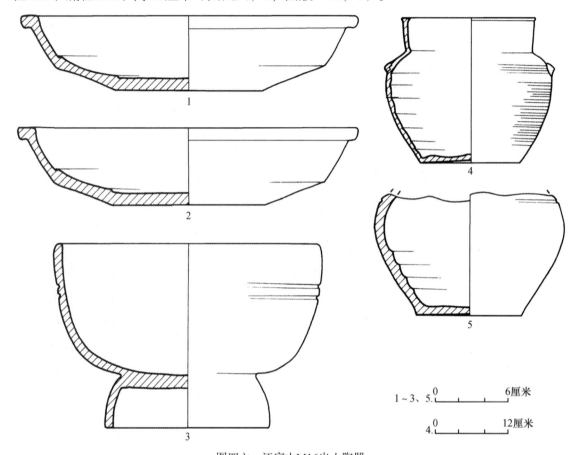

图四六　汪家山M16出土陶器

1、2. 盘（M16：3、M16：4）　3. 簋（M16：5）　4、5. 罐（M16：2、M16：1）

2. 钱币

9枚。均为五铢钱。钱径2.5～2.71、穿宽0.91～1.1厘米（图四七；表一○）。

表一○　汪家山M16出土钱币统计表

编号	钱文	钱径/厘米	穿宽/厘米	现重量/克	备注
M16：6	五铢	/	0.94	2	残
M16：7	五铢	/	0.91	2.4	残
M16：8	五铢	2.6	1.08	3.2	变形
M16：9	五铢	2.5	0.98	2.6	

续表

编号	钱文	钱径/厘米	穿宽/厘米	现重量/克	备注
M16：10	五铢	2.56	0.92	1.7	残
M16：11	五铢	2.58	1.06	2.4	
M16：12	五铢	2.52	1.05	2.8	
M16：13	五铢	2.63	1.1	2.6	
M16：14	五铢	2.71	0.96	2.7	

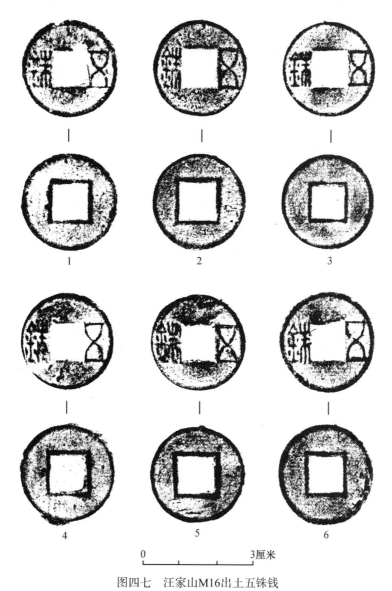

图四七 汪家山M16出土五铢钱

1. M16：8 2. M16：9 3. M16：10 4. M16：11 5. M16：12 6. M16：13

十五、M17

（一）墓葬形制

单室墓。西邻M16，被M16打破。方向30°。由墓道、墓门、甬道、墓室组成。在扰土内出土有陶棺碎片，墓室东西壁各有一原岩石棺，可推测葬具为原岩石棺和陶棺两种，人骨已不存。全长7.96米（图四八）。

墓道　前端已被破坏，残存部分平面呈不规则梯形，由墓门向外逐渐收窄。残长3.6、宽0.96~1.5、深0.5~2.3米。排水沟始于甬道中部，沿甬道和墓道东侧一直向外延伸。残长3.9、宽0.12、深0.05~0.08米。

墓门　位于墓道南端，立面呈长方形，单层门楣。宽0.98、高1.38米。

甬道　平面略呈梯形，平顶、平底。宽0.98、进深0.36、高1.38米。

墓室　平面呈不规则梯形，底部较平，顶部分前后两段，靠近甬道段顶部向甬道侧倾斜。长4、宽1.08~1.74、高1.5~1.76米。东壁有一原岩石棺，棺内长1.76、宽0.3、深0.38米。西壁有一原岩石棺，西北角被M16打破，棺内长1.8、宽0.3、深0.38米（图版九，1）。

（二）随葬器物

出土陶器5件，包括甑、钵各1件，罐3件。

甑　1件。M17：3，泥质褐陶。敞口，窄沿，尖圆唇，弧腹，平底，底部有7个圆形箅孔。腹部有数道横向刮抹痕。口径36.4、底径13、高22.2厘米（图四九，2；图版一一，6）。

钵　1件。M17：4，夹细砂灰陶。折腹，上下腹分隔明显，平底略内凹。底径8.2、残高6.6厘米（图四九，5）。

罐　3件。M17：1，夹细砂灰陶。侈口，圆唇，矮领，圆肩，斜弧腹，平底。肩部饰网格纹及一周凹弦纹。口径10、最大径19.6、底径10.6、高16.6厘米（图四九，4；图版一四，2）。M17：2，泥质灰陶。侈口，圆唇，矮领，圆肩，鼓腹，平底内凹。肩部饰数道细绳纹及一周凹弦纹。口径10、最大径19、底径9、高15厘米（图四九，1；图版一四，3）。M17：5，泥质灰陶。仅存下腹部。饰数周凹弦纹。底径12、残高20厘米（图四九，3）。

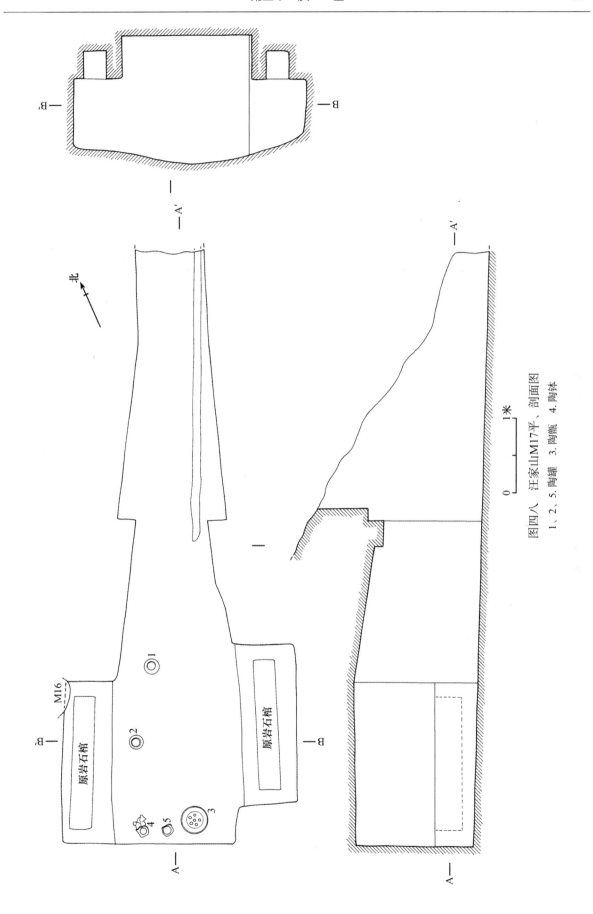

图四八 汪家山M17平、剖面图
1、2、5. 陶罐 3. 陶瓿 4. 陶钵

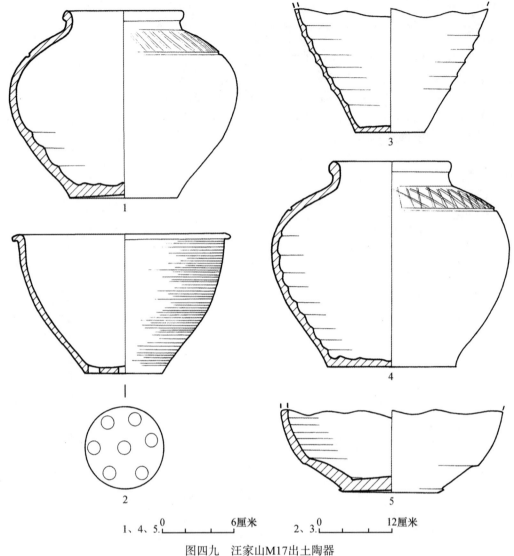

图四九　汪家山M17出土陶器

1、3、4.罐（M17：2、M17：5、M17：1）　2.甑（M17：3）　5.钵（M17：4）

十六、M18

（一）墓葬形制

单室墓。西邻M2，东邻M4，墓道西侧有一盗洞。方向30°。由墓道、墓门、甬道、墓室、侧室组成。在扰土内出土有陶棺碎片，可推测葬具为陶棺，人骨已不存。全长7.78米（图五〇）。

墓道　前端已被破坏，残存部分平面呈梯形，由墓门向外逐渐收窄。残长4.24、宽1.2～1.66、深1.26～1.86米。排水沟始于甬道与墓室交接处，沿甬道、墓道东侧一直向外延伸。残长4.96、宽0.08～0.16米。

墓门 位于墓道南端，立面呈长方形，单层门楣。宽1.1、高1.54米。

甬道 平面呈不规则长方形，平顶，底部向墓道侧倾斜。宽1.1、进深0.76、高1.54米。

墓室 平面呈不规则梯形，墓底后高前低，呈阶梯状，高差0.16米，底部和顶部皆向甬道侧倾斜。长2.78、宽1.12~1.52、高1.6~1.68米。东侧有一侧室，平面呈不规则梯形，平底。宽2.78~3.06、进深0.94、高1.34米（图版九，2）。

（二）随葬器物

出土随葬品9件，质地有陶、铜两种，另有钱币3枚。

1. 陶器

6件。包括罐、釜、钵、女俑、房、案各1件。

罐 1件。M18：2，夹细砂灰陶。侈口，圆唇，短颈，圆肩，斜弧腹，平底。肩部饰一周凹弦纹。口径8.5、最大径15.2、底径7、高11.4厘米（图五一，4；图版一四，4）。

釜 1件。M18：3，夹细砂红陶。侈口，窄平沿，圆唇，弧腹，平底。沿上有一周凹槽，肩部饰一周凹弦纹，腹部饰数周戳印纹，底部饰数道细绳纹。口径16.4、最大径17.2、底径10、高10厘米（图五一，3；图版一二，4）。

钵 1件。M18：1，泥质褐陶。敞口，圆唇，折腹，饼足。口径20.2、底径7.4、高7.6厘米（图五一，2；图版一一，3）。

女俑 1件。M18：4，夹细砂红陶。身着宽袖长裙，腰间束带，右手置于腰间，左手下垂，脚尖外露。残高11.2厘米（图五二，5）。

房 1件。M18：5，泥质红陶。两面坡顶，顶中有脊。残长14、宽13、残高3.8厘米（图五二，1）。

案 1件。M18：6，夹砂红陶。长方形案身，外折沿，带四方足。长50.8、宽42.4、高11厘米（图五一，1）。

2. 铜器

摇钱树枝叶 3片。M18：7，残高5.8厘米（图五二，2）。M18：8，残高4.7厘米（图五二，3）。M18：9，枝叶上挂有1枚方孔铜钱。残高9.5厘米（图五二，4）。

3. 钱币

3枚。均为五铢钱。钱径2.55~2.59、穿宽0.95~1.1厘米（图五三；表一一）。

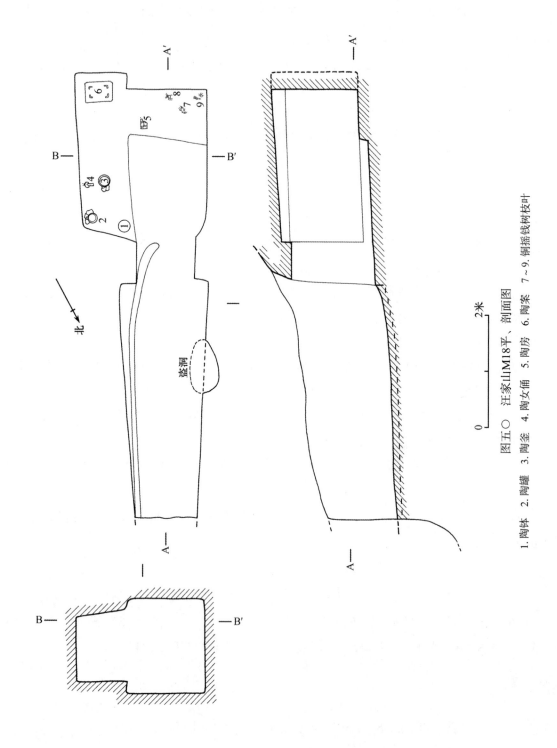

图五〇　汪家山M18平、剖面图

1. 陶钵　2. 陶罐　3. 陶釜　4. 陶女俑　5. 陶房　6. 陶案　7～9. 铜摇钱树枝叶

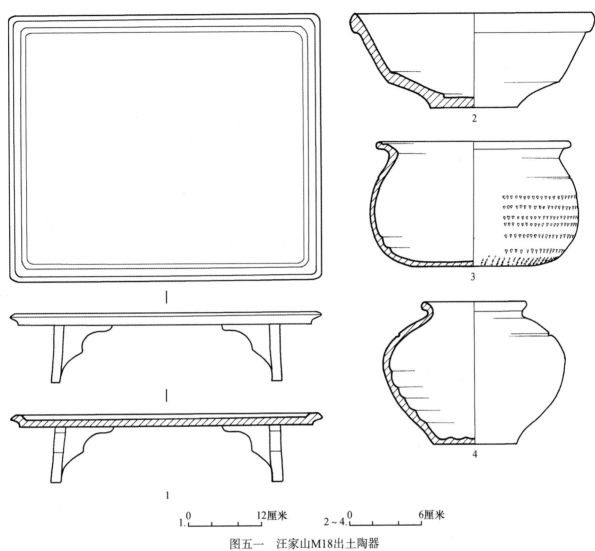

图五一 汪家山M18出土陶器

1.案（M18：6） 2.钵（M18：1） 3.釜（M18：3） 4.罐（M18：2）

表一一 汪家山M18出土钱币统计表

编号	钱文	钱径/厘米	穿宽/厘米	现重量/克	备注
M18：10	五铢	2.56	1	2.1	残
M18：11	五铢	2.55	0.95	2.6	残
M18：12	五铢	2.59	1.1	2.4	

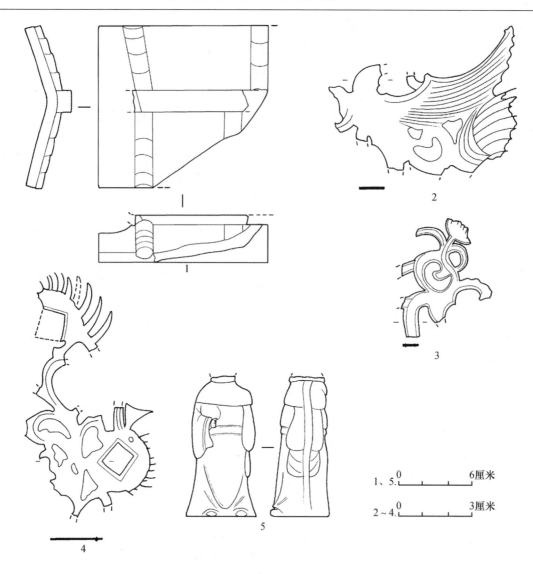

图五二　汪家山M18出土器物

1. 陶房（M18：5）　2~4. 铜摇钱树枝叶（M18：7、M18：8、M18：9）　5. 陶女俑（M18：4）

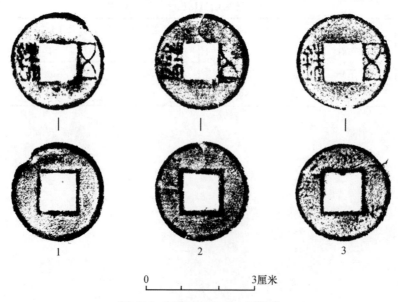

图五三　汪家山M18出土五铢钱

1. M18：10　2. M18：11　3. M18：12

第二节 大山崖墓群

位于简阳市石板凳镇金山村三组,小地名为大山,墓地编号为"2016CJJD",中心地理坐标为东经104°27′11.83″、北纬30°17′52.26″,海拔442米。该地点共发掘崖墓16座,墓葬编号为M1~M16(图版二;图版三,2)。现将具体情况介绍如下。

一、M1

(一)墓葬形制

双室墓。北邻M2。方向74°。由墓道、墓门、甬道、前室、后室组成。葬具及人骨均已不存。全长7.6米(图五四;图版二一)。

墓道 前端被破坏,残存部分平面近梯形,由墓门向外逐渐收窄,底部不甚平整。残长1.5、宽1.44~1.74、深0.92~2.6米。

墓门 位于墓道西端,上部已被破坏,从残存部分看立面呈长方形。宽1.16、高1.4米。

甬道 东接墓门,平面近梯形,近墓室一侧较宽,近墓道一侧较窄,顶部较平,近墓室侧较高,向墓道侧倾斜,底部不甚平整。宽1.16~1.36、进深1.08、高1.4米。

前室 平面近梯形,近甬道侧较窄,顶部较平,向甬道侧略微倾斜。长0.94、宽1.72~1.88、高1.46米。南壁甬道与前室相接处雕刻一劳作俑,呈站立状,手持农具,高0.4米。前后室相接处南壁有一灶台案龛,龛为平顶,顶部距墓顶0.16~0.3米。灶台平面高出前室底部0.36米,宽0.94、进深0.52米。其上有一对灶眼,大者长径0.36、短径0.2米,小者长径0.24、短径0.16米。案龛底部高出后室底部0.72米,宽0.76、进深0.32、高0.4米。

后室 平面呈不规则梯形,斜顶,斜底,皆向前室侧略微倾斜。长1.78、宽1.86~2.3、高1.32米。南壁灶龛下雕刻人俑两个,并排而立,手置于腹部,高0.5米。北壁后段雕刻人俑两个,并排而立,残损较为严重,高0.48米。后壁向内凿出一棺龛,顶距墓顶0.1米,底距墓底0.46米,底部和顶部皆不甚平整,向后略微倾斜。宽1.2、进深2.08、高0.8~0.92米。

(二)随葬器物

出土随葬品主要为钱币,共12枚。可辨识者皆为五铢钱。钱径1.74~2.63、穿宽0.9~1厘米(图五五;表一二)。

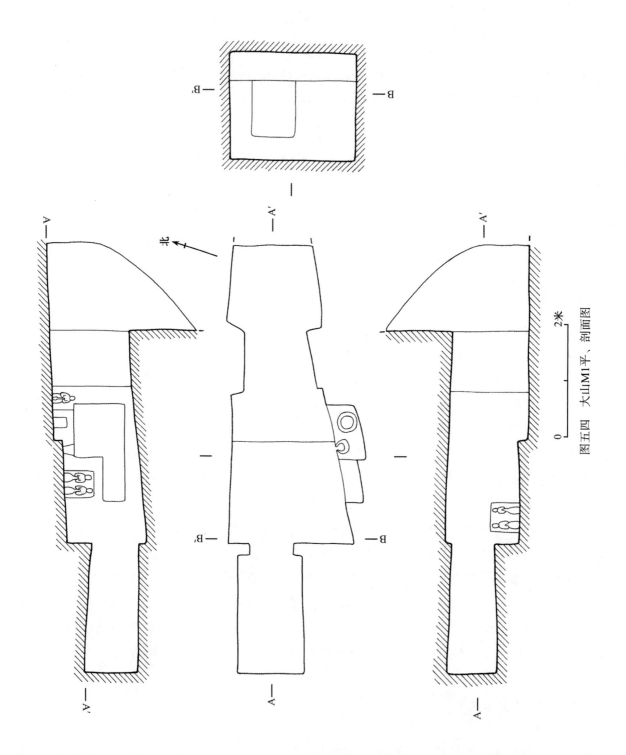

图五四　大山M1平、剖面图

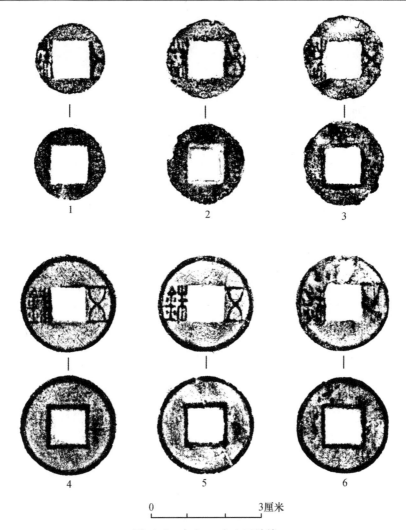

图五五 大山M1出土五铢钱

1. M1：1 2. M1：3 3. M1：9 4. M1：10 5. M1：11 6. M1：12

表一二 大山M1出土钱币统计表

编号	钱文	钱径/厘米	穿宽/厘米	现重量/克	备注
M1：1	五铢	1.91	1	0.5	
M1：2	/	1.9	0.97	0.4	残
M1：3	五铢	2.16	0.97	1.2	
M1：4	/	2.29	0.97	0.7	残
M1：5	/	/	0.96	0.8	残
M1：6	/	/	/	0.6	残
M1：7	/	1.92	0.96	0.5	残
M1：8	/	1.74	0.97	0.5	残
M1：9	五铢	2.24	0.99	0.9	
M1：10	五铢	2.63	0.91	2.1	
M1：11	五铢	2.57	0.98	2.1	
M1：12	五铢	2.59	0.9	2.1	

二、M2

（一）墓葬形制

三室墓。南邻M1，北邻M3。方向68°。由墓道、墓门、甬道、前室、中室、后室组成。在扰土内出土有陶棺碎片，可推测葬具为陶棺，人骨已不存。全长11.2米（图五六）。

墓道 前端被破坏，残存部分平面近梯形，由墓门向外逐渐收窄，底部不甚平整，向远墓门侧倾斜。残长2.9、宽1.34～1.9、深1.5～4米。

墓门 位于墓道西端，立面呈长方形，单层门楣。宽1.12、高1.5米。

甬道 东接墓门，平面呈梯形，近墓室一侧较宽，近墓道一侧较窄，斜顶，向墓道方向倾斜，底部不甚平整，近墓门一侧较高。宽1.12～1.34、进深1.2、高1.5～1.7米。

前室 平面呈不规则梯形，近甬道侧较窄，弧顶，底部不甚平整，顶与底皆向甬道侧倾斜。长2.4、宽1.64～1.94、高1.9～2.28米。前室南壁有一灶台案龛，顶部不甚平整，距墓顶约0.9～1.1米，底部距墓底0.12～0.22米。灶台宽0.9、进深0.4米。其上有一对灶眼，大者长径0.3、短径0.14米，小者长径0.14、短径0.12米。案龛宽0.8、进深0.3米。

中室 平面近长方形，顶部和底部皆不甚平整，向前室侧倾斜，底部高出前室底部0.22米。长1.52、宽1.46～1.92、高1.8～1.88米。

后室 平面近长方形，斜顶，向中室侧倾斜，底部不甚平整，底部较中室高0.3米。长0.88、宽0.88～1.48、高1.54米。后壁向内凿出一棺龛，平面大致呈长方形，顶距墓顶0.28米，底距墓室底部0.22米，斜顶，向后室侧略微倾斜，斜底，向远后室侧略微倾斜。宽1.2、进深2、高1.04～1.16米（图版二二，1）。

（二）随葬器物

出土陶器2件，包括抚琴俑、猪各1件。

抚琴俑 1件。M2：2，泥质红陶。头戴圆顶平巾帻，内穿圆领衫，外穿右衽交领宽袖长袍，席地而坐，琴置双膝上，双手抚琴。高33厘米（图五七，2；图版三三，1）。

猪 1件。M2：1，泥质灰陶。立耳，圆目，低首，四足站立，尾部卷曲。高16.8厘米（图五七，1；图版三四，1）。

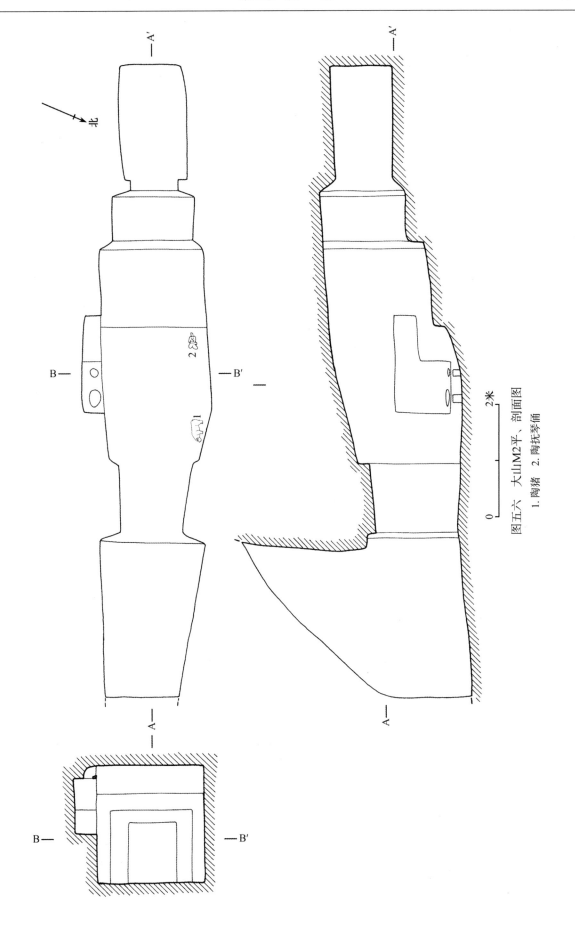

图五六 大山M2平、剖面图
1. 陶猪 2. 陶抚琴俑

図五七　大山M2出土陶俑
1. 猪（M2∶1）　2. 抚琴俑（M2∶2）

三、M3

（一）墓葬形制

单室墓。南邻M2，北邻M4。方向55°。由墓道、墓门、甬道、墓室组成。葬具为陶棺，残存的碎片较大，可辨识出4具，人骨已不存。全长7.4米（图五八；图版二二，2）。

墓道　前端被破坏，残存部分平面呈长方形，分前后两段，靠近墓门侧一段较高。残长3.8、宽1.76、深0.3～2米。

墓门　位于墓道西端，立面呈长方形。宽1.28、高1.66米。

甬道　东接墓门，平面呈长方形，顶部不甚平整，平底。宽1.28、进深0.6、高1.66米。

墓室　平面呈长方形，顶部和底部皆不甚平整。长3、宽1.6、高1.66米。南北两壁各有一龛，南壁龛平面呈长方形，平顶，平底，顶部距墓顶0.3米，底部距墓底0.2米。宽2.52、进深0.6、高1.16米。北壁龛平面呈长方形，平顶，平底，顶部距墓顶0.3米，底部距墓底0.12米。宽2.8、进深0.94、高1.24米。

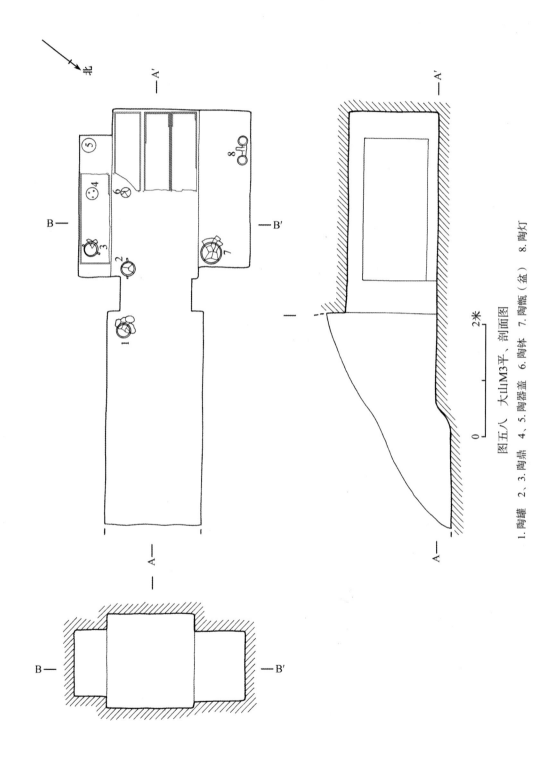

图五八 大山M3平、剖面图

1. 陶罐 2、3. 陶鼎 4、5. 陶器盖 6. 陶钵 7. 陶瓿(盆) 8. 陶灯

（二）随葬器物

出土陶器8件，另有钱币197枚。分述如下。

1. 陶器

8件。包括陶罐、钵、甑（盆）、灯各1件，鼎、器盖各2件。

罐　1件。M3：1，泥质灰陶。侈口，圆唇，圆肩，圆腹，平底。肩部饰网格纹及两周凹弦纹。口径10、最大径22.8、底径16.4、高15.2厘米（图五九，1；图版三二，1）。

鼎　2件。M3：2，夹砂灰陶。微敛口，尖圆唇，折肩，弧腹，平底，曲耳，三蹄足外撇。口径18.6、底径12、通高19厘米（图六〇，2；图版三四，2）。M3：3，夹砂灰陶。微敛口，尖圆唇，折肩，弧腹，平底，曲耳，三蹄足外撇。口径17.8、底径12.6、通高20厘米（图六〇，3）。

钵　1件。M3：6，夹砂褐陶。敞口，圆唇，弧腹，饼足。口沿下饰一周凹弦纹。口径14.6、底径6、高5.2厘米（图五九，5）。

甑（盆）　1件。M3：7，夹砂灰陶。敞口，卷沿，方唇，弧腹。器身饰凹弦纹。口径39.6、残高21.4厘米（图五九，2）。

灯　1件。M3：8，夹砂灰陶。六个柱形灯座，残存两个灯盘。残高22.2厘米（图六〇，1）。

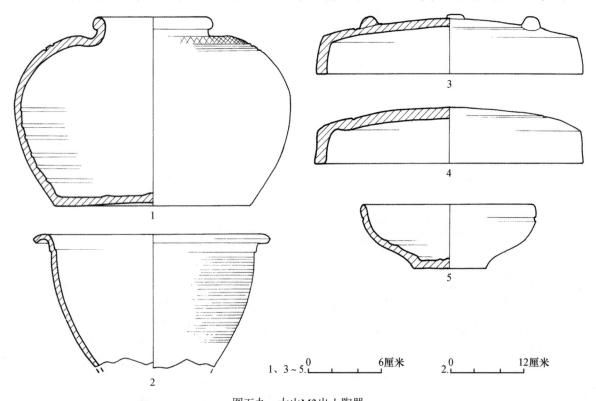

图五九　大山M3出土陶器

1.罐（M3：1）　2.甑（盆）（M3：7）　3、4.器盖（M3：5、M3：4）　5.钵（M3：6）

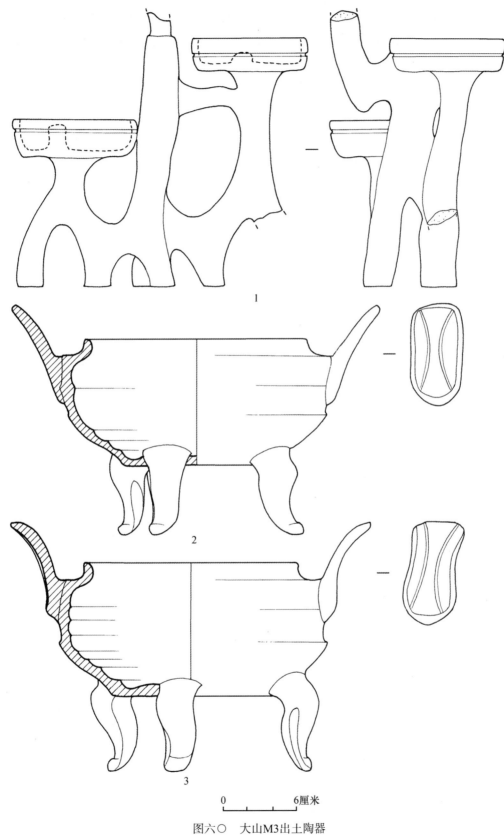

图六〇　大山M3出土陶器
1. 灯（M3∶8）　　2、3. 鼎（M3∶2、M3∶3）

器盖　2件。M3：4，泥质褐陶。直口，方唇，斜直壁，弧顶。高4.4厘米（图五九，4）。M3：5，泥质褐陶。直口，方唇，斜直壁，弧顶。顶上有三个乳钉。高4.8厘米（图五九，3）。

2. 钱币

197枚（表一三）。其中可辨识者五铢11枚，钱径2.34~2.6、穿宽0.92~1.02厘米（图六一，1~3）；大泉五十8枚，钱径2.16~2.84、穿宽0.85~1厘米（图六一，4~6；图六二，5）；货泉167枚，钱径2.11~2.36、穿宽0.53~0.88厘米（图六一，7~16；图六二，1~4）。

四、M4

（一）墓葬形制

单室墓。南邻M3，北邻M5。方向53°。由墓道、墓门、甬道、墓室组成。在扰土内出土有陶棺碎片，可推测葬具为陶棺，人骨已不存。全长8.06米（图六三）。

墓道　前端被破坏，残存部分平面近梯形，由墓门向外逐渐收窄，底部不甚平整。残长4.32、宽1.5~1.84、深1.18~4.4米（图版二三，1）。

墓门　位于墓道西端，立面呈长方形。宽1.12、高1.56米（图版二三，1）。

甬道　东接墓门，平面大致呈梯形，底部和顶部不甚平整，底部近墓道侧较高，向墓室侧倾斜。近墓室侧较宽，近墓道侧较窄。宽1.12~1.24、进深0.6~1.02、高1.56米。

墓室　平面呈不规则梯形，近甬道侧较窄，底部和顶部皆不甚平整，底部向甬道侧倾斜，顶部向远甬道侧倾斜。长2.72~3.2、宽1.52~1.8、高1.2~1.6米。南北两壁各有一龛。南壁龛平面大致呈长方形，底部和顶部不甚平整，龛顶与墓顶在同一平面，底部高出墓底0.32米。宽2.32、进深0.8~0.96、高1.1~1.22米。北壁龛平面大致呈长方形，底部和顶部不甚平整，龛顶与墓顶在同一平面，底部高出墓底0.32米。宽2.8、进深0.8~1、高1.16米。

（二）随葬器物

出土随葬品22件，质地有陶、铁两种，另有钱币148枚。分述如下。

1. 陶器

20件。包括陶人物俑、男俑、井、灶、房、房屋构件、鸡各1件，俑头、狗各2件，罐、钵、女侍立俑各3件。

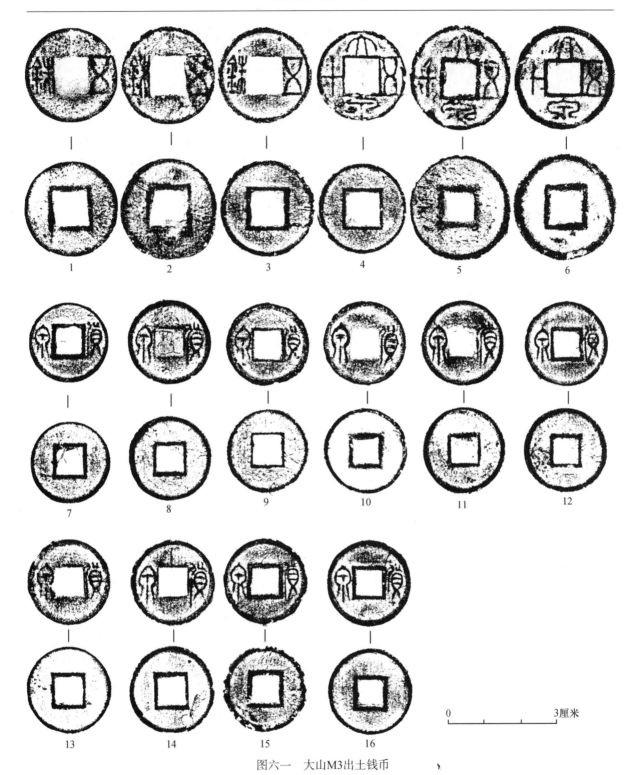

图六一 大山M3出土钱币

1~3.五铢（M3：9、M3：30、M3：125） 4~6.大泉五十（M3：91、M3：184、M3：185） 7~16.货泉（M3：11、

M3：13、M3：15、M3：17、M3：19、M3：22、M3：23、M3：43、M3：60、M3：61）

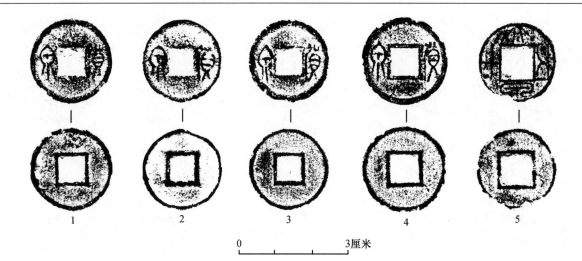

0 _____ 3厘米

图六二　大山M3出土钱币

1～4.货泉（M3：66、M3：76、M3：89、M3：105）　5.大泉五十（M3：201）

表一三　大山M3出土钱币统计表

编号	钱文	钱径/厘米	穿宽/厘米	现重量/克	备注
M3：9	五铢	2.52	0.92	2.2	
M3：10	货泉	2.33	0.72	2.5	
M3：11	货泉	2.18	0.71	1.3	
M3：12	货泉	2.34	0.68	3	
M3：13	货泉	2.2	0.64	1.8	
M3：14	货泉	2.36	0.71	2.8	
M3：15	货泉	2.28	0.81	2.4	
M3：16	货泉	2.24	0.7	2.5	
M3：17	货泉	2.25	0.67	2.2	
M3：18	货泉	2.25	0.7	2.1	
M3：19	货泉	2.27	0.79	1.7	
M3：20	货泉	2.13	0.68	2	
M3：21	货泉	2.34	0.71	2.4	
M3：22	货泉	2.28	0.71	2.7	
M3：23	货泉	2.25	0.74	1.5	
M3：24	货泉	2.25	0.78	1.1	
M3：25	货泉	2.18	0.78	1.7	
M3：26	货泉	2.26	0.76	1.8	
M3：27	货泉	2.09	0.72	1.2	
M3：28	货泉	2.23	0.67	2.4	
M3：29	货泉	2.22	0.76	1.1	
M3：30	五铢	2.55	1.02	2.2	
M3：31	/	2.65	0.96	1.9	

续表

编号	钱文	钱径/厘米	穿宽/厘米	现重量/克	备注
M3：32	货泉	2.31	0.72	1.9	
M3：33	货泉	2.17	0.72	1.2	
M3：34	货泉	2.25	0.72	1.8	
M3：35	货泉	2.3	0.7	1.8	残
M3：36	货泉	2.29	0.71	2.1	
M3：37	货泉	2.14	0.76	1.4	
M3：38	货泉	2.27	0.75	1.1	
M3：39	货泉	2.15	0.74	1.3	
M3：40	货泉	2.28	0.71	2.5	
M3：41	货泉	2.3	0.66	1.9	
M3：42	货泉	2.16	0.86	1.2	
M3：43	货泉	2.3	0.71	1.4	
M3：44	/	2.25	0.75	1.3	残
M3：45	货泉	2.18	0.76	0.8	残
M3：46	货泉	2.25	0.74	1.8	
M3：47	货泉	2.29	0.72	1.9	
M3：48	/	2.3	0.78	1.8	
M3：49	货泉	2.21	0.67	1.3	
M3：50	货泉	2.25	0.7	1.5	
M3：51	货泉	2.19	0.76	1.4	
M3：52	货泉	2.27	0.77	1.7	
M3：53	货泉	2.15	0.75	1.7	
M3：54	货泉	2.21	0.65	2.2	
M3：55	货泉	2.25	0.77	2.8	
M3：56	货泉	2.25	0.7	2.1	
M3：57	货泉	2.26	0.67	1.7	
M3：58	货泉	2.26	0.66	1.5	
M3：59	货泉	2.2	0.64	2.6	
M3：60	货泉	2.26	0.73	3.3	
M3：61	货泉	2.28	0.71	2.4	
M3：62	货泉	2.3	0.73	1.9	
M3：63	货泉	2.25	0.7	1.7	
M3：64	货泉	2.11	0.72	1.8	
M3：65	货泉	2.27	0.65	3.1	
M3：66	货泉	2.22	0.7	3	
M3：67	货泉	2.25	0.74	1.5	
M3：68	货泉	2.16	0.78	1.5	

续表

编号	钱文	钱径/厘米	穿宽/厘米	现重量/克	备注
M3：69	货泉	2.19	0.67	1.2	残
M3：70	货泉	2.22	0.68	2.4	
M3：71	货泉	2.26	0.75	2.2	
M3：72	货泉	2.23	0.7	1.8	
M3：73	货泉	2.23	0.66	1.7	
M3：74	货泉	2.25	0.71	1.7	
M3：75	货泉	2.25	0.73	2.6	
M3：76	货泉	2.18	0.75	1.1	
M3：77	货泉	2.23	0.68	2	
M3：78	货泉	2.24	0.63	1.8	
M3：79	五铢	2.58	0.95	2.8	
M3：80	五铢	2.6	0.96	2.1	
M3：81	货泉	2.23	0.75	2.2	
M3：82	货泉	2.32	0.62	2.5	
M3：83	货泉	2.28	0.68	3.9	
M3：84	货泉	2.16	0.65	1.2	
M3：85	货泉	2.21	0.75	0.8	残
M3：86	货泉	2.34	0.66	3	
M3：87	货泉	2.25	0.65	1.8	
M3：88	货泉	2.25	0.73	0.9	残
M3：89	货泉	2.22	0.7	1.5	
M3：90	货泉	2.21	0.76	0.9	残
M3：91	大泉五十	2.49	1	1.9	
M3：92	货泉	2.29	0.66	2	
M3：93	货泉	2.28	0.78	1.1	残
M3：94	货泉	2.04	0.77	1.1	
M3：95	货泉	2.26	0.7	2.6	
M3：96	货泉	2.33	0.73	2	
M3：97	货泉	2.31	0.63	2.1	
M3：98	货泉	2.19	0.68	1.4	
M3：99	货泉	2.15	0.76	2.5	
M3：100	货泉	2.21	0.69	1.5	
M3：101	货泉	2.18	0.79	1.5	
M3：102	货泉	2.17	0.6	2.5	
M3：103	货泉	2.17	0.71	1.2	残
M3：104	货泉	2.22	0.7	1.5	
M3：105	货泉	2.32	0.88	2.8	

续表

编号	钱文	钱径/厘米	穿宽/厘米	现重量/克	备注
M3：106	货泉	2.23	0.71	2.1	
M3：107	货泉	2.21	0.76	1.1	
M3：108	货泉	2.21	0.76	1.4	
M3：109	货泉	2.22	0.71	1.3	残
M3：110	货泉	2.22	0.69	1.4	残
M3：111	货泉	2.16	0.68	1.7	
M3：112	货泉	2.18	0.74	1.2	
M3：113	货泉	2.23	0.65	1.8	
M3：114	货泉	2.13	0.71	1.4	
M3：115	货泉	2.26	0.61	1.7	
M3：116	货泉	2.2	0.7	1.1	
M3：117	货泉	2.2	0.71	1.4	
M3：118	货泉	2.27	0.79	1.9	
M3：119	货泉	2.15	0.81	1.2	
M3：120	货泉	2.2	0.71	1.3	
M3：121	货泉	2.13	0.66	1.8	
M3：122	货泉	2.24	0.73	1.5	残
M3：123	货泉	2.18	0.78	1.1	
M3：124	货泉	2.23	0.71	2.8	
M3：125	五铢	2.55	1	3	
M3：126	货泉	2.21	0.75	1.3	
M3：127	大泉五十	2.34	0.87	1.7	
M3：128	货泉	2.12	0.57	1.4	
M3：129	货泉	2.22	0.69	1.8	
M3：130	货泉	2.11	0.84	1.8	
M3：131	货泉	2.2	0.8	1.2	
M3：132	货泉	2.17	0.71	1.5	
M3：133	货泉	2.1	0.76	1.9	
M3：134	货泉	2.25	0.69	1.8	
M3：135	货泉	2.25	0.62	1.1	残
M3：136	货泉	2.16	0.72	1.3	
M3：137	货泉	2.2	0.66	0.7	残
M3：138	货泉	2.28	0.71	2.5	
M3：139	货泉	2.25	0.63	2.5	
M3：140	货泉	2.2	0.73	0.8	残
M3：141	货泉	2.22	0.67	0.9	残
M3：142	货泉	2.3	0.58	0.8	残

续表

编号	钱文	钱径/厘米	穿宽/厘米	现重量/克	备注
M3：143	货泉	2.17	0.74	1.1	
M3：144	货泉	2.22	0.74	1.4	
M3：145	货泉	2.29	0.69	1.8	
M3：146	货泉	2.18	0.75	0.5	残
M3：147	货泉	2.2	0.66	1.3	
M3：148	货泉	2.3	0.53	0.5	残
M3：149	货泉	2.16	0.7	0.6	残
M3：150	/	/	0.67	0.8	残
M3：151	货泉	2.17	0.6	1.5	残
M3：152	货泉	2.13	0.62	0.8	残
M3：153	货泉	2.2	0.7	0.7	残
M3：154	/	/	0.52	0.7	残
M3：155	/	/	/	0.8	残
M3：156	货泉	/	0.6	0.7	残
M3：157	/	/	/	0.5	残
M3：158	/	/	/	0.5	残
M3：159	货泉	/	0.68	0.6	残
M3：160	货泉	2.12	0.71	0.9	残
M3：161	货泉	2.27	0.7	0.9	残
M3：162	货泉	2.2	0.7	1.1	残
M3：163	货泉	2.3	0.78	1.2	
M3：164	五铢	2.5	1	0.7	残
M3：165	五铢	2.51	0.93	0.7	残
M3：166	货泉	/	0.63	0.5	残
M3：167	货泉	2.19	0.73	0.9	残
M3：168	/	2.27	1.03	0.9	残
M3：169	货泉	/	0.75	0.5	残
M3：170	货泉	/	0.66	0.5	残
M3：171	货泉	/	0.66	0.4	残
M3：172	大泉五十	2.36	/	0.6	残
M3：173	货泉	2.1	0.76	0.4	残
M3：174	货泉	/	0.7	0.4	残
M3：175	货泉	/	0.73	0.5	残
M3：176	货泉	/	0.76	0.6	残
M3：177	大泉五十	/	/	0.4	残
M3：178	货泉	/	0.65	0.5	残
M3：179	货泉	/	0.7	0.5	残

续表

编号	钱文	钱径/厘米	穿宽/厘米	现重量/克	备注
M3：180	货泉	2.1	0.7	0.5	残
M3：181	/	/	0.76	0.4	残
M3：182	货泉	/	/	0.7	残
M3：183	/	/	/	0.4	残
M3：184	大泉五十	2.84	0.85	8	
M3：185	大泉五十	2.79	0.89	4	
M3：186	五铢	2.55	0.94	2.1	
M3：187	货泉	2.24	0.69	1.9	
M3：188	货泉	2.27	0.74	2.2	
M3：189	货泉	2.27	0.67	2	
M3：190	五铢	2.57	0.97	2.4	
M3：191	货泉	2.24	0.75	2	
M3：192	货泉	2.15	0.69	2.4	
M3：193	货泉	2.16	0.67	1.4	
M3：194	大泉五十	2.42	0.93	1.2	
M3：195	货泉	2.18	0.67	1.7	
M3：196	货泉	2.29	0.64	0.22	
M3：197	货泉	2.32	0.72	2.4	
M3：198	货泉	2.27	0.73	2.2	
M3：199	货泉	2.28	0.73	0.18	
M3：200	货泉	2.22	0.72	1.9	
M3：201	大泉五十	2.16	0.86	0.8	
M3：202	货泉	2.29	0.75	0.9	残
M3：203	五铢	2.34	/	0.8	残
M3：204	货泉	/	0.7	0.3	残
M3：205	五铢	/	/	0.7	残

　　罐　3件。M4：1，夹砂灰陶。敛口，圆唇，矮领，圆肩，斜弧腹，平底略内凹。肩部从上至下分别饰一周竖条纹、一周凹弦纹、一周戳印纹。口径18.4、最大径36、底径19.2、高26厘米（图六四，3；图版三二，2）。M4：2，夹砂灰陶。敞口，圆唇，矮领，圆肩，斜弧腹，平底。口径10.8、最大径21、底径10.6、高16.4厘米（图六四，1）。M4：3，夹砂灰陶。敞口，外折沿，尖圆唇，短颈，圆肩，斜弧腹，平底略内凹。肩部从上至下分别饰一周竖条纹、一周凹弦纹。口径10.4、最大径18、底径9.6、高12.6厘米（图六四，2；图版三二，3）。

　　钵　3件。M4：4，泥质褐陶。敞口，圆唇，折腹，平底略内凹。口径19.8、底径6.6、高7.6厘米（图六五，5；图版三一，1）。M4：5，夹砂灰陶。敞口，圆唇，折腹，平底。下腹部饰一周双竖条纹。口径20.2、底径7.4、高7.6厘米（图六四，4；图版三一，2）。M4：6，夹砂灰陶。

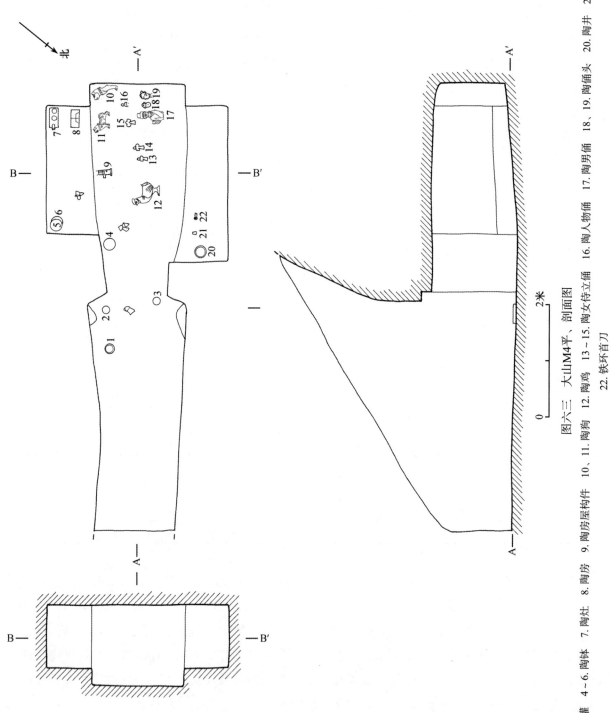

图六三　大山M4平、剖面图

1～3. 陶罐　4～6. 陶钵　7. 陶灶　8. 陶房　9. 陶房屋构件　10、11. 陶狗　12. 陶鸡　13～15. 陶女侍立俑　16. 陶人物俑　17. 陶男俑　18、19. 陶俑头　20. 陶井　21. 铁斧　22. 铁环首刀

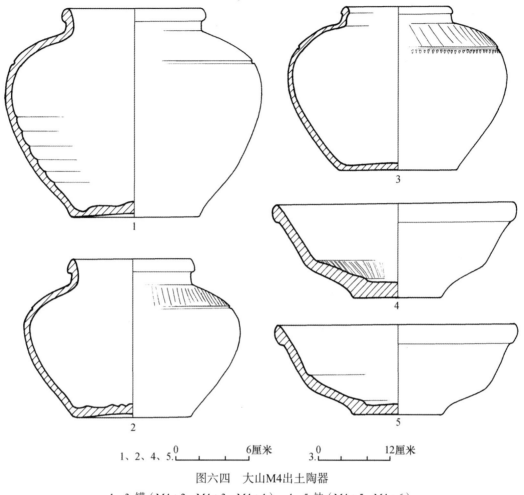

图六四 大山M4出土陶器
1～3.罐（M4：2、M4：3、M4：1） 4、5.钵（M4：5、M4：6）

敞口，圆唇，折腹，平底。口径20.2、底径7.4、高7.2厘米（图六四，5；图版三一，3）。

女侍立俑 3件。M4：13，夹砂灰陶。站立状，面部模糊，着右衽交领窄袖长袍，双手交叉置于胸前。高15厘米（图六六，3）。M4：14，夹砂灰陶。站立状，头部残缺，着右衽交领窄袖长袍，双手交叉置于胸前，脚尖外露。残高11.6厘米（图六六，6；图版三三，2）。M4：15，夹砂褐陶。站立状，头部残缺，着右衽交领窄袖长袍，双手笼于袖中置于胸前。残高12.4厘米（图六六，5；图版三三，3）。

人物俑 1件。M4：16，夹砂灰陶。面部模糊，身着右衽交领窄袖长衣，双手交叉置于胸前。残高9.9厘米（图六六，4）。

男俑 1件。M4：17，夹砂灰陶。头戴高帽，深目高鼻，身着圆领右衽服饰，右手上举。残高17.8厘米（图六六，7；图版三三，4）。

俑头 2件。M4：18，夹砂灰陶。头挽高髻，深目高鼻。残高6.5厘米（图六六，1；图版三三，5）。M4：19，夹砂红陶。头挽高髻，深目高鼻。残高7厘米（图六六，2）。

井 1件。M4：20，夹砂灰陶。圆筒形，敛口，平沿，斜弧腹，平底略内凹。颈肩部饰两周凹弦纹及一周绳索纹，腹中部和腹下部分别饰两周凹弦纹和一周戳印纹。口径21.4、底径

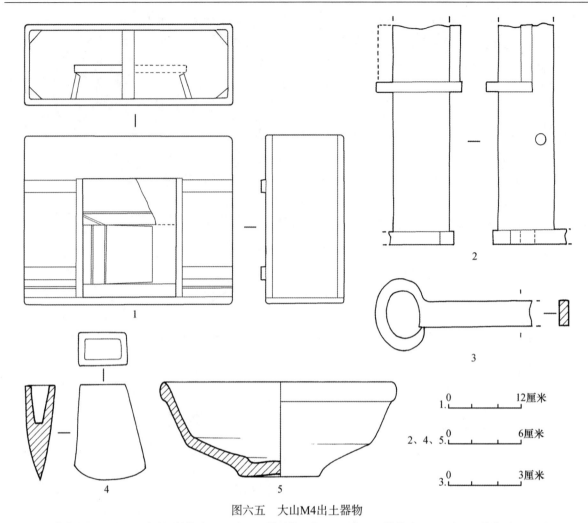

图六五　大山M4出土器物

1. 陶房（M4：8）　2. 陶房屋构件（M4：9）　3. 铁环首刀（M4：22）　4. 铁斧（M4：21）　5. 陶钵（M4：4）

20.4、高22.4厘米（图六七，2）。

　　灶　1件。M4：7，泥质褐陶。平面呈长方形，椭圆形火门，双圆形火眼，后有圆柱形烟囱。长38、宽16.6、通高12.5厘米（图六七，1；图版三四，3）。

　　房　1件。M4：8，夹砂灰陶。平面呈长方形，内置一门。长34.4、宽13、高27厘米（图六五，1）。

　　房屋构件　1件。M4：9，夹砂灰陶。圆筒形。残高17.6厘米（图六五，2）。

　　狗　2件。M4：10，泥质灰陶。站立状，头部正对前方，双耳竖立，眼鼻凸大，颈部粗短，躯体丰满结实，颈部束带，后部残。残高28厘米（图六八，2）。M4：11，夹砂灰陶。站立状，头部正对前方，双耳竖立，眼鼻凸大，颈部粗短，躯体丰满结实，颈和后背栓连束带，卷尾上翘。高21.2厘米（图六八，3；图版三四，4）。

　　鸡　1件。M4：12，夹砂灰陶。站立状，鸡头正对前方，长颈，躯体丰满，翘尾。高19.4厘米（图六八，1；图版三四，5）。

图六六 大山M4出土陶俑

1、2.俑头（M4∶18、M4∶19） 3、5、6.女侍立俑（M4∶13、M4∶15、M4∶14） 4.人物俑（M4∶16）
7.男俑（M4∶17）

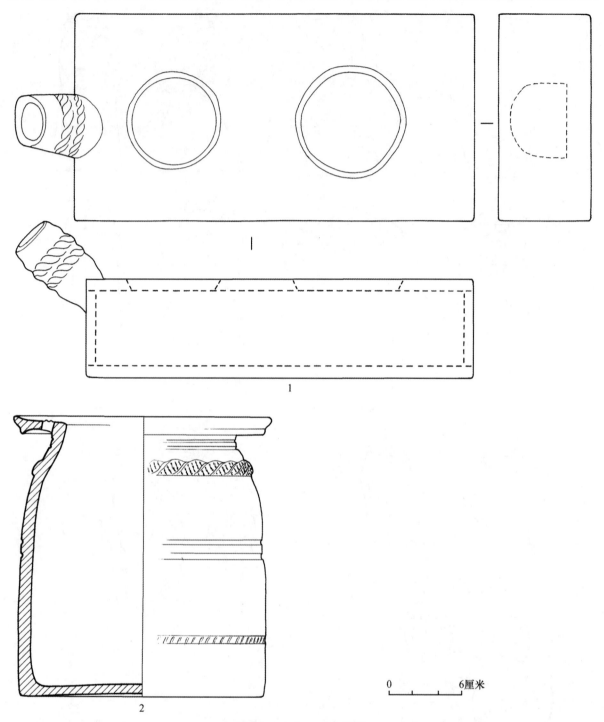

图六七　大山M4出土陶器

1.灶（M4：7）　2.井（M4：20）

图六八 大山M4出土陶俑

1.鸡（M4：12） 2、3.狗（M4：10、M4：11）

2. 铁器

2件。包括铁斧、环首刀各1件。

斧 1件。M4：21，平面略呈梯形。高7.6厘米（图六五，4）。

环首刀 1件。M4：22，残长6.3厘米（图六五，3）。

3. 钱币

148枚（表一四）。其中可辨识者五铢117枚，钱径2.4～2.8、穿宽0.88～1.08厘米（图六九，1～12；图七〇，1）；大泉五十4枚，钱径1.75～2.82、穿宽0.79～0.89厘米（图六九，13～16）；货泉1枚，钱径2.21、穿宽0.75厘米（图七〇，2）。

五、M5

（一）墓葬形制

双室墓。北邻M6，南邻M4。方向53°。由墓道、墓门、甬道、前室、后室、侧室组成。墓内有原岩石棺一具，人骨已不存。全长10米（图七一）。

墓道　前端被破坏，残存部分平面近长方形。残长3.6～4.32、宽2、深1～4.4米。南侧有一条排水沟，其上平铺一层砖。始于墓道与甬道交接处，经墓道南侧一直向外延伸。残长3.6、宽0.2、深0.16米。

墓门　位于墓道西端，立面呈长方形。宽1.28、高1.44米。

甬道　东接墓门，平面近长方形，平顶，底部不甚平整，近墓室侧较高，向墓道侧倾斜。宽1.28、进深0.44～0.58、高1.44米。

前室　平面近梯形，近甬道侧较窄。顶部和底部皆不甚平整，靠近后室侧较高，向甬道侧倾斜。长2.44、宽1.38～1.54、高1.6～1.68米。南侧有一原岩石棺，棺口距墓室底部0.96米。棺内长2.1、宽0.44、深0.44米（图版二三，2）。

后室　平面略呈长方形，顶部和底部皆不甚平整，靠近后壁侧较高，向前室侧略微倾斜，底部高出前室0.2米。长2.76、宽1.64、高1.4米。南壁有一龛，平面呈长方形，平顶，平底，龛顶距墓顶0.54米，龛底高出墓底0.44～0.5米。宽1.24、进深0.18、高0.4米。

侧室　位于主墓室北侧，处于前后室交接处，顶部和底部较平，顶部与主室顶部在同一平面，底部高出前室底部0.2米，与后室底部在同一平面。长2.56、宽0.84、高1.4米。

（二）随葬器物

出土随葬陶器10件，另有钱币7枚。分述如下。

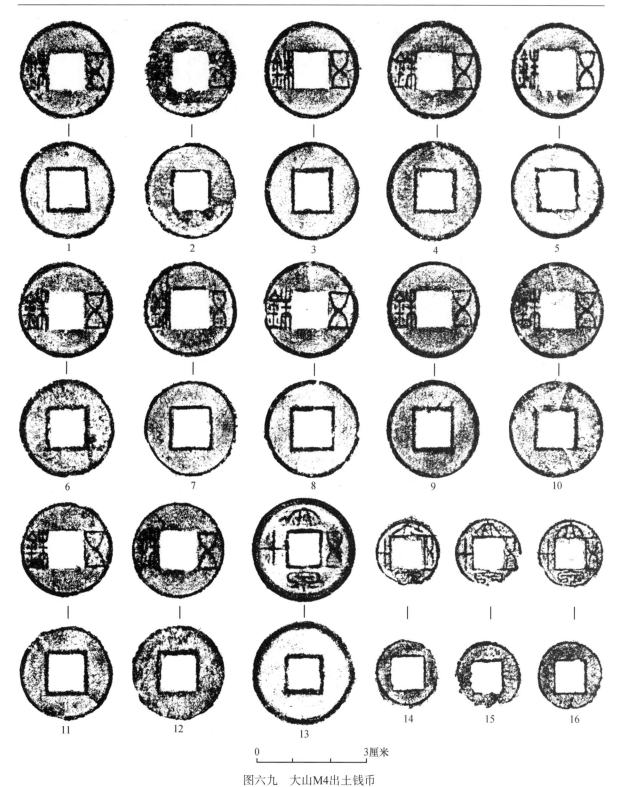

图六九 大山M4出土钱币

1~12.五铢（M4：23、M4：26、M4：28、M4：30、M4：34、M4：38、M4：45、M4：55、M4：65、M4：68、M4：85、
M4：90） 13~16.大泉五十（M4：96、M4：111、M4：112、M4：110）

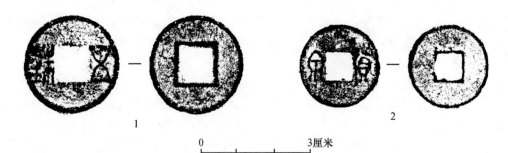

0 ├─────────────┤ 3厘米

图七〇　大山M4出土钱币

1. 五铢（M4：25）　2. 货泉（M4：109）

表一四　大山M4出土钱币统计表

编号	钱文	钱径/厘米	穿宽/厘米	现重量/克	备注
M4：23	五铢	2.6	0.99	1.7	残
M4：24	五铢	2.54	0.99	1.5	残
M4：25	五铢	2.55	0.93	1.8	残
M4：26	五铢	2.53	0.96	2	残
M4：27	五铢	2.55	1.01	2.1	残
M4：28	五铢	2.52	0.96	2.6	残
M4：29	五铢	2.54	0.98	1.8	残
M4：30	五铢	2.54	0.96	1.7	残
M4：31	五铢	2.58	0.95	2.1	残
M4：32	五铢	2.6	0.92	1.4	残
M4：33	五铢	2.55	0.96	2.7	残
M4：34	五铢	2.52	0.99	2	残
M4：35	五铢	2.61	1.02	1.7	残
M4：36	五铢	2.62	0.92	3.1	残
M4：37	五铢	2.61	0.90	2	残
M4：38	五铢	2.63	0.97	1.8	残
M4：39	五铢	2.58	1.02	2.5	残
M4：40	五铢	2.57	0.96	2.4	残
M4：41	五铢	2.58	0.99	1.7	残
M4：42	五铢	2.58	0.99	2.6	残
M4：43	五铢	2.56	1.02	2.4	残
M4：44	五铢	2.8	0.99	2	残
M4：45	五铢	2.57	1.07	1.3	残
M4：46	五铢	2.59	0.96	1.7	残
M4：47	/	2.61	1	0.9	残
M4：48	/	2.7	0.99	1.2	残
M4：49	五铢	2.63	0.98	1.7	残
M4：50	五铢	2.56	0.99	0.9	残

续表

编号	钱文	钱径/厘米	穿宽/厘米	现重量/克	备注
M4：51	五铢	2.56	0.96	1.2	残
M4：52	五铢	2.6	0.94	2.1	残
M4：53	五铢	2.57	1	0.7	残
M4：54	五铢	2.57	0.98	1.7	残
M4：55	五铢	2.58	0.98	1.1	残
M4：56	/	2.6	1.06	1.1	残
M4：57	五铢	2.4	0.99	0.7	残
M4：58	/	2.58	0.94	1.5	残
M4：59	/	2.54	0.98	0.6	残
M4：60	五铢	2.55	0.99	0.8	残
M4：61	五铢	2.54	0.98	1.87	残
M4：62	五铢	2.59	0.95	1.5	残
M4：63	五铢	2.48	0.98	1.9	残
M4：64	五铢	2.53	0.98	1.5	残
M4：65	五铢	2.53	0.94	2	残
M4：66	五铢	2.54	0.95	2.4	残
M4：67	五铢	2.54	0.93	2	残
M4：68	五铢	2.54	0.93	2.1	残
M4：69	五铢	2.51	0.97	1.8	残
M4：70	五铢	2.58	0.94	1.3	残
M4：71	五铢	2.6	0.96	1.5	残
M4：72	五铢	2.59	0.9	2.4	残
M4：73	五铢	2.58	0.93	2.5	残
M4：74	五铢	2.59	0.97	2.2	残
M4：75	五铢	2.56	1.03	1.3	残
M4：76	五铢	2.55	0.99	1.9	残
M4：77	五铢	2.55	0.95	2.4	残
M4：78	五铢	2.59	0.94	2	残
M4：79	五铢	2.65	0.95	2.1	残
M4：80	五铢	2.53	0.96	2.1	残
M4：81	五铢	2.52	1.07	1.8	残
M4：82	五铢	2.61	0.98	1.7	残
M4：83	/	2.56	0.98	1.9	残
M4：84	五铢	2.57	1.03	1.2	残
M4：85	五铢	2.58	0.98	1.5	残
M4：86	五铢	2.56	0.93	1.2	残
M4：87	/	2.58	1.02	1.8	残

编号	钱文	钱径/厘米	穿宽/厘米	现重量/克	备注
M4：88	五铢	2.55	0.93	2.2	残
M4：89	五铢	2.56	0.99	2.1	残
M4：90	五铢	2.53	1.01	1.5	残
M4：91	五铢	2.6	0.92	1.1	残
M4：92	五铢	2.5	/	0.8	残
M4：93	五铢	/	/	1.2	残
M4：94	五铢	/	/	0.8	残
M4：95	五铢	/	/	0.6	残
M4：96	大泉五十	2.82	0.83	8.6	残
M4：97	五铢	2.6	0.93	2.4	残
M4：98	五铢	2.59	0.93	2	残
M4：99	五铢	2.56	0.97	2.6	残
M4：100	五铢	2.64	0.99	2.8	残
M4：101	五铢	2.58	0.93	2.2	残
M4：102	五铢	2.61	0.97	0.22	残
M4：103	五铢	2.52	0.95	2.1	残
M4：104	五铢	2.61	0.93	2.4	残
M4：105	五铢	2.53	0.97	2.5	残
M4：106	五铢	2.6	0.92	2.5	残
M4：107	五铢	2.54	0.95	2	残
M4：108	五铢	2.6	0.88	3	残
M4：109	货泉	2.21	0.75	1.1	残
M4：110	大泉五十	1.75	0.79	0.5	残
M4：111	大泉五十	1.75	0.89	0.4	残
M4：112	大泉五十	1.87	0.86	0.6	残
M4：113	五铢	/	/	0.8	残
M4：114	五铢	/	/	0.8	残
M4：115	五铢	/	/	0.9	残
M4：116	五铢	2.55	0.97	0.9	残
M4：117	五铢	2.53	1.06	1.2	残
M4：118	五铢	2.59	0.97	1.7	残
M4：119	/	/	/	0.4	残
M4：120	五铢	/	0.94	0.9	残
M4：121	五铢	2.54	0.98	2.1	残
M4：122	五铢	2.43	1.08	1.2	残
M4：123	五铢	2.63	0.98	1.3	残
M4：124	五铢	2.54	0.96	1.5	残

续表

编号	钱文	钱径/厘米	穿宽/厘米	现重量/克	备注
M4：125	五铢	2.49	/	0.5	残
M4：126	五铢	2.56	0.98	1.1	残
M4：127	五铢	2.6	0.98	0.8	残
M4：128	/	2.5	1.03	0.8	残
M4：129	五铢	2.54	/	0.9	残
M4：130	/	2.54	/	1.1	残
M4：131	/	2.57	0.88	1.3	残
M4：132	五铢	2.52	1	0.8	残
M4：133	五铢	/	/	0.8	残
M4：134	/	/	0.97	0.7	残
M4：135	/	/	1.03	0.7	残
M4：136	/	2.63	1.01	1.2	残
M4：137	/	2.5	0.96	0.9	残
M4：138	五铢	2.54	0.94	1.8	残
M4：139	五铢	2.56	/	0.9	残
M4：140	五铢	2.52	0.99	0.8	残
M4：141	五铢	2.59	0.92	1.2	残
M4：142	五铢	/	0.97	0.6	残
M4：143	/	2.55	1.01	0.8	残
M4：144	五铢	/	/	0.7	残
M4：145	五铢	/	/	0.9	残
M4：146	五铢	/	1.02	0.7	残
M4：147	五铢	/	/	0.5	残
M4：148	/	/	0.89	0.6	残
M4：149	五铢	/	/	0.5	残
M4：150	五铢	/	1.05	0.8	残
M4：151	/	/	0.9	0.6	残
M4：152	/	2.48	0.96	0.7	残
M4：153	五铢	/	0.96	0.4	残
M4：154	五铢	/	/	0.4	残
M4：155	/	/	/	0.5	残
M4：156	五铢	/	/	0.5	残
M4：157	五铢	/	/	0.4	残
M4：158	五铢	/	/	0.4	残
M4：159	/	/	/	0.5	残
M4：160	五铢	/	/	0.4	残
M4：161	五铢	/	/	0.7	残

续表

编号	钱文	钱径/厘米	穿宽/厘米	现重量/克	备注
M4：162	五铢	/	/	0.5	残
M4：163	五铢	/	/	0.6	残
M4：164	五铢	/	/	0.6	残
M4：165	/	/	/	0.6	残
M4：166	/	/	/	0.4	残
M4：167	/	/	/	0.5	残
M4：168	/	/	/	0.4	残
M4：169	/	/	/	0.7	残
M4：170	五铢	/	/	0.7	残

1. 陶器

10件。包括钵3件，碗、舞俑、人物俑、狗、鸡各1件，侍立俑2件。

钵　3件。M5：1，泥质褐陶。敞口，尖圆唇，折腹，平底。口径19.8、底径7.2、高7.8厘米（图七二，2；图版三一，4）。M5：2，泥质灰陶。敞口，尖圆唇，折腹，平底。口径20、底径7、高7.2厘米（图七二，3；图版三一，5）。M5：3，泥质灰陶。敞口，尖圆唇，折腹，平底。口径19、底径6、高7厘米（图七二，6）。

碗　1件。M5：4，泥质灰陶。敛口，圆唇，弧腹，平底。口沿下饰一周凹弦纹。口径13.4、底径6.8、高5.2厘米（图七二，7）。

舞俑　1件。M5：7，夹砂红陶。头挽高髻，内着圆领衫，外着右衽宽袖长裙，右手长袖上摆，作舞蹈状。残高13.4厘米（图七二，1；图版三三，6）。

侍立俑　2件。M5：8，夹砂灰陶。着窄袖长袍，双手交叉置于胸前，脚尖外露。残高8.4厘米（图七二，8）。M5：9，夹砂灰陶。着右衽交领窄袖长袍，双臂笼于袖中置于胸前，脚尖外露。残高16厘米（图七二，5）。

人物俑　1件。M5：10，夹砂红陶。着长袍，脚尖外露。残高8厘米（图七二，4）。

狗　1件。M5：6，夹砂红陶。仅存头部。头部正对前方，双耳竖立，眼鼻凸大。残高7.2厘米（图七三，2）。

鸡　1件。M5：5，夹砂褐陶。站立状，鸡头斜视前方，长颈，躯体丰满，翘尾。高21.4厘米（图七三，1）。

2. 钱币

7枚（表一五）。其中五铢钱6枚，钱径2.38～2.66、穿宽0.92～1.01厘米（图七四，1～5）；货泉1枚，钱径2.3、穿宽0.79厘米（图七四，6）。

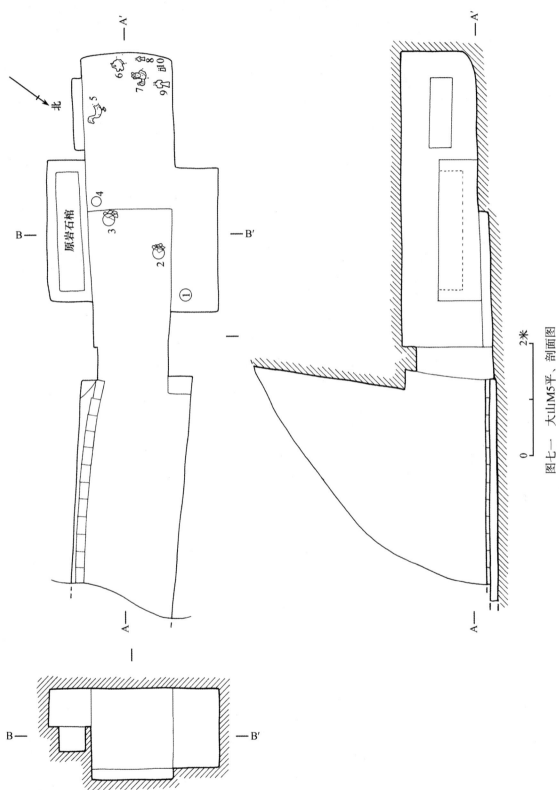

图七一 大山M5平、剖面图

1～3. 陶钵 4. 陶碗 5. 陶鸡 6. 陶狗 7. 陶舞俑 8、9. 陶侍立俑 10. 陶人物俑

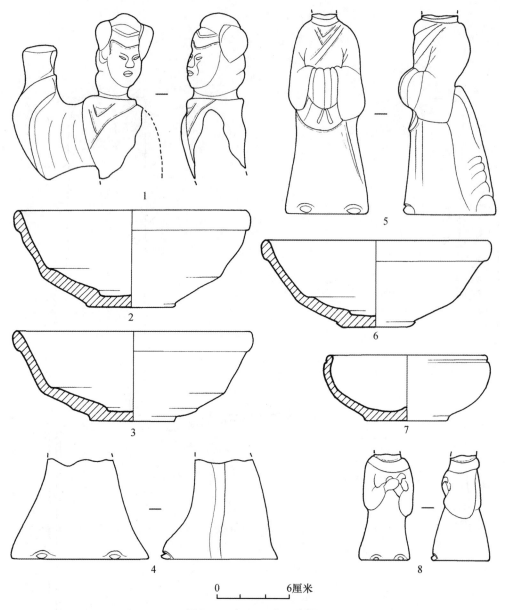

图七二　大山M5出土陶器

1.舞俑（M5：7）　　2、3、6.钵（M5：1、M5：2、M5：3）　　4.人物俑（M5：10）　　5、8.侍立俑（M5：9、M5：8）
7.碗（M5：4）

表一五　大山M5出土钱币统计表

编号	钱文	钱径/厘米	穿宽/厘米	现重量/克	备注
M5：11	五铢	2.66	1.01	2.6	
M5：12	货泉	2.3	0.79	3	
M5：13	五铢	2.6	0.98	2.4	
M5：14	五铢	2.6	0.92	2.2	
M5：15	五铢	2.51	0.95	2.4	
M5：16	五铢	2.54	0.96	2.2	
M5：17	五铢	2.38	0.88	1.5	

图七三 大山M5出土陶俑
1. 鸡（M5：5） 2. 狗（M5：6）

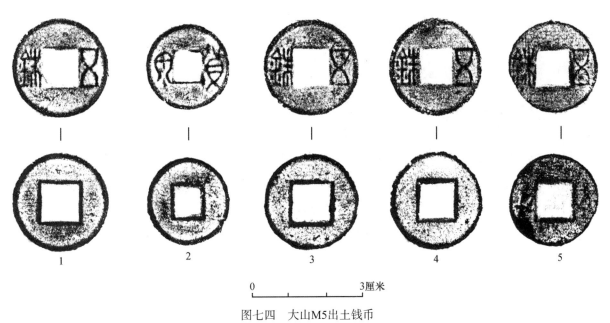

图七四 大山M5出土钱币

1、3～5. 五铢（M5：11、M5：13、M5：15、M5：16） 2. 货泉（M5：12）

六、M6

（一）墓葬形制

双室墓。北邻M7，南邻M5。方向65°。由墓道、墓门、甬道、前室、后室组成。在扰土内出土有陶棺碎片，可推测葬具为陶棺，人骨已不存。全长12.5米（图七五）。

墓道　前端被破坏，残存部分平面近梯形，由墓门向外逐渐收窄，底部不甚平整。残长5.48、宽1.16~1.8、深1~3.88米。

墓门　位于墓道西端，立面呈长方形。宽1.26、高1.56米。

甬道　东接墓门，平面呈不规则长方形，顶部和底部皆不甚平整，顶部中间较低、两侧较高，底部靠近墓室侧较高，向墓道侧倾斜。宽1.26、进深1.1、高1.36~1.56米。

前室　平面呈不规则长方形，顶部和底部皆不甚平整，顶部和底部皆靠近后室侧较高，向甬道侧倾斜。长3.52、宽1.28~1.8、高1.36~1.46米。

后室　平面呈长方形，顶部和底部皆不甚平整，弧顶，中间高、两侧略低，底部靠近后部侧较高，向前室方向略微倾斜，底部高出前室0.3米。长2.4、宽1.6、高1.04~1.16米。

（二）随葬器物

出土随葬陶器4件，另有钱币3枚。分述如下。

1. 陶器

4件。包括俑头、猪各1件，女侍立俑2件。

俑头　1件。M6：4，夹砂红陶。头戴冠。残高6厘米（图七六，1）。

女侍立俑　2件。M6：2，夹砂红陶。头戴平巾帻，面容安详，着交领窄袖长袍，双手笼于袖中置于胸前，脚尖外露。高22厘米（图七六，4）。M6：3，夹砂红陶。头戴高帽，深目高鼻，双手笼于袖中置于胸前，脚尖外露。残高12厘米（图七六，2）。

猪　1件。M6：1，夹砂灰陶。立耳，圆目，低首，四足站立，尾部卷曲。残高11.8厘米（图七六，3；图版三四，6）。

2. 钱币

3枚。均为五铢钱。钱径2.52~2.56、穿宽0.92~0.95厘米（图七七；表一六）。

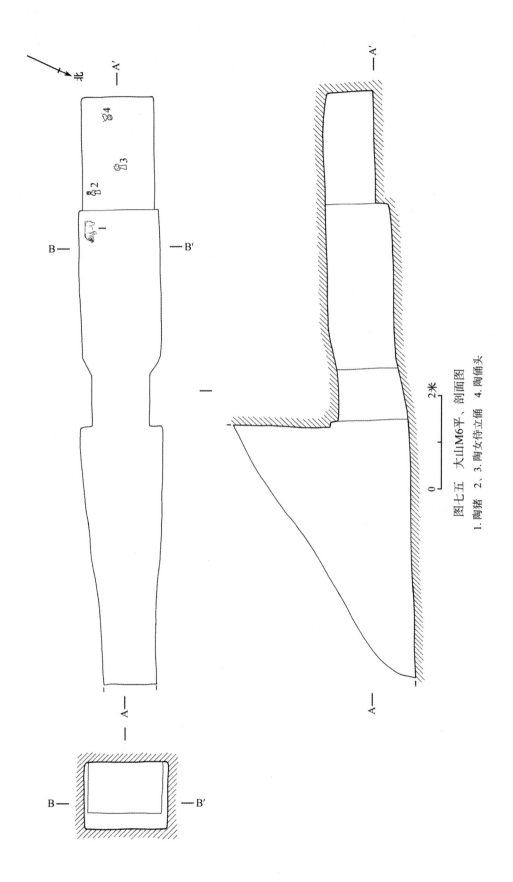

图七五 大山M6平、剖面图
1.陶猪 2、3.陶女侍立俑 4.陶俑头

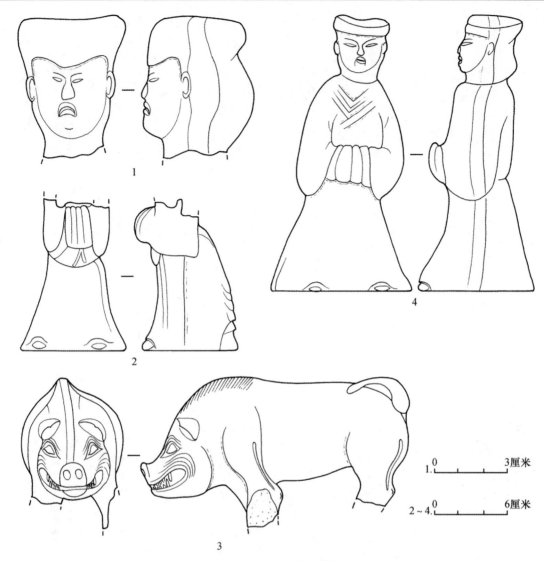

图七六　大山M6出土陶俑

1. 俑头（M6 : 4）　　2、4. 女侍立俑（M6 : 3、M6 : 2）　3. 猪（M6 : 1）

表一六　大山M6出土钱币统计表

编号	钱文	钱径/厘米	穿宽/厘米	现重量/克	备注
M6 : 5	五铢	2.53	0.95	2.2	
M6 : 6	五铢	2.52	0.92	1.8	
M6 : 7	五铢	2.56	0.94	2.6	

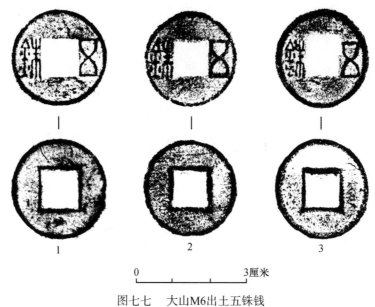

图七七　大山M6出土五铢钱
1. M6：5　2. M6：6　3. M6：7

七、M7

（一）墓葬形制

双室墓。北邻M8，南邻M6。方向100°。由墓道、墓门、甬道、前室、后室组成。在扰土内出土有陶棺碎片，可推测葬具为陶棺，人骨已不存。全长16.96米（图七八）。

墓道　前端被破坏，残存部分分为前后两段，平面皆呈不规则梯形，先由墓门向外逐渐收窄，至中段加宽，后又逐渐收窄，底部不甚平整，靠近墓门侧较低，远墓门侧较高。残长7、宽1~1.62、深1.4~4.6米。北侧有一排水沟，始于墓道与甬道交接处，经墓道北侧一直向外延伸。残长7.04、宽0.18、深0.18米。

墓门　位于墓道西端，立面呈长方形。宽1.24、高1.64米。

甬道　东接墓门，平面近长方形，顶部和底部皆不甚平整，弧顶，中间高、两侧较低。宽1.24、进深1.08~1.2、高1.64~1.7米。

前室　平面呈不规则长方形，顶部和底部皆不甚平整，顶部靠近后室侧较高，向甬道侧倾斜，底部中间高、两侧较低。长5.9、宽1.28~2.08、高1.72~2.4米。北壁近甬道方向有一壁龛，顶部和底部皆较为平整，顶距墓顶1.2米，底与墓室底部平齐。宽0.4、进深0.32、高0.56米。龛内雕刻一劳作俑，呈站立状，手持农具。壁龛西侧邻近处有一灶台案龛，案龛平面呈长方形，斜顶，平底。顶距墓顶0.56~0.68米，底距墓底0.76米。宽0.62、进深0.32、高0.38米。灶龛平面呈长方形，顶部和底部皆不甚平整，顶距墓顶0.68~0.76米，龛底与墓底平齐。宽0.5、进深0.4、高0.766米。灶眼直径0.36米。近后室处有一灶龛，平面呈长方形，顶部和底部皆不甚平整，顶距墓顶1.44～1.52米，底距墓底0.3米。宽0.72、进深0.3、高0.6米。灶眼直径0.32米。北侧前室与后室相接处有一台阶，平面呈不规则长方形。长0.7、宽0.58、高0.2米。南壁近甬道处雕刻一两层阁楼，明显可见有楼梯通向二层，阁楼西侧雕刻两个人俑，其一为劳作俑，呈站立状，手持农具，另一人手持何物已不清（图版二四，1；图版二五，1）。阁楼右上方雕刻一凤鸟，单腿着地，呈振翅欲飞状（图版二四，2）。阁楼与劳作俑之下雕刻一排水田，呈块状，共分为5块，最西侧一块田内有鱼2条，头的方向相反。南壁中部有一龛，平面呈长方形，顶距墓顶0.08～0.32米，底距墓底0.66米。宽1.96、进深1.2、高1～1.2米。龛顶塌陷下的石块上有一"胜纹"雕刻（图版二五，2）。

后室　平面呈长方形，顶部和底部皆不甚平整，顶部靠近前室侧较高，向后壁侧倾斜，底部靠近后壁侧较高，向前室侧倾斜，底部高出前室底部0.48米。长1、宽2、高1.76～1.96米。后壁有一龛，平面呈不规则长方形，顶部和底部皆较平整，向后侧略微倾斜，顶距墓顶0.48米，底距墓底0.44米。宽0.88、进深2.1、高0.84米。

（二）随葬器物

出土随葬陶器2件，另有钱币2枚。分述如下。

1. 陶器

2件。包括罐、纺轮各1件。

罐　1件。M7∶1，夹砂灰陶。侈口，尖圆唇，圆肩，弧腹，平底。肩部饰一周凹弦纹。口径9.8、最大径16.4、底径8.6、高15.2厘米（图七九，1；图版三二，4）。

纺轮　1件。M7∶2，夹砂灰陶。呈锥形。直径3.8、高3厘米（图七九，2）。

2. 钱币

2枚。均为五铢钱。钱径2.36、2.55厘米，穿宽0.92、1.02厘米（图八〇；表一七）。

表一七　大山M7出土钱币统计表

编号	钱文	钱径/厘米	穿宽/厘米	现重量/克	备注
M7∶3	五铢	2.36	0.92	1.4	
M7∶4	五铢	2.55	1.02	2.5	

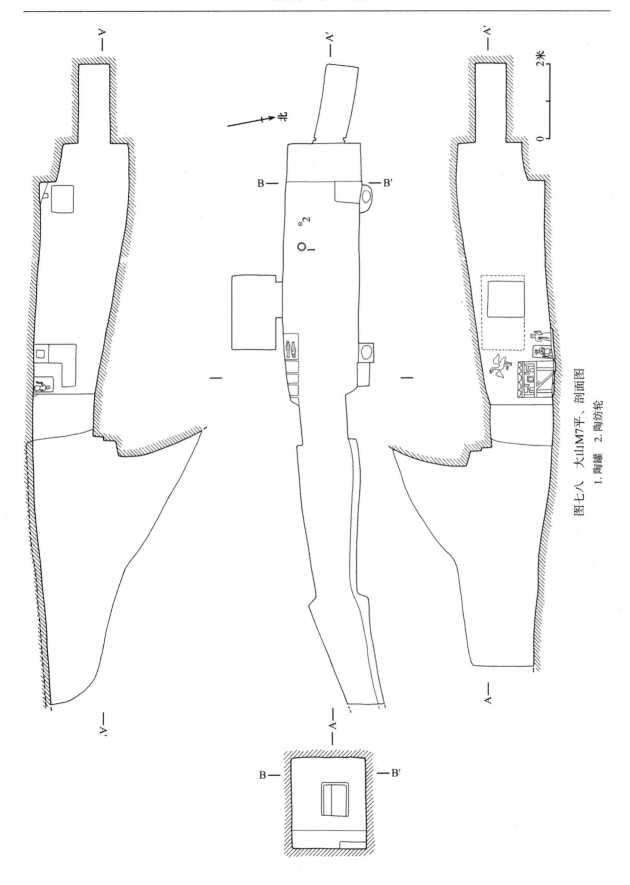

图七八 大山M7平、剖面图
1. 陶罐 2. 陶纺轮

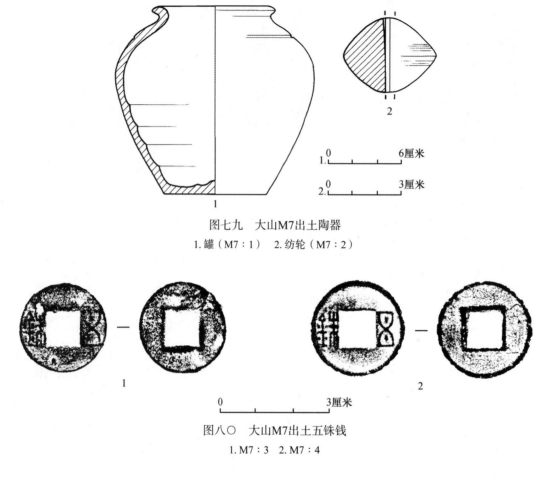

图七九　大山M7出土陶器

1. 罐（M7:1）　2. 纺轮（M7:2）

图八〇　大山M7出土五铢钱

1. M7:3　2. M7:4

八、M8

（一）墓葬形制

双室墓。位于M7北侧。方向45°。由墓道、墓门、甬道、前室、后室组成。墓内有原岩石棺一具，残存陶棺一具，人骨已不存。全长5.56米（图八一）。

墓道　前端被破坏，残存部分平面近梯形，由墓门向外逐渐收窄，底部不甚平整。残长0.48~0.7、宽1.48~1.64、深1.96~2.36米。

墓门　位于墓道西端，立面呈长方形。宽1、高1.6米。

甬道　东接墓门，平面近梯形，近墓道侧较窄，顶部较平整，底部不甚平整，中间低两侧略高。宽0.96~1.18、进深0.74~0.88、高1.56~1.6米。

前室　平面近梯形，近甬道侧较窄，顶部和底部不甚平整，底部靠近后室侧较高，向甬道侧略微倾斜。长2.9、宽1.44~1.74、高1.6~1.72米。西壁近甬道侧有一灶龛，平面呈不规则长方形，平顶，底部不甚平整，顶距墓顶0.64米，底距墓底0.3米。宽0.48、进深0.24、高0.8

米。灶眼直径0.36米。西侧有一原岩石棺，延伸至后室，平面呈不规则长方形。内长2.1、宽0.54、深0.42米。东壁有一龛，平顶，底部不甚规整，顶距墓顶0.1米，底高出墓底0.2米。宽2.4～2.64、进深0.54～0.76、高1.36米。其上置一陶棺。壁龛东侧有一棺床，平面呈不规则长方形，长2.2～2.4、宽0.52～0.56、高1米（图版二六，1）。

后室　平面近长方形，底部高出前室底部0.18米，顶部和底部皆不甚平整。长1.22、宽1.14～1.2、高1.42米。

（二）随葬器物

出土随葬陶器3件，另有钱币10枚。分述如下。

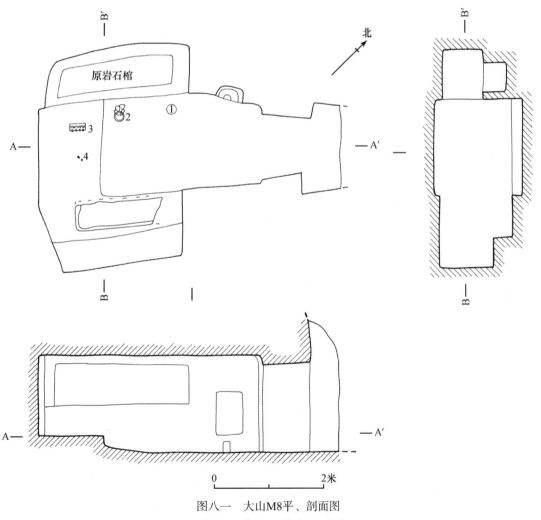

图八一　大山M8平、剖面图
1.陶钵　2.陶釜　3.陶房　4.钱币

1. 陶器

3件。包括钵、釜、房各1件。

钵　1件。M8：1，夹砂灰陶。敛口，圆唇，折腹，平底略内凹。口径19.2、底径9.2、高8厘米（图八二，3；图版三一，6）。

釜　1件。M8：2，夹砂红陶。侈口，卷沿，圆唇，弧腹，圜底。腹及底部满饰戳印纹。口径16.6、最大径17.4、高9.2厘米（图八二，2）。

房　1件。M8：3，夹砂红陶。悬山顶，两面坡，屋顶上有一条正脊，五条垂脊。长34、宽11.4、残高3.8厘米（图八二，1）。

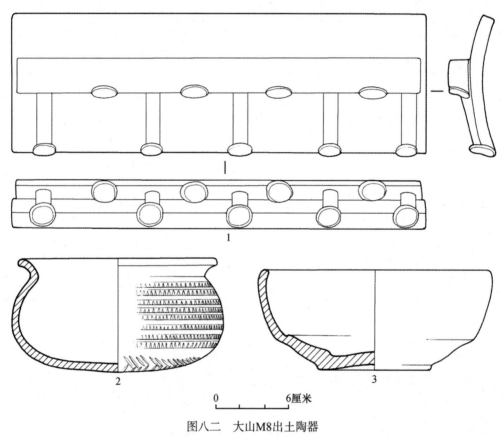

0　　　　　6厘米

图八二　大山M8出土陶器

1.房（M8：3）　2.釜（M8：2）　3.钵（M8：1）

2. 钱币

10枚。均为五铢钱。钱径1.97～2.6、穿宽0.89～1.07厘米（图八三；表一八）。

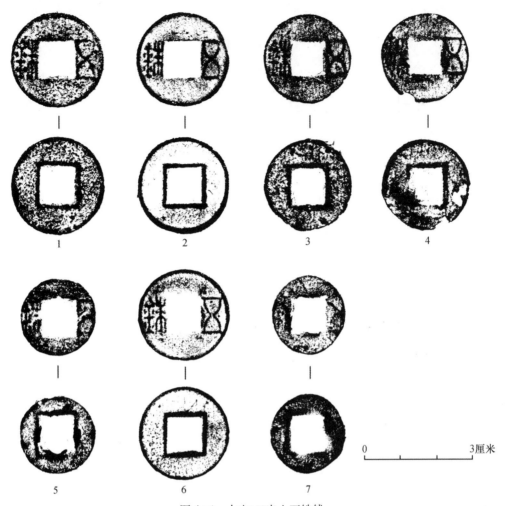

图八三 大山M8出土五铢钱

1. M8：5 2. M8：6 3. M8：7 4. M8：8 5. M8：9 6. M8：12 7. M8：13

表一八 大山M8出土钱币统计表

编号	钱文	钱径/厘米	穿宽/厘米	现重量/克	备注
M8：4	五铢	2.6	0.93	2.6	
M8：5	五铢	2.54	0.96	2.7	
M8：6	五铢	2.51	1	2.7	
M8：7	五铢	2.38	0.9	1.9	
M8：8	五铢	2.39	1.07	1.3	
M8：9	五铢	2.11	0.94	1.2	
M8：10	五铢	2.58	0.97	2.1	
M8：11	五铢	2.09	1	1.5	
M8：12	五铢	2.43	0.93	1.9	
M8：13	五铢	1.97	0.89	0.6	残

九、M9

（一）墓葬形制

单室墓。位于M8西北侧。方向320°。由墓道、墓门、墓室组成。葬具及人骨均已不存。全长3.42米（图八四）。

墓道　前端被破坏，残存部分平面呈长方形。残长0.3、宽1.56、深2.4米。

墓门　位于墓道南端，立面呈长方形。宽1.14、高1.3米。

墓室　平面大致呈不规则长方形，近墓门侧略微宽，顶部和底部皆不甚平整，顶部靠近墓门侧较高，向后壁侧倾斜。长2.9～3.1、宽1.04～1.14、高0.9～1.3米。

（二）随葬器物

出土随葬陶器1件。

罐　1件。M9：1，可复原。夹砂灰陶。侈口，圆肩，斜弧腹，平底略内凹。口径13.2、最大径24.6、底径10.6、高17.4厘米（图八五；图版三二，5）。

十、M10

（一）墓葬形制

单室墓。南邻M11。方向302°。由墓道、墓门、甬道、墓室组成。在扰土内出土有陶棺碎片，可推测葬具为陶棺，人骨已不存。全长8.48米（图八六）。

墓道　前端被破坏，残存部分平面呈不规则梯形，由墓门向外逐渐收窄，底部不甚平整。残长5、宽1～1.68、深0.2～2.52米。

墓门　位于墓道东侧，立面呈长方形。宽1.16、高1.52米。

甬道　西接墓门，平面呈不规则梯形，顶部和底部皆不甚平整。宽1.1～1.16、进深0.68～0.84、高1.52米。

墓室　平面呈不规则梯形，近甬道侧较窄，顶部和底部皆不甚平整，底部靠近后壁侧较高，向甬道侧略微倾斜。长2.8、宽1.08～1.6、高1.44～1.54米。北壁有一龛，平面大致呈长方形，顶部和底部皆不甚平整，顶距墓顶0.36米，底距墓底0.2米。宽2.8、进深0.78、高1米（图版二六，2）。

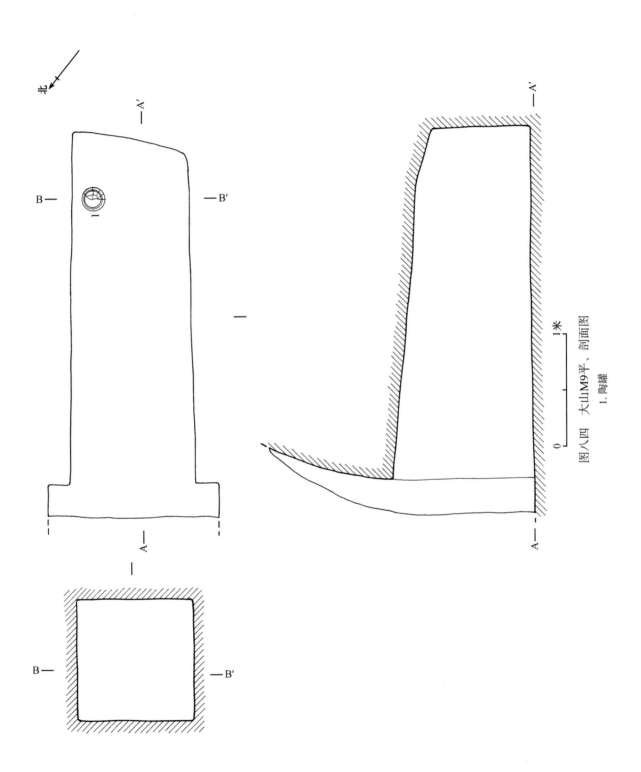

图八四 大山M9平、剖面图

1. 陶罐

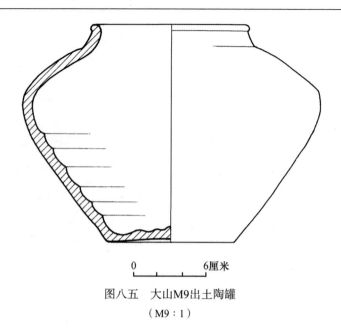

0　　　　　　　6厘米

图八五　大山M9出土陶罐
（M9 : 1）

（二）随葬器物

出土随葬陶器1件，另有钱币3枚。分述如下。

1. 陶器

1件。

罐　1件。M10 : 1，可复原。夹砂灰陶。侈口，圆唇，圆肩，鼓腹，平底。肩部饰两周凹弦纹。口径8.2、最大径15、底径8.4、高10.4厘米（图八七；图版三二，6）。

2. 钱币

3枚（表一九）。其中五铢钱2枚，钱径2.41、2.56厘米，穿宽0.96、0.99厘米（图八八）；货泉1枚，钱径2.33、穿宽0.63厘米。

表一九　大山M10出土钱币统计表

编号	钱文	钱径/厘米	穿宽/厘米	现重量/克	备注
M10 : 2	五铢	2.56	0.96	3	
M10 : 3	五铢	2.41	0.99	2.8	
M10 : 4	货泉	2.33	0.63	1.1	残

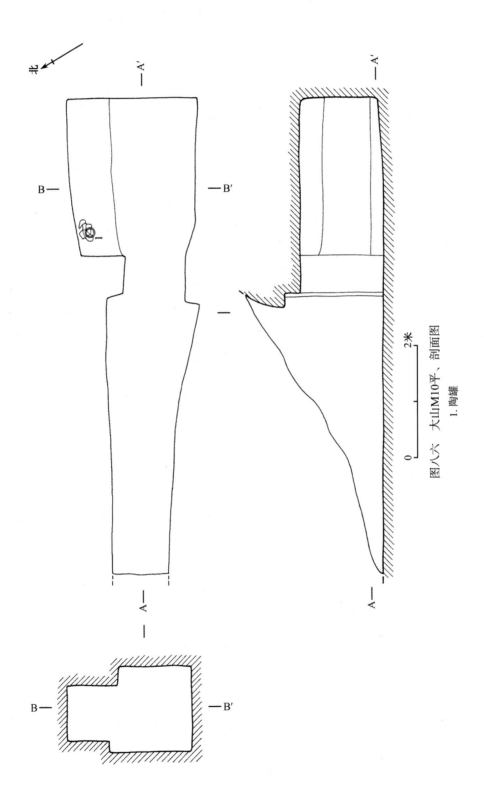

图八六 大山M10平、剖面图
1. 陶罐

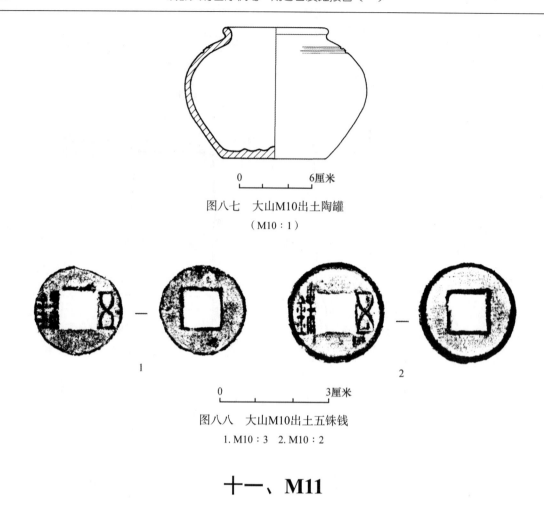

图八七　大山M10出土陶罐
（M10∶1）

图八八　大山M10出土五铢钱
1. M10∶3　2. M10∶2

十一、M11

（一）墓葬形制

单室墓。南邻M12。方向285°。由墓道、墓门、甬道、墓室组成。在扰土内出土有陶棺碎片，可推测葬具为陶棺，人骨已不存。全长10.04米（图八九）。

墓道　前端被破坏，残存部分平面呈不规则梯形，由墓门向外逐渐收窄。残长6.48、宽1.06~1.6、深0.18~2.64米。

墓门　位于墓道东侧，立面呈长方形。宽1.14、高1.56米。

甬道　西接墓门，平面近长方形，顶部和底部皆不甚平整，顶部靠近墓门侧较高，向墓室侧略微倾斜。宽1.14、进深0.66~1.04、高1.56米。

墓室　平面近梯形，顶部微弧，中间高、两侧略低，底部微弧，中间低、两侧略高。长2.5~2.9、宽1.2~1.7、高1.34~1.4米。南北两壁各有一龛，平面皆呈不规则长方形。北侧壁龛顶距墓顶0.28米，底距墓底0.16米，顶部和底部皆不甚平整。宽2.5、进深0.86、高1.06米。南侧壁龛顶距墓顶0.22米，底距墓底0.12米，顶部和底部皆不甚平整。宽2.56、进深1.66、高0.96~1.12米（图版二七，1）。

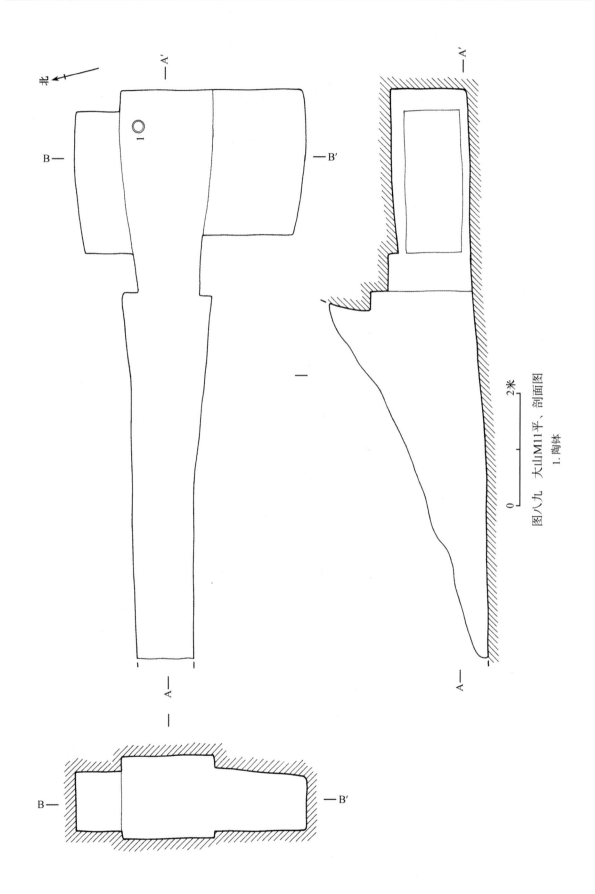

图八九 大山M11平、剖面图

1. 陶钵

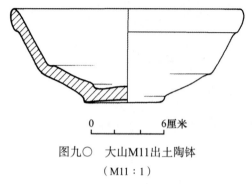

图九〇　大山M11出土陶钵
（M11：1）

（二）随葬器物

出土随葬陶器1件。

钵　1件。M11：1，夹砂黄褐陶。敞口，圆唇，折腹，平底略内凹。口径19.2、底径6.8、高7.4厘米（图九〇）。

十二、M12

（一）墓葬形制

双室墓。南邻M13。方向290°。由墓道、墓门、甬道、前室、后室、侧室组成。墓内有一原岩石棺，在扰土内出土有陶棺碎片，可推测葬具有原岩石棺和陶棺两种，人骨已不存。全长11.1米（图九一）。

墓道　前端被破坏，残存部分平面近梯形，由墓门向外逐渐收窄。分前后两段，靠近墓门侧一段高出远墓门侧一段。残长5.16、宽1.6~1.9、深1.04~3.3米。北侧凿有一排水沟，始于甬道，经墓道北侧一直向外延伸。长5.64、宽0.08~0.12、深0.1米（图版二七，2）。

墓门　位于墓道东侧，立面呈长方形。宽1.3、高1.42米（图版二七，2）。

甬道　西接墓门，平面近长方形，顶部和底部较为平整。宽1.3、进深0.8、高1.42米。

前室　平面近梯形，靠近甬道侧较窄，顶部和底部皆不甚平整，顶部靠近后室侧较高，向甬道侧略微倾斜，底部中间较低，两侧较高。长3.38、宽1.3~1.74、高1.42~1.8米。南侧壁有一龛，平面近梯形，顶部和底部皆较为平整。宽0.9、进深0.32米。北侧壁有一灶龛，平面近半椭圆形，龛顶距墓顶0.5米，龛底距墓底0.26米。长径0.86、进深0.56、高1米。单眼灶，灶眼直径0.36米。

后室　平面近方形，底部高出前室底部0.2米，顶部和底部皆不甚平整，顶部靠近后壁侧较高，向前室侧略微倾斜。长1.76、宽1.76、高1.64~1.72米。

侧室　位于前后室北侧，平面呈不规则长方形，底部与后室底部在同一平面，顶部与前后室顶部齐平。长2.52~2.84、宽1.52、高1.52~1.56米。北侧凿有一原岩石棺，棺底凿成仿木结构。棺内长1.96、宽0.54、深0.44米。

（二）随葬器物

出土随葬陶器1件，另有钱币10枚。分述如下。

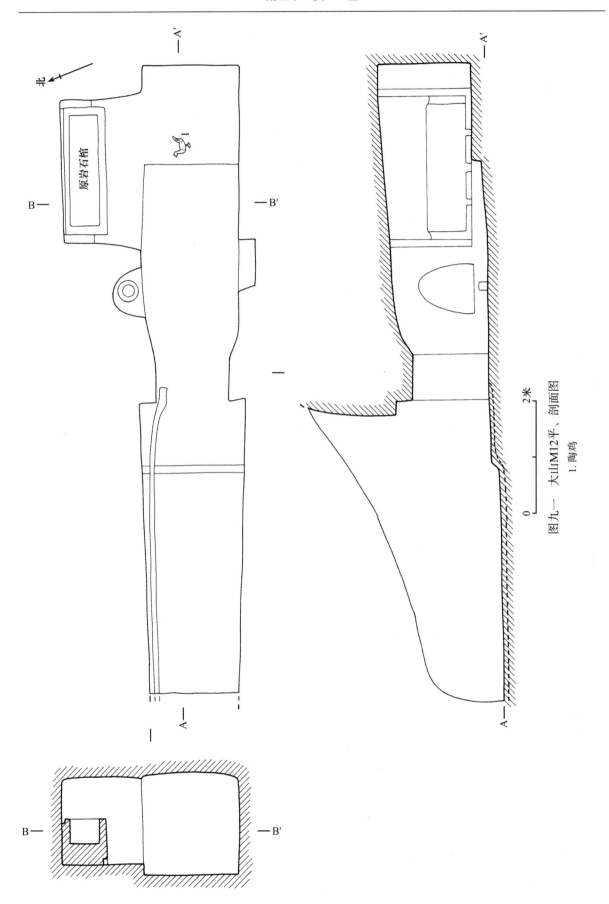

图九一 大山M12平、剖面图
1. 陶鸡

1. 陶器

1件。

鸡　1件。M12：1，夹砂红陶。站立状，鸡头朝左前方，长颈，躯体丰满，翘尾。高20.4厘米（图九二）。

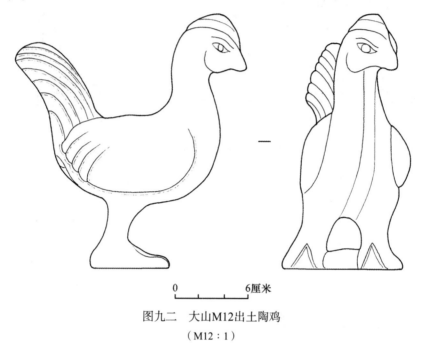

0　　　　　　6厘米

图九二　大山M12出土陶鸡

（M12：1）

2. 钱币

10枚（表二〇）。其中可辨识者五铢钱6枚，钱径2.17～2.64、穿宽0.87～1厘米（图九三，1～5）；货泉1枚，钱径2.32、穿宽0.7厘米（图九三，6）。

表二〇　大山M12出土钱币统计表

编号	钱文	钱径/厘米	穿宽/厘米	现重量/克	备注
M12：2	五铢	2.6	0.89	2.1	
M12：3	五铢	2.64	0.87	2.8	
M12：4	五铢	2.56	0.89	2.8	
M12：5	五铢	2.31	0.98	1.1	
M12：6	五铢	2.53	0.96	2.1	
M12：7	五铢	2.17	0.92	0.15	
M12：8	货泉	2.32	0.7	1.9	
M12：9	五铢	2.59	1	1.4	残
M12：10	/	/	/	0.6	残
M12：11	/	/	/	0.8	残

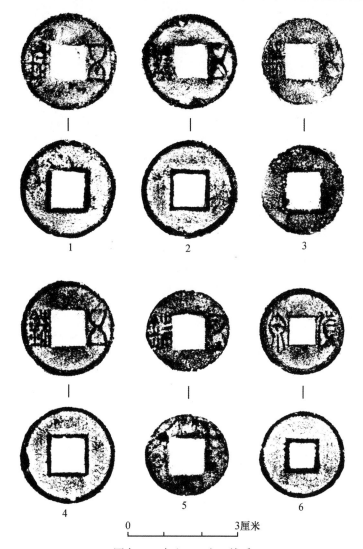

图九三 大山M12出土钱币

1～5.五铢（M12∶3、M12∶4、M12∶5、M12∶6、M12∶7） 6.货泉（M12∶8）

十三、M13

（一）墓葬形制

单室墓。南邻M14。方向283°。由墓道、墓门、甬道、墓室组成。墓内残存陶棺一具，人骨已不存。全长6.47米（图九四）。

墓道 前端被破坏，残存部分平面近梯形，由墓门向外逐渐收窄。残长3.24、宽1.24～1.86、深1.48～2.2米。

墓门 位于墓道东端，立面呈长方形。宽1.06、高1.68米。

甬道 西接墓门，平面近梯形，平顶，底部靠近墓室侧较高，向墓道侧倾斜。宽

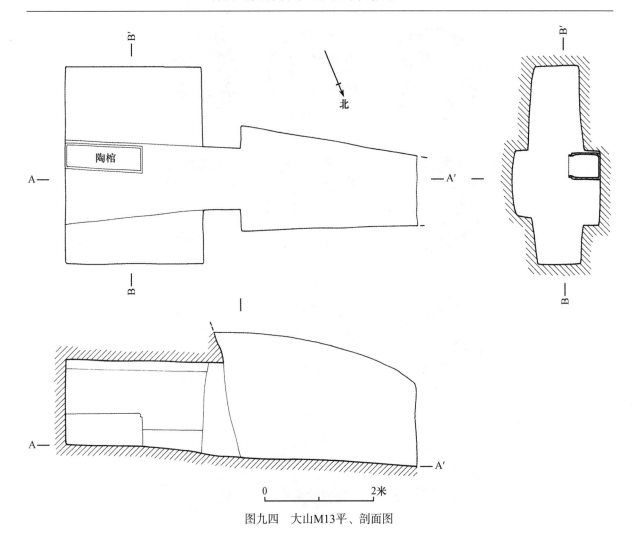

图九四　大山M13平、剖面图

1.08～1.12、进深0.73、高1.64米。

墓室　平面近梯形，近甬道侧较窄，顶部和底部皆不甚平整，底部靠近后壁侧较高，向甬道侧倾斜。长2.5、宽1.12～1.5、高1.5～1.6米。南侧残存一具陶棺，棺长1.4、宽0.48、高0.76米。南北两壁各有一龛，北侧壁龛平面呈梯形，龛顶距墓顶0.28米，底距墓底0.3米，顶部和底部皆不甚平整。长2.5、宽0.7～0.96、高0.8～0.92米。南侧壁龛平面大致呈长方形，龛顶距墓顶0.26米，底距墓底0.28米，顶部不甚平整，底部较为平整。长2.5、宽1.32～1.4、高0.8～1.04米（图版二八，1）。

（二）随葬器物

出土随葬品主要为钱币。共16枚（表二一）。其中可辨识者货泉10枚，钱径2.15～2.32、穿宽0.65～0.77厘米（图九五，4～11）。五铢钱3枚，钱径1.71～2.07、穿宽0.93～1.05厘米（图九五，1～3）。

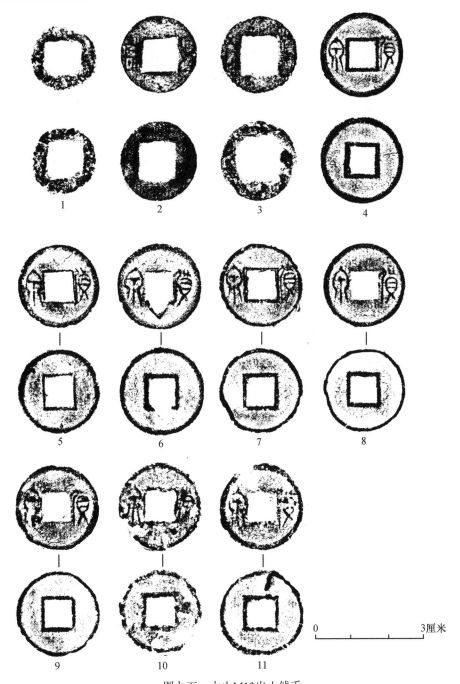

图九五 大山M13出土钱币

1～3.五铢（M13：8、M13：12、M13：15） 4～11.货泉（M13：1、M13：2、M13：3、M13：4、M13：6、M13：9、
M13：10、M13：14）

表二一　大山M13出土钱币统计表

编号	钱文	钱径/厘米	穿宽/厘米	现重量/克	备注
M13：1	货泉	2.29	0.65	2.6	
M13：2	货泉	2.26	0.73	1.9	
M13：3	货泉	2.23	0.76	1.7	
M13：4	货泉	2.32	0.73	1.7	
M13：5	/	2.03	0.96	1.1	
M13：6	货泉	2.26	0.76	2.4	
M13：7	/	2.06	1.01	1.3	
M13：8	五铢	1.71	0.93	1.1	
M13：9	货泉	2.29	0.75	2	
M13：10	货泉	2.26	0.77	1.3	残
M13：11	货泉	/	/	0.5	残
M13：12	五铢	2.05	1.01	1.1	残
M13：13	货泉	2.23	0.7	0.8	残
M13：14	货泉	2.15	0.77	0.9	残
M13：15	五铢	2.07	1.05	1.1	残
M13：16	/	/	/	0.8	0.9

十四、M14

（一）墓葬形制

单室墓。南邻M15。方向285°。由墓道、墓门、甬道、墓室组成。葬具及人骨均已不存。全长9.44米（图九六）。

墓道　前端被破坏，残存部分平面近梯形，由墓门向外逐渐收窄。残长6.26、宽1.28～1.46、深0.74～2.6米。

墓门　位于墓道东端，立面呈长方形。宽1.04、高1.6米。

甬道　西接墓门，平面呈长方形，顶部和底部皆不甚平整。宽1.04、进深0.46、高1.6米。

墓室　平面呈不规则梯形，近甬道侧较窄，顶部和底部皆不甚平整，皆为靠近后壁侧较高，向甬道侧倾斜。长2.72、宽1.04～1.5、高1.6～1.64米。北侧壁有一龛，平面呈不规则梯形，龛顶距墓顶0.4～0.56米，底距墓底0.12～0.28米，顶部和底部皆不甚平整。宽2.46～2.7、进深0.68、高0.92米。

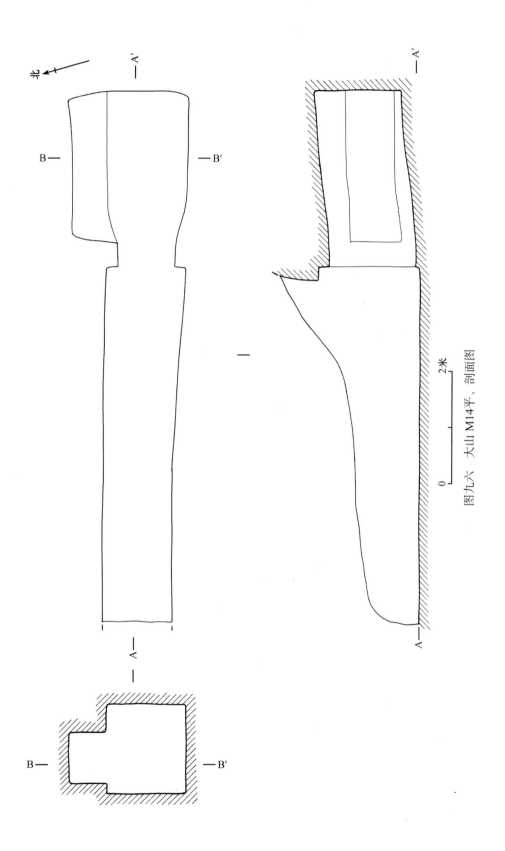

图九六 大山 M14平、剖面图

（二）随葬器物

出土随葬品主要为钱币。共11枚（表二二）。

货布　1枚。M14：1，平首，平肩，腰部略收，平足，首部穿一孔（图九七，1）。

货泉　1枚。M14：5，钱径2.31、穿宽0.74厘米（图九七，2）。

五铢　9枚。M14：2～M14：4、M14：6～M14：11，钱径2.5～2.59、穿宽0.96～1.03厘米（图九七，3～10）。

表二二　大山M14出土钱币统计表

编号	钱文	钱径/厘米	穿宽/厘米	现重量/克	备注
M14：1	货布	/	/	5.9	
M14：2	五铢	/	/	2.1	残
M14：3	五铢	2.5	1	2.8	
M14：4	五铢	2.57	0.96	2.8	
M14：5	货泉	2.31	0.74	2.4	
M14：6	五铢	2.58	1.02	2.8	
M14：7	五铢	2.56	1.03	2.1	
M14：8	五铢	2.58	0.99	2.4	
M14：9	五铢	2.57	0.97	3.0	
M14：10	五铢	2.55	0.96	3.1	
M14：11	五铢	2.59	0.97	2.5	

十五、M15

（一）墓葬形制

单室墓。南邻M16。方向252°。由墓道、墓门、甬道、墓室、侧室组成。墓内有原岩石棺一具，在扰土内出土有陶棺碎片，可推测葬具为原岩石棺与陶棺两种，人骨已不存。全长12.04米（图九八）。

墓道　前端被破坏，残存部分平面近梯形，由墓门向外逐渐收窄。残长5.96、宽1.38～1.88、深0.8～3.32米。

墓门　位于墓道东端，立面呈长方形。宽1.4、高1.46米。

甬道　西接墓门，平面近梯形，两侧不甚对称，顶部和底部皆不甚平整，顶部靠近墓室侧较高，向墓门侧倾斜。宽1.4～1.48、进深1.16、高1.46～1.64米。

墓室　平面呈不规则长方形，顶部和底部皆不甚平整，皆为靠近后壁侧较高，向甬道侧

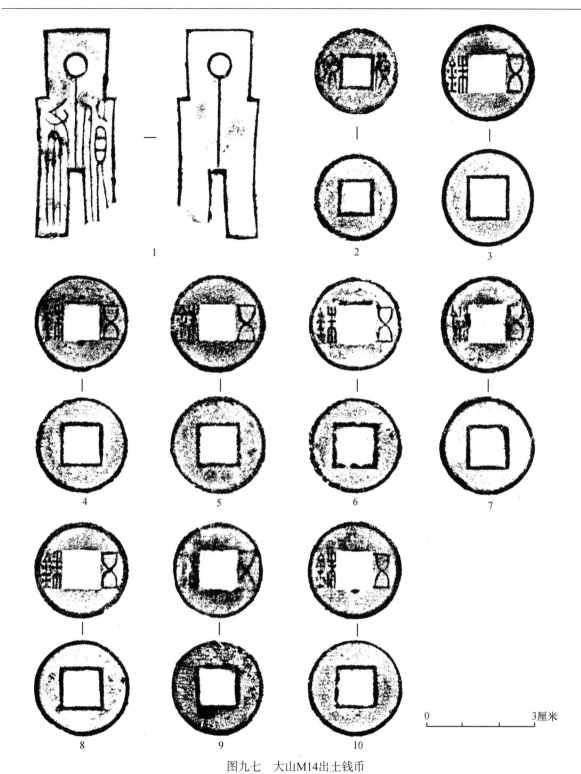

图九七　大山M14出土钱币

1. 货布（M14：1）　2. 货泉（M14：5）　3~10. 五铢（M14：3、M14：4、M14：6、M14：7、M14：8、M14：9、M14：10、M14：11）

略微倾斜。长4.92、宽1.48～1.96、高1.6～2.1米。北侧壁有一龛，平面呈长方形，龛顶距墓顶0.1～0.24米，底距墓底0.12～0.46米，顶部和底部皆不甚平整。宽3.3、进深1.6～1.68、高1.52米。其内凿有一原岩石棺，棺内长1.88、宽0.5、深0.5米（图版二八，2）。侧室位于墓室南侧，平面近梯形，顶部与墓顶在同一平面，底部高出墓底0.26米。长2.76～3.08、宽1.8、高1.82米。

（二）随葬器物

出土随葬品主要为钱币。共3枚。均为五铢钱。钱径2.25～2.55、穿宽0.96～0.99厘米（图九九；表二三）。

表二三　大山M15出土钱币统计表

编号	钱文	钱径/厘米	穿宽/厘米	现重量/克	备注
M15∶1	五铢	2.54	0.99	2.4	
M15∶2	五铢	2.55	0.96	2.3	
M15∶3	五铢	2.25	0.96	1.9	

十六、M16

（一）墓葬形制

单室墓。北邻M15。方向210°。由墓道、墓门、甬道、墓室组成。葬具及人骨均已不存。全长6.26米（图一〇〇）。

墓道　前端被破坏，残存部分平面近梯形，由墓门向外逐渐收窄。残长2.32、宽1.46～1.76、深1～3.16米。

墓门　位于墓道北端，立面呈长方形。宽1.2、高1.58米。

甬道　南接墓门，平面近梯形，平顶，底部不甚平整。宽1.18～1.4、进深0.7～1.06、高1.58米。

墓室　平面近梯形，近甬道侧较窄，顶部和底部皆不甚平整，底部弧形，中间低、两侧较高。长2.88、宽1.6～1.68、高1.42～1.6米。东侧壁有一龛，平面近长方形，龛顶距墓顶0.16米，底距墓底0.2～0.36米，顶部和底部皆不甚平整，底部弧形，中间低、两侧较高。宽2.56～2.62、进深1.66、高1.16米（图版二九，1）。

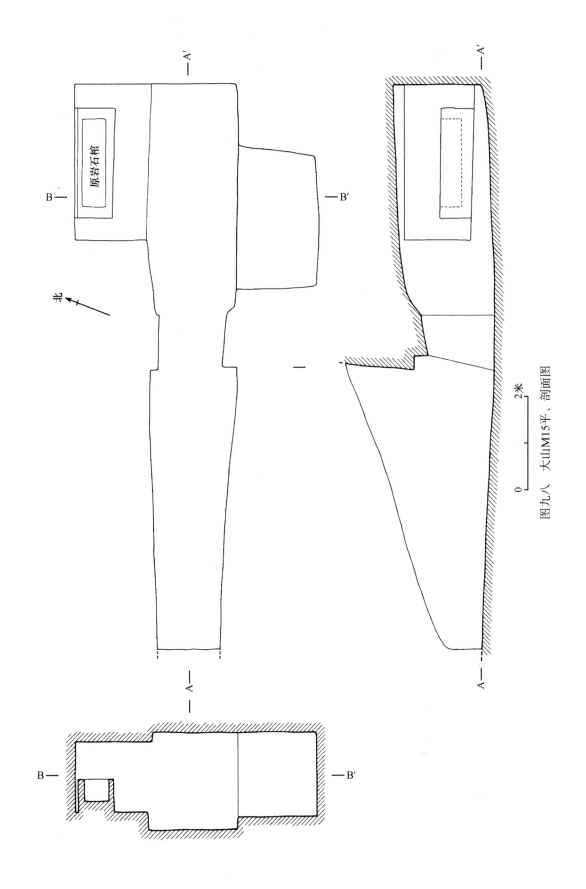

图九八 大山M15平、剖面图

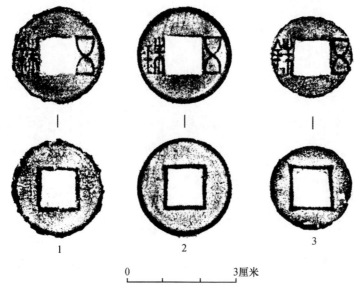

图九九　大山M15出土五铢钱

1. M15：1　2. M15：2　3. M15：3

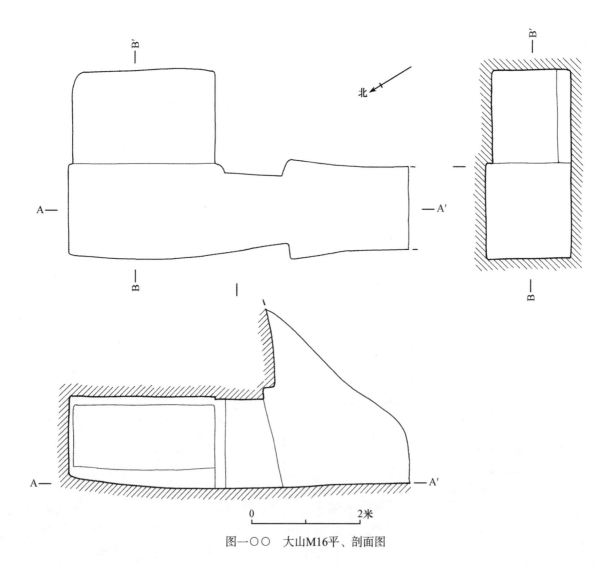

图一〇〇　大山M16平、剖面图

（二）随葬器物

该墓盗扰严重，未出土随葬品。

第三节　蛮洞子山崖墓

位于简阳市石板凳镇三圣村三组，小地名为蛮洞子山，中心地理坐标为东经104°26′46.26″、北纬30°19′20.29″，海拔439米。该地点共发掘崖墓2座，发掘编号为"2016CJSM"，墓葬编号为M1、M2。现将具体情况介绍如下。

一、M1

（一）墓葬形制

单室墓。东邻M2。方向233°。由墓道、墓门、甬道、墓室组成。葬具及人骨均已不存。全长7.15米（图一〇一）。

墓道　前端被破坏，残存部分平面呈不规则梯形，由墓门向外逐渐收窄。残长2.8～3.6、宽1.2～1.68、残深1～1.76米。

墓门　位于墓道东端，立面呈长方形。宽1.1、高1.34米。

甬道　西接墓门，平面略呈梯形，靠近墓室侧较窄，斜平顶，靠近墓门侧较高，向墓室侧倾斜，底部不甚平整。宽1.1、进深0.75、高1.3～1.34米。

墓室　平面呈梯形，靠近甬道侧较窄，顶部和底部皆不甚平整，顶部靠近后壁侧较高，向甬道侧倾斜较甚。长2.8、宽1.3～1.8、高1.4～1.95米。北侧壁有一龛，平面呈不规则椭圆形，龛顶距墓顶0.12～0.36米，底距墓底0.6米，顶部较弧，中间高、两侧较低，底部近平。宽1.76、进深0.75、高0.6～0.86米。南壁近甬道一侧有一灶龛，平面呈长方形。龛顶距墓顶0.44～0.56米，底距墓底0.4米，平顶、平底。宽0.61、进深0.4、高0.56米。单眼灶，灶眼直径0.33米。远甬道一侧有一龛，平面呈长方形，龛顶距墓顶0.15～0.29米，底距墓底1.04米，平顶、平底。宽0.48、进深0.27、高0.4米。

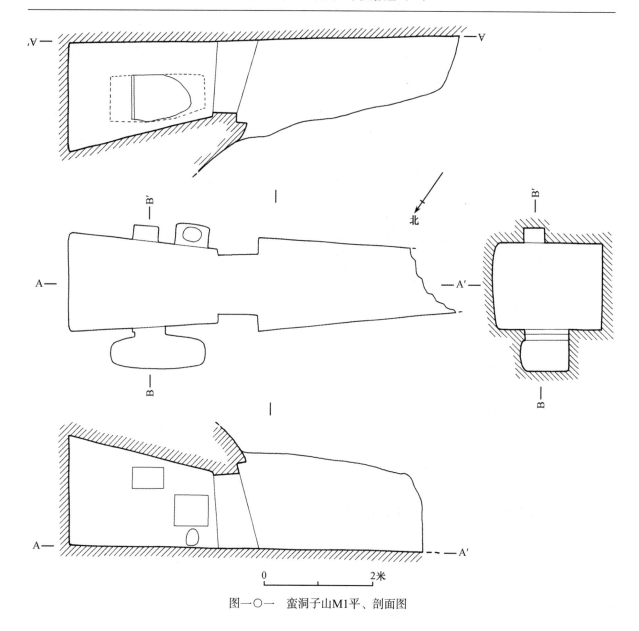

图一〇一　蛮洞子山M1平、剖面图

（二）随葬器物

该墓盗扰严重，未出土随葬品。

二、M2

（一）墓葬形制

双室墓。西邻M1。方向238°。由墓道、墓门、甬道、前室、后室组成。在扰土内出土有陶棺碎片，可推测葬具为陶棺，人骨已不存。全长7.97米（图一〇二）。

墓道 前端被破坏，残存部分平面呈梯形，由墓门向外逐渐收窄。残长2.35、宽1.48~1.82、深1.24~2.28米。

墓门 位于墓道东端，立面呈长方形。宽1.2、高1.56米。

甬道 西接墓门，平面近梯形，平顶，平底，靠近墓室侧较高，皆向墓门侧倾斜。宽1.2~1.35、进深0.79~0.84、高1.56米。

前室 平面近梯形，近甬道侧较窄，顶部较平整，底部不甚平整，皆为靠近后室侧较高，向甬道侧倾斜。长3.28、宽1.77~2.12、高1.8~2.06米。北侧壁前部与甬道相接处雕刻一裸体男像，高浮雕，高0.7米，右手置于胸前，左手已不清晰，男性生殖器凸显（图版三〇，2）。人像东侧有一龛，平面呈长方形，底部和顶部皆不甚平整，龛顶距墓顶0.36~0.5米，底距墓底0.35米。宽1.16、进深0.4、高1.08米。壁龛东侧有一灶台案龛，案龛平面呈长方形，平顶，平底，龛顶距墓顶1~1.08米，底距前室墓底0.6米。宽0.76、进深0.34、高0.4米。灶龛平面呈长方形，底部和顶部皆不甚平整，龛顶距墓顶0.9~1米，底距墓底0.33米。宽0.8、进深0.36、高0.7米。单眼灶，灶眼宽0.27、进深0.16米。案龛上部雕刻有一干栏式阁楼，五组瓦当体现得十分明显，宽0.8、高0.56米（图版三〇，1）。南壁有一龛，平面呈长方形，平顶，底部不甚规整，龛顶距墓顶0.61~0.67米，底距墓底0.56~0.6米。宽1.28、进深0~0.23、高0.8米。

后室 平面呈长方形，顶部和底部皆不甚平整，靠近后壁侧较高，向前室侧倾斜，底部高出前室底部0.17米。长1.5、宽2.16、高1.86~1.96米。前后室交接处南壁上有一龛，平面呈长方形，平顶，平底，龛顶距墓顶0.52~0.64米，底距墓底0.3~0.5米。宽1.9、进深1.12~1.23、高1米（图版二九，2）。

（二）随葬器物

该墓盗扰严重，未出土随葬品。

第四节 尖山坡崖墓

位于简阳市石板凳镇金山村七组，小地名为尖山坡，中心地理坐标为东经104°27′14.84″、北纬30°18′10.60″，海拔448米。该地点共发掘崖墓1座，发掘编号为"2016CJJJ"，墓葬编号为M1，现将具体发掘情况介绍如下。

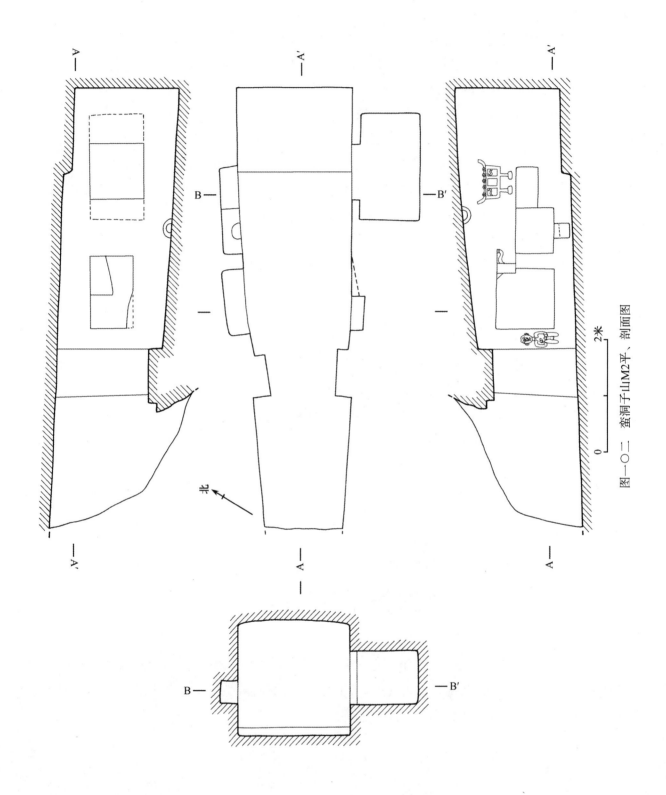

图一〇三　蛮洞子山M2平、剖面图

M1

（一）墓葬形制

双室墓。方向194°。由墓道、墓门、甬道、前室、后室组成。葬具及人骨均已不存。全长10.48米（图一〇三）。

墓道 前端被破坏，残存部分平面呈不规则梯形，由墓门向外逐渐收窄，墓道后段即靠墓门一侧的底部比前段高。残长3.88、宽1.88~2.2、残深0~3.6米。

墓门 位于墓道北端，立面呈长方形，双层门楣。宽1.26、高1.6米。

甬道 南接墓门，平面近梯形，近墓道侧较窄，平顶，平底。宽1.28~1.36、进深0.44~0.48、高1.6米。

前室 平面呈梯形，近甬道侧较窄，顶部和底部皆不甚平整，顶部靠近后室侧较高，向甬道侧略微倾斜。长2.56、宽1.54~1.76、高1.92米。东壁有一龛，平面呈长方形，龛顶距墓顶0.78米，底距墓底0.26米，平顶，平底。宽2.08、进深1、高1.06米。西壁前部有一灶台案龛，案龛平面呈长方形，龛顶距墓顶0.84~0.92米，底距墓底0.8米，平顶，平底。灶龛平面呈长方形，龛顶距墓顶0.84米，龛底距墓底0.32米，平顶，平底。宽0.8、进深0.4、高0.76米。其上凿一对圆形灶眼，大灶眼直径0.28米，小灶眼直径0.2米。西壁中部有一似楼阁建筑，但现已不清晰，靠近后室侧底部有人物雕刻，三人并成一排。头戴帽，双手皆置于胸前。

后室 平面呈长方形，顶部和底部皆不甚平整，顶部靠近后壁侧较高，向前室侧略微倾斜，底部高出前室0.28米。长1.6、宽1.84、高1.76~1.94米。西壁靠近前室侧有人物雕刻，两人并成一排。头戴帽，双手皆置于胸前。后壁有一龛，平面呈不规则长方形，顶部和底部皆不甚平整，龛顶距墓顶0.4米，底距墓底0.6米。宽0.84~1、进深1.96、高0.88米。

（二）随葬器物

该墓盗扰严重，未出土随葬品。

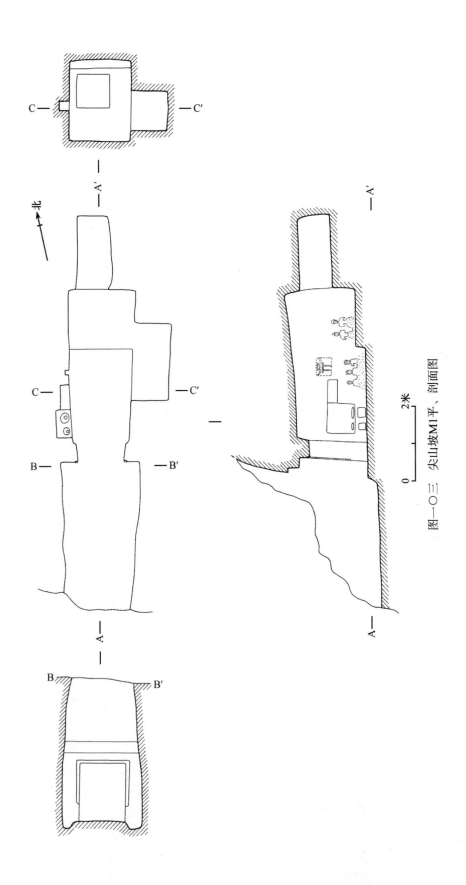

图一〇三　尖山坡M1平、剖面图

第三章　宋　　墓

本次发现宋代墓地共2个，共发掘墓葬7座，其中甘蔗嘴墓地5座，三圣庙墓地2座（图一○四）。以下分别对每个墓地具体情况进行介绍。

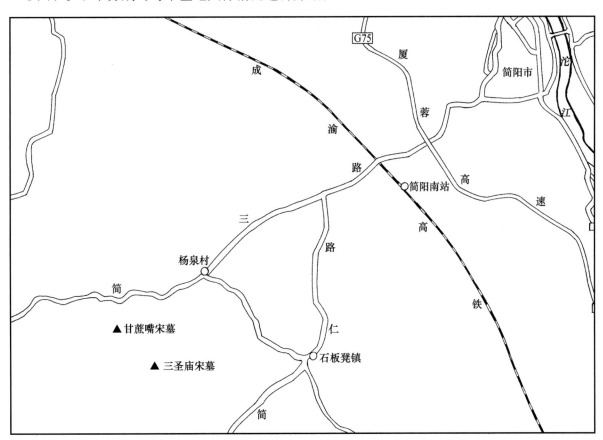

图一○四　宋墓位置示意图

第一节　甘蔗嘴墓地

墓地位于简阳市石板凳镇三圣村八组，小地名为甘蔗嘴，墓地编号为"2016CJSG"，中心地理坐标为东经104°26′32.12″、北纬30°19′22.47″，海拔434米。墓葬集中分布于山腰平台处，地势西高东低，东侧为断崖。表面平整为耕地，种植有林木及蔬菜作物。墓葬封土不存，被现代耕土层叠压，厚0.5米。墓葬呈品字形排列分布，西侧残留与墓葬同时、环绕墓葬的排水沟，沟底铺红砂石板，沟壁砌红砂石条，沟壁及沟底均经修整。共发掘5座墓葬，均为仿木结构石室墓（图一〇五）。

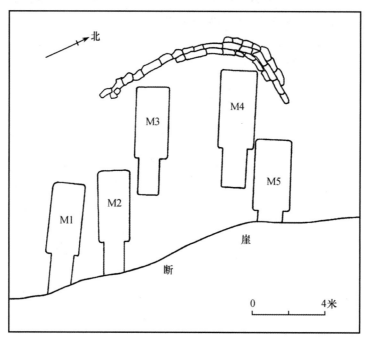

图一〇五　甘蔗嘴宋墓分布示意图

一、M1

（一）墓葬形制

方向122°。墓圹呈长方形。长3.85、宽1.9、残深2.45米。由墓道、墓门、墓室组成（图一〇六；图版三五，1）。

墓道　平面呈长方形，直壁，底部略不平、呈斜坡状。水平残长2.3、宽1.12米。

墓门　由门基、门柱组成。墓道后部下方安置一块长方形石板为门基，有V形凿痕。门柱为长方形石条，横截面为长方形，墓门两侧磨光，上有雕刻，其余三面均有横向凿痕，边缘剃地。墓门外残存三层封门石，条石规格不一，封门外斜置条石。

墓室 平面呈长方形，仿木结构。由甬道、棺台、壁龛、后龛等组成。甬道宽0.86、进深0.26米，底部略低于墓门。两侧立石柱，为仿木结构。柱头上托栌斗，右侧柱子栌斗上托一斗三升。棺床前部为须弥座，边缘呈圆弧形。棺台由两块石板组成，两侧减地。墓室两侧各立柱六根，高低相错形成壁龛，壁龛外有红砂石板与墓圹相隔。高立柱为仿木结构，剃地突起，施平直抹边。柱头上托栌斗。高立柱上横梁呈圆拱形，两侧面均雕出凸字形槽，底部磨光，浅浮雕刻菱格纹，菱格纹内满饰花卉纹。横梁之间叠砌石板，呈品字形，内侧磨光，圆角，形成小藻井。后龛宽0.3、进深0.17、高0.64米。两侧立柱为仿木结构，剃地突起，施平直抹边。壁龛内雕一身女性石像（图版三五，2）。

（二）墓内装饰

墓内装饰为雕刻，保存较好。

1. 墓门

墓门左右两侧上方均浅浮雕圆形纽，上挂像幡，像幡由幡头、幡身、幡足三部分组成。幡头悬祥上绕一枝芙蓉花，缠十字形结，幡头呈三角形，素面。幡手呈带状，末端垂饰宝珠。幡身上刻造像一身，圆形头光外饰桃形火焰，大眼，长耳，着袒右袈裟，双手合十，结跏趺坐于仰覆莲台上（图版三六，1）。幡身下雕出幡足三条，下接梯形悬板，上有花卉图案。右侧幡形制与左侧一致，幡身上雕造像一身，圆形头光外有桃形火焰，戴头巾，两侧覆肩，大眼，着圆领通肩袈裟，双手合十，下着长裙，璎珞垂饰双膝，跣足，善跏趺坐于莲台上（图版三六，2）。

2. 墓室

甬道 两侧立柱剃地突起，施平直抹边，柱头上托栌斗，右侧柱子栌斗上托一斗三升。

墓室顶部 现有三个横梁，最外侧两个横梁底部雕菱格纹，菱格纹内浅浮雕花卉纹（图版三七）。

壁龛 墓室两侧立柱剃地突起，施平直抹边，柱头上托栌斗。墓室左右两侧最内侧壁龛中浅浮雕家具。左侧为镜架，三角形底座上安置两根立柱，立柱间有横梁四根，圆镜挂于最上方横梁上。右侧壁龛上雕案桌，云形脚，案桌侧面有两个壸门。

后龛 后龛内雕一身女性石像。脸部方圆，挽髻，大耳，着交领衣，双手笼袖交叉叠放于腹前。着长裙，双足着鞋。

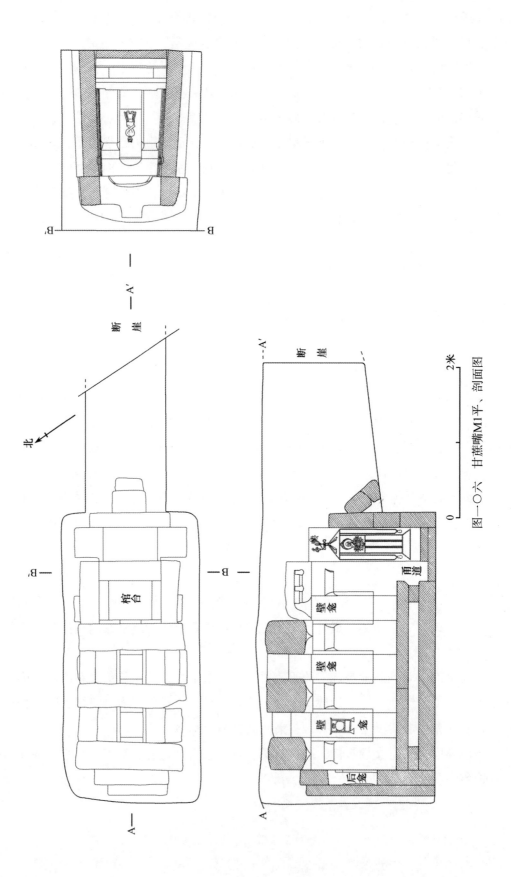

图一〇六 甘蔗嘴M1平、剖面图

0 2米

北

断崖

A'—

棺台

壁龛

壁龛

壁龛

后龛

甬道

断崖

（三）随葬器物

1. 陶器

1件。

罐　1件。M1：1，泥质灰陶。直口，圆唇，斜肩，折腹，平底。口径5.6、最大径8.1、底径5、高5.4厘米（图一〇七，5）。

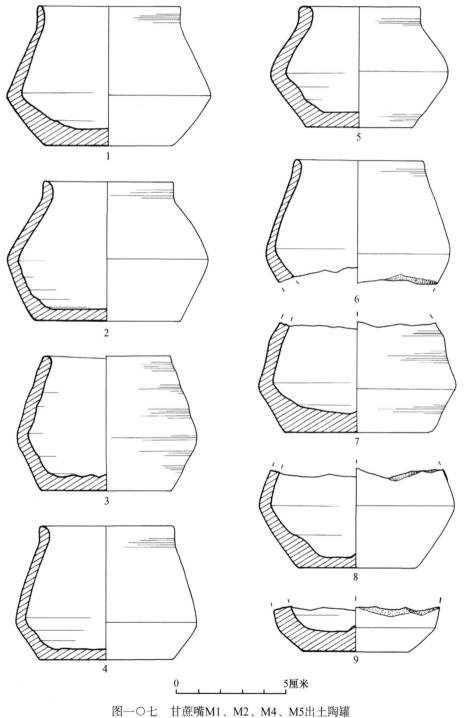

0　　　　　　　　5厘米

图一〇七　甘蔗嘴M1、M2、M4、M5出土陶罐

1. M4：5　2. M4：2　3. M4：4　4. M4：1　5. M1：1　6. M4：3　7. M2：1　8. M2：3　9. M5：2

2. 钱币

4枚。

铜钱　2枚。M1：3，开元通宝，钱文对读。钱径2.4、穿宽0.6、厚0.2厘米（图一〇八，1）。M1：4，元丰通宝，行书。钱径2.4、穿宽0.6、厚0.2厘米（图一〇八，2）。

铁钱　2枚。均锈蚀严重，钱文无法识读。M1：5，钱径2.6、穿宽0.5、厚0.2厘米。M1：6，钱径2.6、穿宽0.6、厚0.2厘米。

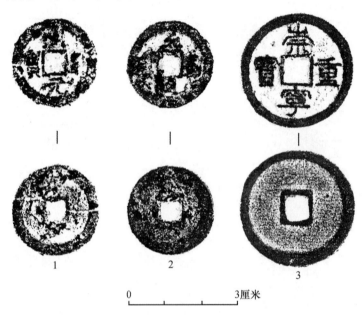

0　　　　　　　　　3厘米

图一〇八　甘蔗嘴M1、M2出土钱币

1. 开元通宝（M1：3）　2. 元丰通宝（M1：4）　3. 崇宁重宝（M2：11）

二、M2

（一）墓葬形制

方向114°。墓圹呈长方形。长3.8、宽1.75、残深2.35米。由墓道、墓门、墓室组成（图一〇九；图版三八，1）。

墓道　平面呈长方形，直壁，底部呈斜坡状，地表凹凸不平。水平残长2、宽1.16米。

墓门　由门基、门柱组成。墓道后部下方安置一块长方形石板为门基，有V形凿痕。门柱为长方形石条，仅存右侧，横截面为长方形，墓门正面及靠近甬道一侧磨光，上有雕刻，其余面均有横向凿痕，边缘剃地。墓门外残存一层封门石。

墓室　平面呈长方形，仿木结构。由甬道、棺台、壁龛、后龛等组成。甬道宽0.85、进深0.2米，底部略低于墓门。两侧立石柱，为仿木柱结构，仅存右侧。棺床前部为须弥座，边缘呈圆弧形，须弥座中部雕刻壶门及两身力士。棺台由两块石板组成，两侧减地。墓室两侧各立柱六根，高低相错形成壁龛，壁龛外有红砂石板与墓圹相隔。高立柱为仿木结构，剔地突起，施平直抹边。柱头上托栌斗。高立柱上横梁呈圆拱形，两侧面均雕出凸字形槽，底部磨光，最外侧横梁不存。横梁之间叠砌石板，呈品字形，内侧磨光，圆角，形成小藻井。后龛宽0.46、进深0.21、高0.6米。两侧立柱仿木结构，剔地突起，施平直抹边，柱头上托栌斗。上方横置石条。壁龛内雕男性石像一身（图版三八，2）。

（二）墓内装饰

墓内装饰为雕刻，保存较好。

1. 墓门

仅存右侧，门柱内侧磨光，上刻像幡，像幡由幡头、幡身、幡足三部分组成。幡头悬祥上缠十字形结，幡头呈三角形，素面。幡手呈带状，末端垂饰宝珠。幡身上刻造像一身，圆形头光外有桃形火焰，挽高髻，戴宝缯，缯带垂覆双肩，大眼，大耳，戴项圈，上身赤裸，帛带横过胸前，两端绕臂垂两侧。下着长裙，裙腰外翻，左脚下垂，右腿竖起踩于台座上，坐于山形台座上。左手抚山形台座，右臂枕右膝，手握帛带垂体侧。幡身下雕出幡足三条，下接梯形悬板（图版三九，2）。

2. 墓室

甬道　右侧立柱仿木结构，剔地突起，施平直抹边，柱头上托栌斗。

墓室顶部　现有两个横梁，最外侧一个横梁底部雕菱格纹，菱格纹内浅浮雕花卉纹（图版四〇，1）。

棺台　棺台为须弥座，束腰处中部刻壶门，两侧各有一身力士。力士头部均朝外侧，大眼，上身赤裸，双手上举抬棺床，单膝跪地（图版四〇，2）。

后龛　后龛内雕一身男性石像。头部及上身残，着长袍，腰束带，双手置腹前，着长裤，双足着鞋（图版三九，1）。

（三）随葬器物

1. 瓷器

1件。

盏　1件。M2：2，砖红胎，挂米黄色化妆土，青釉，有流釉现象。器身有变形。敞口，圆唇，弧腹，平底。口径10.8、底径3.6、高3厘米（图一一〇，4）。

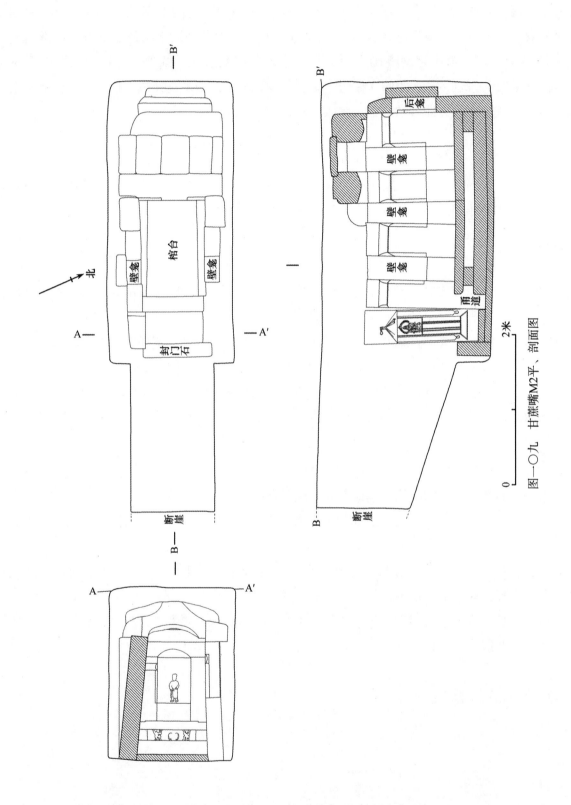

图一〇九　甘蔗嘴M2平、剖面图

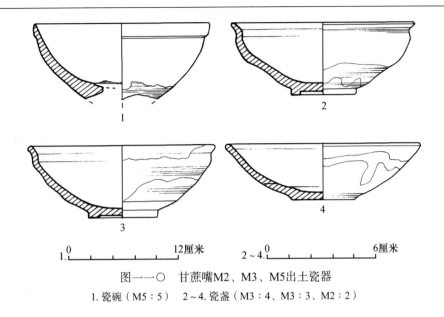

图一一〇　甘蔗嘴M2、M3、M5出土瓷器

1. 瓷碗（M5：5）　2~4. 瓷盏（M3：4、M3：3、M2：2）

2. 陶器

2件。

罐　2件。泥质灰陶。斜肩，折腹，平底。M2：1，底部残件。最大径9、底径6.8、残高5厘米（图一〇七，7）。M2：3，底部残件。最大径9、底径5.6、残高4.5厘米（图一〇七，8）。

3. 钱币

8枚。

铜钱　1枚。M2：11，崇宁重宝，楷书，钱文对读。钱径3.2、穿宽0.7、厚0.2厘米（图一〇八，3）。

铁钱　7枚。均锈蚀严重，钱文无法识读。M2：4，钱径2.6、穿宽0.7、厚0.2厘米。M2：5，钱径2.4、穿宽0.6、厚0.2厘米。M2：6，钱径2.4、穿宽0.6、厚0.2厘米。M2：7，钱径2.7、穿宽0.6、厚0.2厘米。M2：8，钱径2.5、穿宽0.7、厚0.2厘米。M2：9，钱径2.8、穿宽0.8、厚0.2厘米。M2：10，钱径2.5、穿宽0.6、厚0.2厘米。

三、M3

（一）墓葬形制

方向117°。墓圹呈长方形。长4.23、宽2.1、残深2.6米。由墓道、墓门、墓室组成（图一一一；图版四一，1）。

墓道　平面呈长方形，直壁，底部呈斜坡状，地表凹凸不平。水平残长2、宽1米。

墓门　由门基、门柱及门梁组成。墓道后部下方安置一块长方形石板为门基，有斜向凿痕。门柱为长方形石条，横截面为长方形，墓门正面及靠近甬道一侧磨光，上有雕刻，其余面均有横向凿痕，边缘剃地。门柱上有门梁，平底，弧形顶，墓道及墓室一侧均经加工，墓道一侧有V形凿痕，墓室一侧凿出凸字形槽，表面磨光。墓门外有四层封门石，条石规格不一。内侧平整，有V形凿痕（图版四二，1）。

墓室　平面呈长方形，仿木结构。由甬道、棺台、壁龛、后龛等组成。甬道宽1、进深0.34米，底部略低于墓门。两侧立石柱，为仿木结构。棺床前部为须弥座，上部边缘斜削，下部边缘呈圆弧形，须弥座中部雕刻两身力士。棺台由两块石板组成，三侧减地。墓室两侧各立柱六根，高低相错形成壁龛，壁龛外有红砂石板与墓圹相隔。高立柱为仿木结构，剃地突起，施平直抹边。高立柱上横梁呈圆拱形，两侧面均雕出凸字形槽，底部磨光。横梁之间叠砌石板，呈品字形，内侧磨光，圆角，形成小藻井。后龛宽0.71、进深0.43、高1米。底部安置石条，上置石板，石板下沿斜削，均磨光。两侧立柱，后侧置石板，上雕妇人启门图，顶部有盖板（图版四一，2）。

（二）墓内装饰

墓内装饰为雕刻，保存较好。

1. 墓门

两侧各立一门柱，门柱内侧磨光，上刻像幡，像幡由幡头、幡身、幡足三部分组成。幡头悬祥上绕一枝花叶，缠十字形结，幡头呈三角形，素面。幡手呈带状。幡身下雕出幡足三条，下接悬板，幡身下悬板已剥落。左侧幡身有造像一身，内圆外桃形头光，饰火焰纹。挽螺形高髻，上饰宝珠，阴线刻眼、鼻、口，头后帛带垂右肩。着交领广袖长袍，下着长裙，帔帛绕过双臂，中部横置腿前，两端垂体侧，直立于仰莲台上（图版四三，1）。右侧幡形制与左侧一致，幡身有造像一身，圆形头光，阴线刻眼、鼻、口，头后帛带垂左肩。着交领广袖长袍，下着长裙，帔帛绕过双臂，中部横置腿前，两端垂体侧，直立于仰莲台上（图版四三，2）。

2. 墓室

甬道　右侧立柱仿木结构，剃地突起，施平直抹边，柱头上托栌斗，栌斗上为扶壁拱，组合为单拱加素枋，素枋之上还有多个散斗等间距排列。

墓室顶部　现有三个横梁，底部呈圆拱形，横梁底部均磨光雕菱格纹，菱格纹内浅浮雕花卉纹（图版四四）。

棺台　棺台为须弥座，由两身力士承托，均戴冠，大眼，圆形身体及腿部，单手支腿（图版四五）。

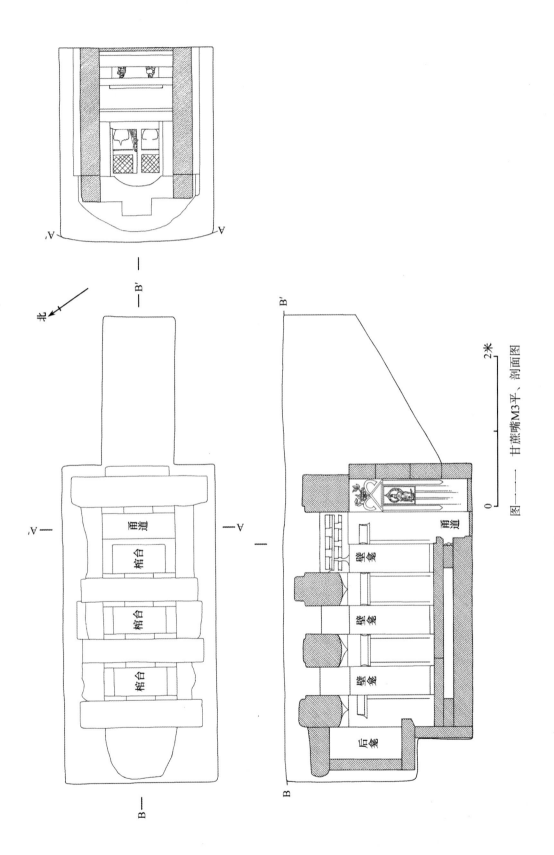

图—— 甘蔗嘴M3平、剖面图

后龛　后龛内雕妇人启门图。门分上下两部分，上层阴线刻窗格，下层雕出壶门。妇人脸部长圆，挽髻，大耳，右半身掩门内，着长裙，左手抚门（图版四二，2）。

（三）随葬器物

4件。均为瓷器。

碗　1件。M3：1，砖红胎，挂米黄色化妆土，青釉，有流釉现象。敞口，圆唇，弧腹，矮圈足。内壁以绿釉绘草叶纹。口径13.8、足径4.6、高4.6厘米（图一一二，4）。

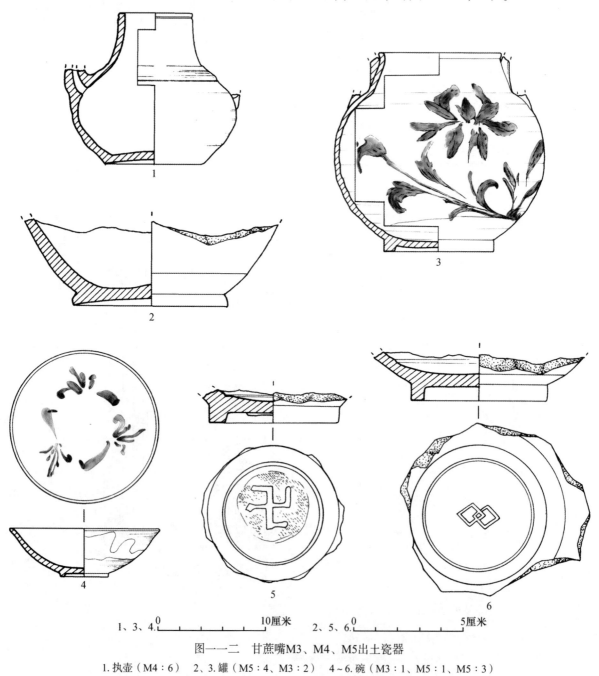

图一一二　甘蔗嘴M3、M4、M5出土瓷器

1.执壶（M4：6）　2、3.罐（M5：4、M3：2）　4～6.碗（M3：1、M5：1、M5：3）

盏 2件。M3：3，砖红胎，挂米黄色化妆土，青灰釉，有流釉现象。敞口，束颈，圆唇，斜直腹，矮圈足。口径10.2、足径3.8、高3.8厘米（图一一〇，3）。M3：4，砖红色胎，挂米黄色化妆土，青灰釉，有流釉现象。敞口，束颈，斜直腹，矮圈足。口径10.2、足径3.6、高3.8厘米（图一一〇，2）。

罐 1件。M3：2，砖红胎，挂灰白色化妆土，青釉。敛口，圆唇，矮领，鼓腹，圈足，肩部有双耳。器身绘酱黄釉花卉纹。口径11.2、最大径18.6、足径10、高17.6厘米（图一一二，3）。

四、M4

（一）墓葬形制

方向116°。墓圹呈长方形。残长4.4、宽2.2、残深2.85米。由墓道、墓门、墓室组成（图一一三；图版四六，1）。

墓道 平面呈长方形，直壁，底部呈斜坡状，地表略不平。水平长1.98、宽1.35米。

墓门 由门基、门柱及门梁组成。墓道后部下方安置一块长方形石板为门基，有斜向凿痕。门柱为长方形石条，横截面为长方形，墓门正面及靠近甬道一侧磨光，上有雕刻，其余面均有横向凿痕，边缘剃地。门柱上有门梁，平底，弧形顶，墓道及墓室一侧均经加工，墓道一侧有V形凿痕，墓室一侧凿出凸字形槽，表面磨光。墓门外有四层封门石，条石规格不一。内侧平整，有V形凿痕。

墓室 平面呈长方形，仿木结构。由甬道、棺台、壁龛、后龛等组成。甬道宽1.05、进深0.3米，底部略低于墓门。两侧立石柱，为仿木结构。棺床前部为须弥座，须弥座中部雕刻两身力士。棺台由两块石板组成，三侧减地。墓室两侧各立柱六根，高低相错形成壁龛，壁龛外有红砂石板与墓圹相隔。高立柱为仿木结构，剃地突起，施平直抹边。高立柱上横梁呈圆拱形，两侧面均雕出凸字形槽，底部磨光。横梁之间叠砌石板，呈品字形，内侧磨光，圆角，形成小藻井。后龛宽0.72、进深0.41、高0.99米。底部安置石条，上置石板，石板下沿斜削，均磨光。两侧立柱，后侧置石板，上雕妇人启门图，顶部有盖板（图版四六，2）。

（二）墓内装饰

墓内装饰为雕刻，保存较好。

1. 墓门

两侧各立一门柱，门柱内侧磨光，上刻像幡，像幡由幡头、幡身、幡足三部分组成。幡头悬祥上绕一枝莲花，缠十字形结，幡头呈三角形，雕卷云纹。幡手呈带状，末端垂饰宝珠。左侧幡身上刻造像一身，圆形头光，长圆脸，大眼，戴风帽，着交领衣，双手合十，结跏趺坐于覆莲台上。幡身下雕出幡足三条，梯形悬板残损不可见，上有花卉图案（图版四七，1）。右侧幡形制与左侧一致，幡身上雕造像一身，圆形头光，长圆脸，大眼，着交领衣，右手执物于胸前，左手抚物上，结跏趺坐于仰莲台上。莲花花朵、十字形节、飘带、经幡均施红彩，莲台施绿彩（图版四七，2）。

2. 墓室

　　甬道　右侧立柱仿木结构，剔地突起，施平直抹边，柱头上托栌斗，栌斗上为扶壁拱，组合为单拱加素枋，素枋之上还有多个散斗等间距排列。斗拱局部施红彩（图版四八，1）。甬道顶部藻井均有彩绘雕刻，顶部石条中央阴线刻菱格纹及圆形，圆形位于菱格纹中央，圆形外菱格纹内区域施红彩。藻井两侧石条底部边缘雕刻几何纹，中央有三朵团花图案，以花心为基点，连续均匀阴线刻六个圆形，圆形相交区域及外缘施红彩，其余施黑彩。

　　墓室顶部　现有三个横梁，底部呈圆拱形，横梁底部均磨光雕菱格纹，菱格纹内浅浮雕花卉纹，花卉纹施红彩（图版五〇、图版五一）。三个横梁之间有两个藻井，藻井中央及两侧的石条下方各有一朵团花纹，以花心为基点，连续均匀阴线刻六个圆形，圆形相交区域及外缘施红彩，其余施黑彩（图版四九，1）。

　　棺台　棺台为须弥座，由两身力士承托，力士雕出上半身，均戴冠，大眼，双臂粗壮垂体侧，圆腹（图版四九，2）。

　　后龛　后龛内雕妇人启门图。门分上下两部分，上层减地雕出球路纹窗花，下层雕出壶门。妇人脸部长圆，挽髻，似戴风帽，右半身掩门内，着长裙，左手抚门。门框施黑彩，窗花及壶门施红彩（图版四八，2）。

（三）随葬器物

1. 瓷器

　　1件。

　　执壶　1件。M4：6，褐胎，施酱釉。直口，圆唇，扁圆腹，平底内凹。肩部有双耳及一周凹弦纹。口径6、底径9、高13.5厘米（图一一二，1）。

2. 陶器

　　5件。

　　罐　5件。泥质灰陶。直口，圆唇，斜肩，折腹，平底。M4：1，口径6.2、最大径8.1、底径6.2、高6厘米（图一〇七，4）。M4：2，口径6、最大径9.1、底径6.6、高6.2厘米（图

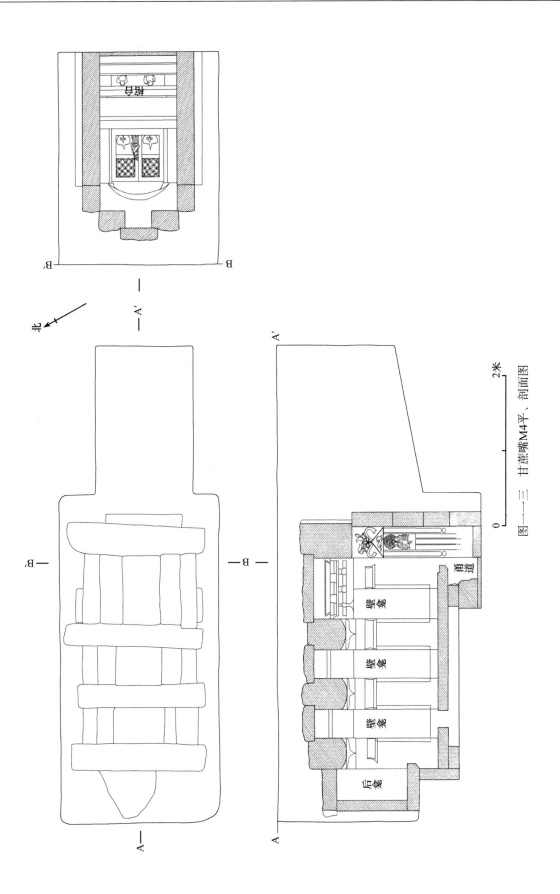

图一二三 甘蔗嘴M4平、剖面图

一○七，2）。M4：3，口部残件。口径6、最大径8.5、残高5.5厘米（图一○七，6）。M4：4，口径5.8、最大径8.1、底径6、高6厘米（图一○七，3）。M4：5，口径6.6、最大径9.1、底径6、高6.2厘米（图一○七，1）。

3. 钱币

1枚。

铁钱　1枚。锈蚀严重，钱文无法识读。M4：7，直径2.7、穿宽0.7、厚0.2厘米。

五、M5

（一）墓葬形制

方向117°。墓圹呈长方形。长4.15、宽1.9、残深2.46米。由墓道、墓门、墓室组成（图一一四；图版五二，1）。

墓道　平面呈长方形，直壁，底部呈斜坡状，地表凹凸不平。水平残长0.6、宽1.5米。

墓门　由门基、门柱组成。墓道后部下方安置两块长方形石板为门基，有斜向凿痕。门柱为长方形石条，仅存右侧，横截面为长方形，墓门正面及靠近甬道一侧磨光，上有雕刻，其余面均有横向凿痕，边缘剃地。墓门外侧残存一层封门石。

墓室　平面呈长方形，仿木结构。由甬道、棺台、壁龛、后龛等组成。甬道宽0.93、进深0.28米，底部略低于墓门。两侧立石柱，为仿木柱结构，仅存右侧。棺床前部为须弥座，上部边缘斜削，下部边缘呈圆弧形。棺台由两块石板组成，两侧减地（图版五三，1）。墓室两侧各立柱六根，高低相错形成壁龛，壁龛外有红砂石板与墓圹相隔。高立柱为仿木柱结构，剃地突起，施平直抹边。后龛圆拱形顶，宽0.58、进深0.42、高0.73米。底部安置石条，上置石板，石板下沿斜削，均磨光。两侧立柱，后侧置石板，顶部有盖板（图版五二，2）。

（二）墓内装饰

墓内装饰为雕刻，保存较好。

1. 墓门

右侧立一门柱，门柱内侧磨光，上方浅浮雕圆形纽，上挂像幡，像幡由幡头、幡身、幡足三部分组成。幡头悬祥残，缠十字形结，幡头呈三角形，素面。幡手呈带状，末端垂饰宝珠。幡身素面。幡身下雕出幡足三条，下接梯形悬板。

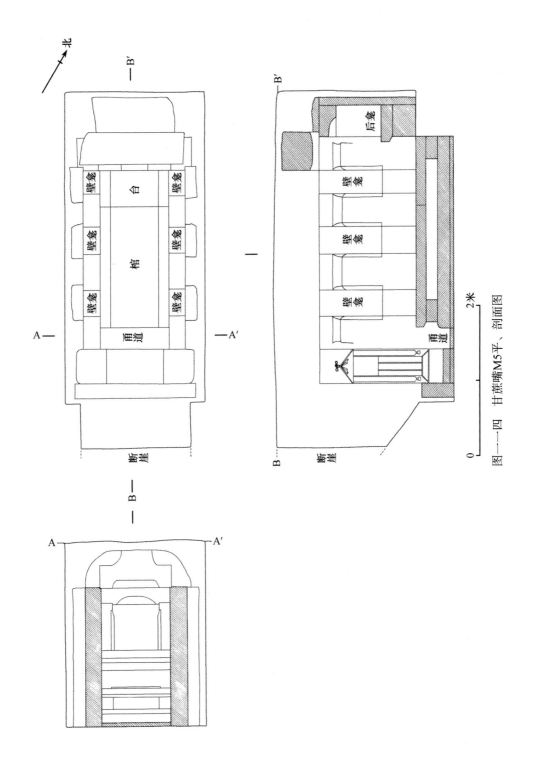

图一一四 甘蔗嘴M5平、剖面图

2. 墓室

甬道 右侧立柱仿木结构，剔地突起，施平直抹边，柱头上托栌斗。

后龛 两侧立柱仿木结构，剔地突起，施平直抹边，柱头上托栌斗。壁龛内原有雕像，现已不存（图版五三，2）。

（三）随葬器物

1. 瓷器

4件。

碗 3件。M5：5，砖红胎，挂灰白色化妆土，青釉。敞口，尖圆唇，斜弧腹。口径19.2、残高8厘米（图一一〇，1）。M5：1，碗底残件。砖红胎，挂米黄色化妆土，青釉。矮圈足。碗底模印"卍"字符号。足径6、残高1.4厘米（图一一二，5）。M5：3，碗底残件。砖红胎，通体挂米黄色化妆土，内壁施青釉。碗底模印双菱形纹。足径6.2、残高2.2厘米（图一一二，6）。

罐 1件。M5：4，罐底残件。砖红胎，挂米黄色化妆土。饼足内凹。底径7.2、残高3.8厘米（图一一二，2）。

2. 陶器

1件。

罐 1件。M5：2，泥质灰陶。底部残件。折腹，平底。底径5、残高2厘米（图一〇七，9）。

第二节　三圣庙墓地

位于简阳市石板凳镇三圣村五组，小地名为三圣庙，墓地编号为"2016CJSS"，中心地理坐标为东经104°27′7.5″、北纬30°18′52.2″，海拔436米。共发现墓葬2座。墓葬分布于山前平地，东高西低，北侧及西侧为村道。地表种植有林木。墓葬封土不存，呈南北向排列。墓葬均为石室墓，受外力作用以及红砂岩岩性等原因，墓室结构有变形、垮塌等现象。墓葬均开口于耕土层下，打破生土。具体如下。

一、M1

（一）墓葬形制

方向93°。墓圹呈长方形。长4、宽2.26、深2.56～2.96米。未见墓道，填土为红棕色夹杂灰白色石块黏土。由墓门和墓室组成（图一一五）。

墓门 底部铺红砂石板，两侧立门柱。门柱内侧磨光，上方横置门楣石，平底，弧顶。墓门外自下往上有四层封门石，条石规格不一。

墓室 平面呈梯形，由甬道、棺床和壁龛组成。甬道宽1、进深0.4米。底部有底龛。长0.3、宽0.25、深0.16米。墓室两侧均立柱七根，高低相错形成壁龛，壁龛外有红砂石板与墓圹相隔。高立柱上横置石条，呈圆拱形，两侧面均雕出凸字形槽，横条石之间盖板已缺失。棺床为须弥座，棺台由整块石板组成，平面呈梯形。长2.48米。墓室后壁有壁龛。宽0.28、进深0.17、高0.9米。墓葬扰乱严重，未见人骨，葬具应为木棺。墓室棺床中部出土瓷四耳罐1件，棺床与墓壁缝隙处出土带棺钉铜钱1枚及数枚铁棺钉。

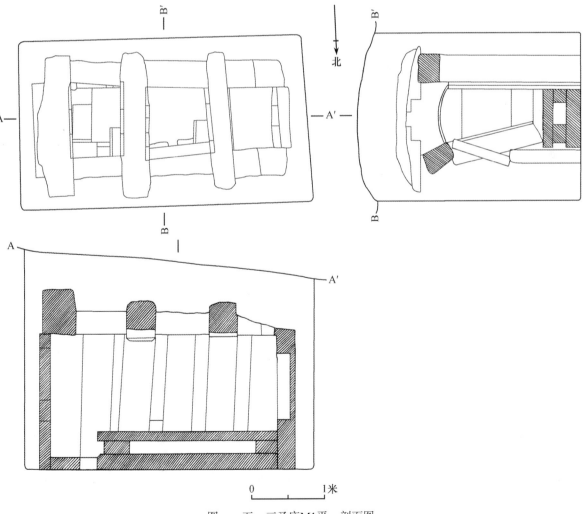

图一一五 三圣庙M1平、剖面图

（二）随葬器物

出土随葬品主要为瓷器和钱币。其中瓷器1件，钱币2枚。

1. 瓷器

1件。

四耳罐　1件。M1：1，砖红胎，颈部以上挂灰白色化妆土，青釉。口微敛，方唇，溜肩，肩部有四耳，最大径在腹部。口径7.4、最大径10、底径5.2、高14.8厘米（图一一六，2）。

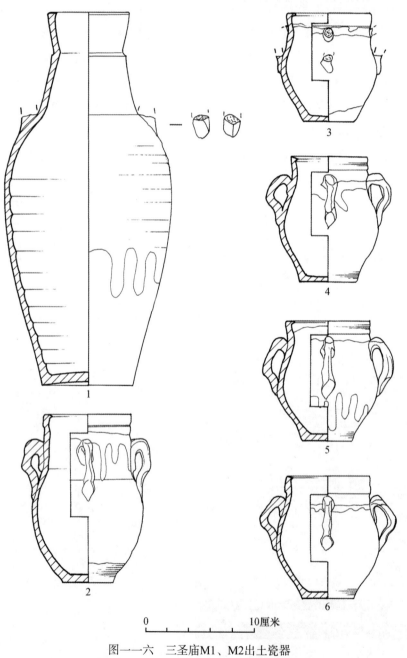

0　　　　　　　　10厘米

图一一六　三圣庙M1、M2出土瓷器

1. 瓶（M2：6）　2～6. 四耳罐（M1：1、M2：8、M2：3、M2：5、M2：4）

2. 钱币

2枚。

开元通宝 1枚。M1：4，楷书，钱文对读，方穿，无背纹。"通"字走之四点短粗断开，"元"字第一笔长，第二笔左挑。钱径2.5、穿宽0.6、厚0.1厘米（图一一七，5）。

天禧通宝 1枚。M1：3，楷书，钱文旋读。钱径2.4、穿宽0.6、厚0.1厘米（图一一八，1）。

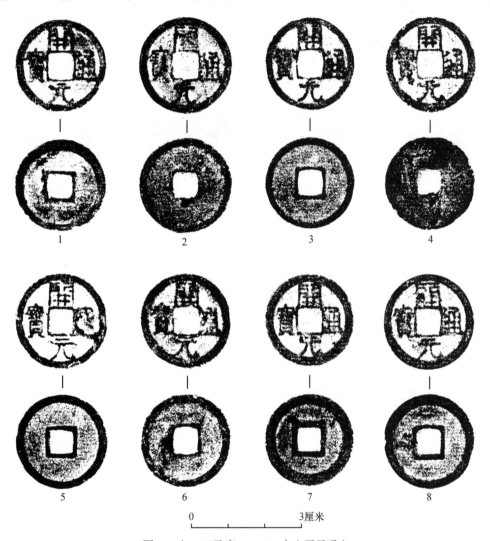

0   3厘米

图一一七 三圣庙M1、M2出土开元通宝

1. M2：21 2. M2：22 3. M2：23 4. M2：24 5. M1：4 6. M2：26 7. M2：27 8. M2：28

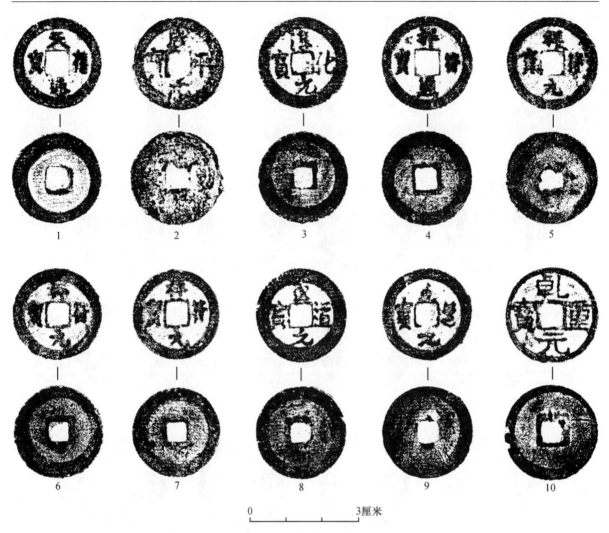

图一一八　三圣庙M1、M2出土铜钱

1. 天禧通宝（M1：3）　2. 咸平元宝（M2：12）　3. 淳化元宝（M2：13）　4. 祥符通宝（M2：14）　5～7. 祥符元宝（M2：15、
　　M2：16、M2：17）　8、9. 至道元宝（M2：18、M2：19）　10. 乾元重宝（M2：20）

二、M2

（一）墓葬形制

方向97°。墓圹呈长方形。长3.85、宽2.4、深2.38～2.6米。未见墓道，填土为红棕色夹杂灰白色石块黏土。由墓门和墓室组成（图一一九）。

墓门　底部铺红砂石板，两侧立门柱。门柱内侧磨光，上方横置门楣石，平底，弧顶。墓门外自下往上有三层封门石，条石规格不一。

墓室　平面呈梯形，由甬道、棺床和壁龛组成。甬道宽0.9、进深0.2米。底部有底龛。边长0.2、深0.12米。墓室两侧均立柱七根，高低相错形成壁龛，壁龛外有红砂石板与墓圹相隔。

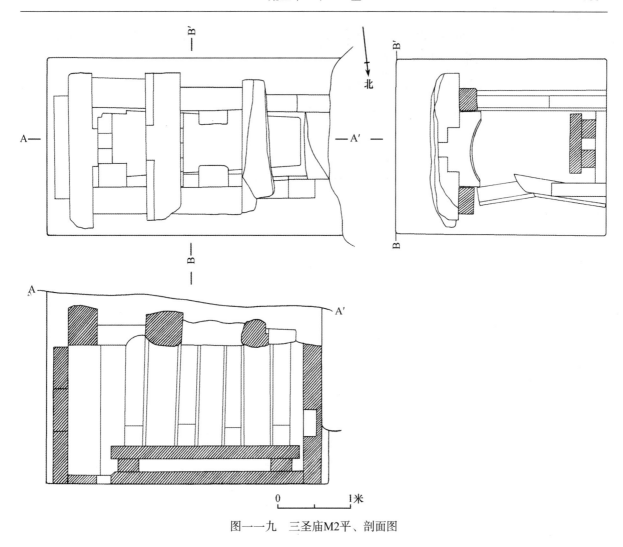

图一一九　三圣庙M2平、剖面图

高立柱上横置石条，呈圆拱形，两侧面均雕出凸字形槽，横条石之间盖板已缺失。棺床为须弥座，棺台由整块石板组成，平面呈梯形，长2.58米。墓室后壁有壁龛。宽0.38、进深0.18、高0.36米。墓葬扰乱严重，未见人骨，葬具应为木棺。

（二）随葬器物

随葬品均出土于棺床与墓壁缝隙处，主要有瓷器和钱币，其中瓷器11件、钱币17枚。

1. 瓷器

11件。

四耳罐　7件。红褐胎，颈部以上挂灰白色化妆土，青釉。直口，方唇，颈部较矮，溜肩，肩部有四耳，斜直腹，腹部较浅，最大径在腹部。M2∶2，口径7、最大径9、底径4.7、高10.3厘米（图一二○，2）。M2∶3，口径6.8、最大径9、底径4.9、高10.6厘米（图一一六，

4）。M2：4，口径7、最大径9.3、底径4.5、高10.7厘米（图一一六，6）。M2：5，口径7.4、最大径9、底径4.4、高10.6厘米（图一一六，5）。M2：7，口径7.4、最大径9.3、底径4.4、高11.2厘米（图一二〇，1）。M2：8，口径7、最大径8.6、底径4.4、高9.7厘米（图一一六，3）。M2：9，口径7、最大径9.3、底径4.7、高10.4厘米（图一二〇，3）。

　　碗　1件。M2：1，红褐胎，挂灰白色化妆土，酱釉。敞口，圆唇，弧腹，圈足。口径16、足径5、高6.4厘米（图一二〇，6）。

　　盏　2件。褐胎，挂灰白色化妆土，青釉。敞口，圆唇，腹部微折，饼足。M2：10，平底，内底下凹。口径10、底径4、高2.9厘米（图一二〇，5）。M2：11，平底内凹。内底残留支钉痕。口径10.4、底径4.4、高3厘米（图一二〇，4）。

　　瓶　1件。M2：6，红褐胎，腹部以上施青釉。敞口，束颈，颈部内折，溜肩，斜直腹，平底内凹。口径7.4、最大径15.3、底径8、高32.3厘米（图一一六，1）。

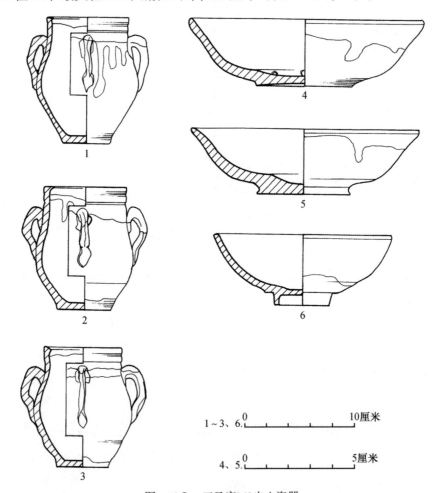

图一二〇　三圣庙M2出土瓷器
1~3.四耳罐（M2：7、M2：2、M2：9）　4、5.盏（M2：11、M2：10）　6.碗（M2：1）

2. 钱币

17枚。钱币方孔中均残留铁棺钉，应为木棺腐朽后所残留。

开元通宝 8枚。楷书，钱文对读，方穿，无背纹。M2：21，"通"字走之四点短粗断开，"元"字第一笔短，第二笔左挑。钱径2.5、穿宽0.6、厚0.1厘米（图一一七，1）。M2：22，"通"字走之四点短粗断开，"元"字第一笔短，第二笔左挑。钱径2.5、穿宽0.7、厚0.1厘米（图一一七，2）。M2：23，"通"字走之四点短粗断开，"元"字第一笔短，第二笔左挑。钱径2.4、穿宽0.7、厚0.1厘米（图一一七，3）。M2：24，"通"字走之四点短粗断开，"元"字第一笔短，第二笔左挑。钱径2.5、穿宽0.7、厚0.1厘米（图一一七，4）。M2：25，"通"字走之四点短粗断开，"元"字第一笔长，第二笔左挑。钱径2.4、穿宽0.6、厚0.1厘米。M2：26，"通"字走之四点短粗断开，"元"字第一笔长，第二笔左挑。钱径2.4、穿宽0.7、厚0.1厘米（图一一七，6）。M2：27，"通"字走之四点短粗断开，"元"字第一笔长，第二笔左挑。钱径2.4、穿宽0.7、厚0.1厘米（图一一七，7）。M2：28，"通"字走之四点弯折相连，"元"字第一笔长，第二笔左挑。钱径2.4、穿宽0.6、厚0.1厘米（图一一七，8）。

乾元重宝 1枚。M2：20，楷书，钱文对读。钱径2.5、穿宽0.6、厚0.18厘米（图一一八，10）。

淳化元宝 1枚。M2：13，行书，钱文旋读。钱径2.4、穿宽0.5、厚0.1厘米（图一一八，3）。

至道元宝 2枚。 M2：18，行书，钱文旋读。钱径2.5、穿宽0.6、厚0.1厘米（图一一八，8）。M2：19，草书，钱文旋读。钱径2.5、穿宽0.6、厚0.1厘米（图一一八，9）。

咸平元宝 1枚。M2：12，楷书，钱文旋读。钱径2.5、穿宽0.6、厚0.1厘米（图一一八，2）。

祥符通宝 1枚。M2：14，楷书，钱文旋读。钱径2.5、穿宽0.6、厚0.1厘米（图一一八，4）。

祥符元宝 3枚。M2：15，楷书，钱文旋读。钱径2.4、穿宽0.5、厚0.1厘米（图一一八，5）。M2：16，楷书，钱文旋读。钱径2.4、穿宽0.5、厚0.1厘米（图一一八，6）。M2：17，楷书，钱文旋读。钱径2.4、穿宽0.5、厚0.1厘米（图一一八，7）。

第四章 明 墓

此次发掘墓地35处，共发现墓葬98座，除草池镇街子村五组唐家沟墓地M5为岩坑墓、M9为瓦室墓外，其余均为石室墓。

按照所属地理位置分为石板凳镇、芦葭镇和草池镇三个镇，其中石板凳镇发现墓地19处，包括细坡石室墓、碓窝山墓地、花果山墓地、猫斗山墓地、庙儿山（金龙村）石室墓、马鞍山石室墓、竹林湾石室墓、大坟山石室墓、何家坟石室墓、核桃沟墓地、生基坡墓地、王家岭墓地、家蛋湾石室墓、雷万波坡石室墓、长山石室墓、周家大坪墓地、林盘山石室墓、赵家庙石室墓、枣子山石室墓等，发现墓葬45座；芦葭镇发现墓地3处，分别为张家坝石室墓、敲钟山墓地和何家山石室墓，发现墓葬6座；草池镇发现墓地13处，包括狮毛山墓地、生基山石室墓、庙儿山（幸福村）石室墓、坡改梯墓地、唐家沟墓地、汪家湾墓地、吊嘴嘴山石室墓、坛神地石室墓、碑湾碥石室墓、汪家山石室墓、生基嘴墓地、土家碥石室墓、团顶山石室墓等，发现墓葬47座。下面依次进行介绍。

第一节 细坡石室墓

位于简阳市石板凳镇金龙村一组，小地名为细坡，墓地编号为"2016JSJX"。中心地理坐标为东经104°28′28″、北纬30°18′43″，海拔424米。墓葬位于半山腰。发现墓葬2座，均为单室墓。

一、M1

（一）墓葬形制

墓圹平面呈长方形。长2.28、宽0.81、深0.72米。
单室墓。方向126°。由封门、墓室组成。

封门　位于墓室东端。由两块石板立砌而成。宽0.6、高0.65、厚0.13米。

墓室　平面呈长方形。长1.92、宽0.48、高0.65米。顶为平顶，由四块不规则长方形石块平铺而成。东西侧壁各由两块经修整过的石板立砌而成。后壁由两块石板立砌而成。底部由五块石板平铺而成（图一二一）。

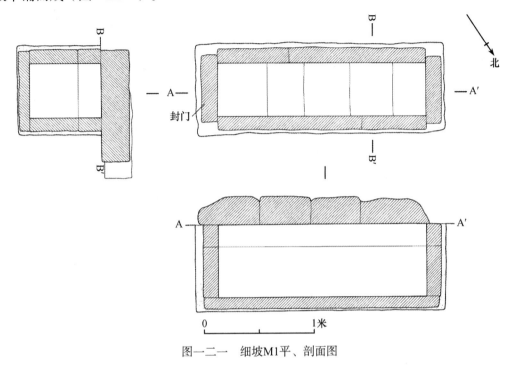

图一二一　细坡M1平、剖面图

（二）随葬器物

该墓盗扰严重，未出土随葬品。

二、M2

（一）墓葬形制

墓圹平面呈长方形。长2.75、宽0.96、深0.75米。

单室墓。方向126°。由封门、墓室组成。

封门　位于墓室东端。由一块长方形石板立砌而成。宽0.67、高0.6、厚0.1米。

墓室　平面呈长方形。长2.4、宽0.6、高0.6米。顶为平顶，由五块石板横向平铺而成。东西侧壁各由两块经修整过的石板立砌而成。后壁由一块石板立砌而成。底部由一块石板平铺而成（图一二二）。

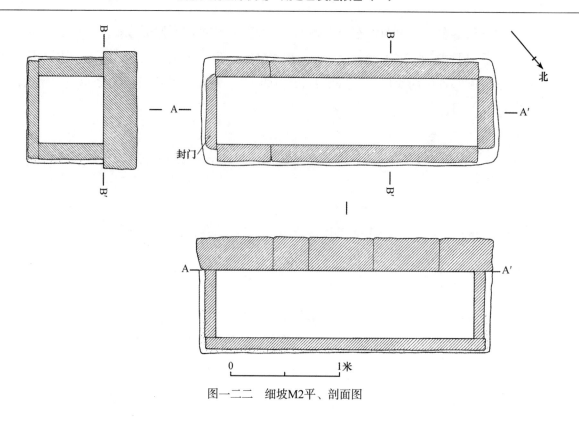

图一二二　细坡M2平、剖面图

（二）随葬器物

该墓盗扰严重，未出土随葬品。

第二节　碓窝山墓地

位于简阳市石板凳镇金龙村一组，小地名为碓窝山，墓地编号为"2016JSJD"。中心地理坐标为东经104°28′36″、北纬30°18′31″，海拔410米。分为A、B两个地点，相距约200米。皆为石室墓。A地点位于山脚下，紧邻简仁路，共发现墓葬2座，编号分别为M1、M2；B地点位于半山腰，共发现墓葬2座，编号为M3、M4（图版五五，1）。

一、M1

（一）墓葬形制

墓圹前端被现代水渠破坏，残存部分平面大致呈长方形。残长3～3.4、宽1.83、深1.56米。单室墓。方向140°。前端被破坏，现仅残存部分墓室。

墓室 平面近长方形。残长2.84～3.04、宽1.01、高1.26米。顶前部坍塌，后部保存完好，从残存部分可推测前后部原为叠涩顶，中部为券顶。两侧壁各由数块石板立砌而成，各形成两个龛。各龛形制及规格基本相同，龛立面呈长方形。龛底高出墓底0.38米，宽0.47、进深0.15、高0.91米。后壁由数块石板砌成，中部形成一龛。龛立面大致呈长方形，顶部为圆弧形。龛底高出墓底0.38米，宽0.48、进深0.15、高0.66米。底部先平铺一层石板为墓底，其上中间位置平铺两块石板作为棺台。棺台长2.3、宽0.74、高0.13米。棺台与两侧壁及后壁之间留出空隙形成排水沟，两侧排水沟宽0.12～0.15米，后侧排水沟宽0.06米（图一二三）。

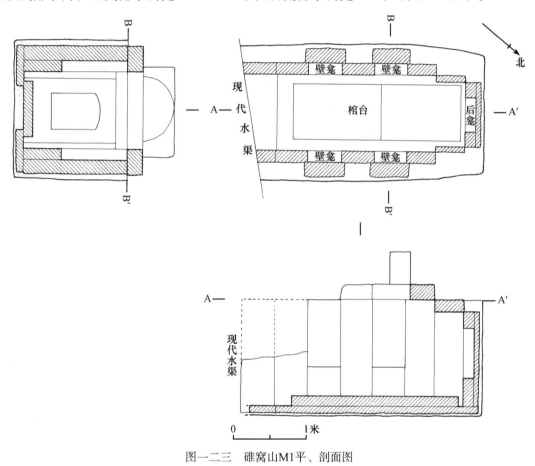

图一二三 碓窝山M1平、剖面图

（二）随葬器物

该墓盗扰严重，未出土随葬品。

二、M2

（一）墓葬形制

墓圹前端被破坏，残存部分平面呈长方形。残长2.02、宽2.92、深1.4米。

双室墓。方向143°。前端被破坏。两个墓室不相通，形制及规格基本相同，以东室为例介绍。

东室　残存部分平面呈长方形。残长1.84、宽1.05、高1.5米。顶为券顶。两侧壁由两块石板横向立砌而成。后壁由两块石板横向立砌而成。底部先平铺一块石板，其上中间位置平铺三块石板作为棺台。棺台残长1.78、宽0.92、高0.12米。棺台与两侧壁及后壁之间留出空隙形成排水沟，两侧排水沟宽分别为0.06、0.08米，后侧排水沟宽0.08米（图一二四）。

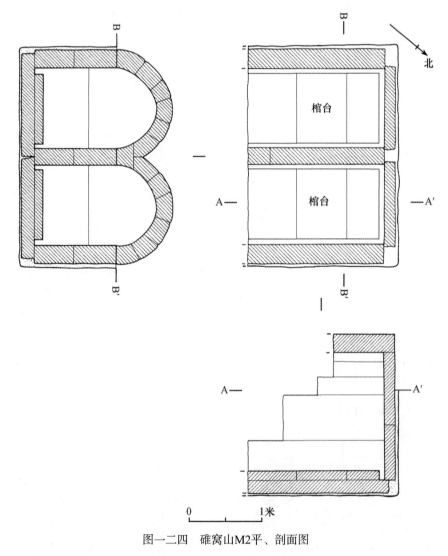

图一二四　碓窝山M2平、剖面图

（二）随葬器物

该墓盗扰严重，未出土随葬品。

三、M3

（一）墓葬形制

墓圹平面呈方形。长3.98、宽3.96、深1.48米。

三室墓。方向167°。由封门、甬道、墓室组成。三个墓室形制及规格基本相同，以西室为例介绍。

封门　位于甬道南端。由数块石板横向立砌而成。现残存一块石板。宽1.18、残高0.44、厚0.15米。

甬道　位于墓室南端。平面呈横长方形。底部无垫石，两端各由一块石板立砌而成。宽0.82、进深0.51、残高1.72米。

墓室　平面呈长方形。长2.7、宽0.78、高1.3米。顶部已被破坏，现仅后侧残存一块平铺的石板。两侧壁由数块石板立砌而成。西侧壁形成两个龛，形制及规格基本相同，龛立面呈长方形。龛底高出棺台0.44米，宽0.36、进深0.1、高0.96米。后壁由三块石板立砌而成，形成一个龛。龛立面大致呈长方形，顶部呈连弧状。龛底高出墓底0.42米，宽0.34、进深0.16、高0.44米。底部先平铺一块石板，其上中间位置平铺两块石板作为棺台。棺台长2.52、宽0.66、高0.06米。棺台与两侧壁及后壁之间留出空隙形成排水沟，两侧排水沟宽分别为0.1、0.12米，后侧排水沟宽0.04米（图一二五）。

（二）随葬器物

出土随葬品皆为瓷器，共8件，包括龙纹罐3件、伞式盖2件、碗2件、罐1件。其中M3：3出土于西室靠近后龛棺台上，M3：6、M3：10出土于东室靠近后龛棺台上，其余皆出土于墓葬扰土中。分述如下。

龙纹罐　3件。M3：2，灰黑胎，靠近圈足腹部以上皆施酱黑釉。敛口，圆唇，弧肩，分段式曲腹，腹部纵切面呈波浪形，最大径在下腹部，圈足。肩腹部纵向堆塑数个脊形纽，肩腹部堆塑一龙戏珠纹饰。口径6.2、最大径16、残高20.8厘米（图一二六，2）。M3：3，灰黑胎，靠近圈足腹部以上皆施酱黑釉。侈口，圆唇，弧肩，分段式曲腹，腹部纵切面呈波浪形，最大径在下腹部，圈足。肩腹部纵向堆塑数个三角形纽，肩腹部堆塑一龙戏珠纹饰。口径

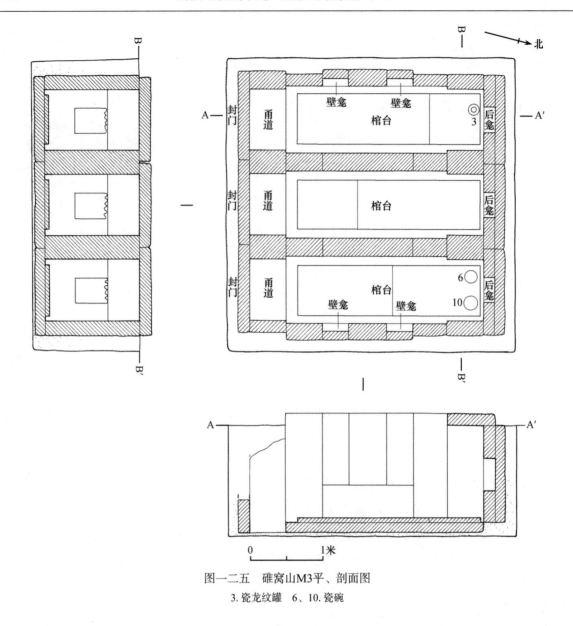

图一二五　碓窝山M3平、剖面图

3. 瓷龙纹罐　6、10. 瓷碗

5.6、最大径14.6、足径8.2、高21.7厘米（图一二六，1）。M3：5，灰黑胎，靠近圈足腹部以上皆施酱黑釉。口部已残，桶形腹，圈足。肩腹部堆塑一龙戏珠纹饰。最大径15.2、足径9.2、残高20.8厘米（图一二六，4）。

　　碗　2件。M3：6，红胎，酱釉，内外壁底部无釉。敞口，斜腹，圈足。口径15.8、足径5.4、高5.4厘米（图一二六，5）。M3：10，红胎，酱釉，内外壁底部无釉。敞口，斜腹，圈足。口径18.4、足径7.2、高6.7厘米（图一二六，3）。

　　罐　1件。M3：4，红胎，酱釉，腹部中间以下无釉，有流釉现象。口微敛，圆唇，束颈，鼓腹。口径10、最大径12.9、残高14.8厘米（图一二六，6）。

　　伞式盖　2件。灰黑胎，盖顶及身施酱黑釉。M3：1，桃形纽，平底。纽径2.8、盖径8.7、底径3.5、高4.8厘米（图一二六，8）。M3：9，圆形纽，底中空。纽径2.2、盖径6.7、底径3.6、高3.1厘米（图一二六，7）。

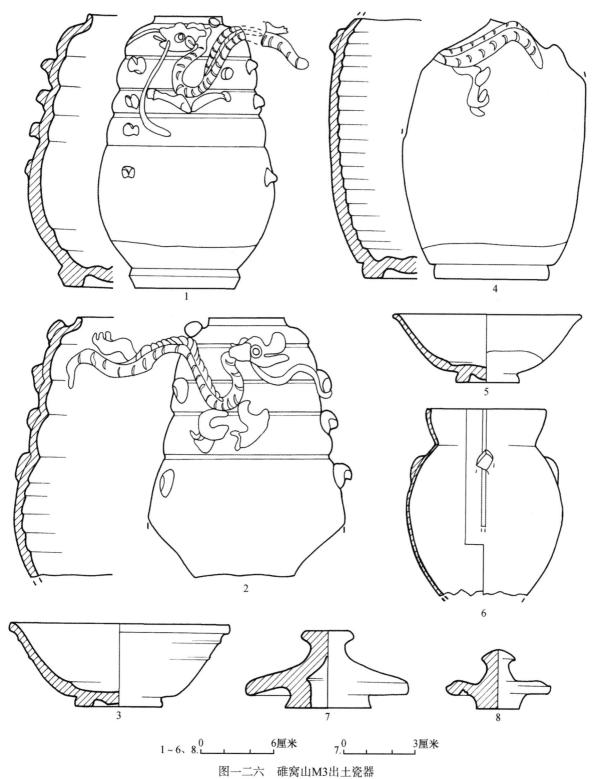

图一二六 硇窝山M3出土瓷器

1、2、4.龙纹罐（M3:3、M3:2、M3:5） 3、5.碗（M3:10、M3:6） 6.罐（M3:4）

7、8.伞式盖（M3:9、M3:1）

四、M4

（一）墓葬形制

墓圹平面呈长方形。长4.89、宽3.1、深1.7米。

双室墓。墓向150°。由封门、甬道、墓室组成。两个墓室形制及规格基本相同，以东室为例介绍。

封门　位于甬道南端。由数块石板立砌而成，现残留两块石板。宽1.3、高0.8、厚0.2～0.25米。

甬道　位于墓室南端。平面大致呈长方形。底部平铺两块石板，两端各立一块石板。宽0.94～1.05、进深1.1、高1.24米。

墓室　平面呈长方形。长2.85、宽0.93、高1.14米。两侧壁由数块石板砌成，两侧各形成两个龛。西龛立面呈长方形。龛底高出棺台0.4米，宽0.38～0.48、进深0.1、高0.81米。后壁由一块石板立砌而成，在中部偏上位置向内凿出龛。龛立面大致呈长方形，上部呈连弧状。龛底高出棺台0.21米，宽0.46、进深0.2、高0.59米。底部在壁下置地栿石，其上平铺石板作为棺台。棺台长2.58、宽0.78、高0.12米。棺台与两侧壁及后壁之间留出空隙形成排水沟，两侧排水沟宽0.08米，后侧排水沟宽0.28米（图一二七）。

（二）随葬器物

该墓盗扰严重，未出土随葬品。

第三节　花果山墓地

位于简阳市石板凳镇金龙村四组，小地名为花果山，墓地编号为"2016JSJH"。中心地理坐标为东经104°28′46″、北纬30°18′25″，海拔380米。墓葬位于山坡半山腰。共发现墓葬4座，其中单室墓3座、双室墓1座。

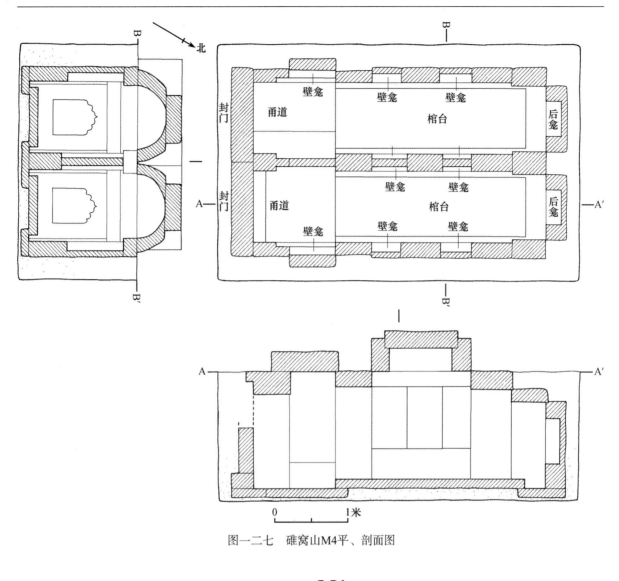

图一二七　碓窝山M4平、剖面图

一、M1

（一）墓葬形制

墓圹前端被破坏，残存部分平面呈长方形。长1.48、宽1.04、深0.97米。

单室墓。方向310°。由甬道、墓室组成。

甬道　位于墓室北端。平面呈横长方形。底部平铺一块石板，两端各立一块石板。宽0.6、进深0.34、残高0.92米。

墓室　平面呈长方形。长0.95、宽0.6、高0.9米。东西两壁现各残存两块石板，立砌而成。后壁由一块石板立砌而成，在中部向内凿出龛。龛立面呈方形。龛底高出墓底0.3米，宽0.35、进深0.1、高0.31米。底部由一块石板平铺而成（图一二八）。

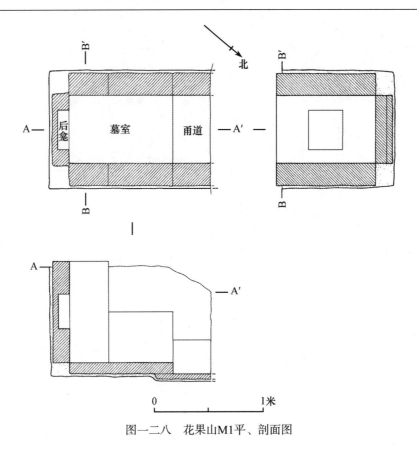

图一二八　花果山M1平、剖面图

（二）随葬器物

出土随葬品皆为瓷器，共2件，包括碗1件、盏式盖1件。皆出土于墓内扰土中。

碗　1件。M1∶1，红胎，酱釉，内外壁底部无釉。敞口，斜腹，圈足。口径16、足径5.2、高5.8厘米（图一二九，3）。

盏式盖　1件。M1∶2，灰黑胎，除底部外施酱黑釉。口内收，平底略内凹。口径5.8、底径3.4、高1.9厘米（图一二九，4）。

二、M2

（一）墓葬形制

墓圹平面呈长方形。长4.42、宽3.24、深2.08米。

双室墓。方向335°。由封门、甬道、墓室组成。两个墓室形制及规格基本相同，以西室为例介绍。

封门　位于甬道北端。由数块石板横向立砌而成，现残存一块石板。宽1.43、残高0.56、

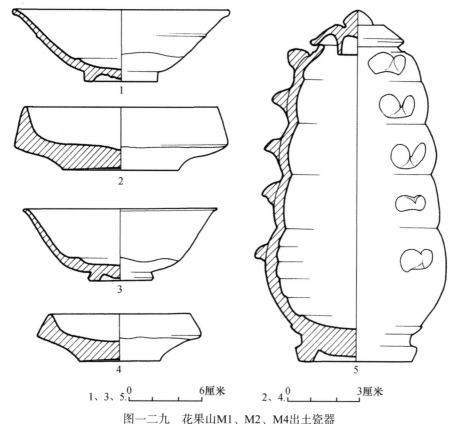

1、3、5. 0 ____ 6厘米   2、4. 0 ____ 3厘米

图一二九 花果山M1、M2、M4出土瓷器

1、3.碗（M4：2、M1：1） 2、4.盏式盖（M4：1、M1：2） 5.谷仓罐（M2：1）

厚0.1米。

甬道 位于墓室北端。平面呈横长方形。底部平铺两块石板，两端各由两块长方形石板立砌而成。宽1.1、进深0.89、残高0.76米。靠近墓室侧在外侧壁形成一龛，龛底与甬道底同高。宽0.4、进深0.13米。

墓室 平面呈长方形。长3.02、宽1.01、高1.4米。前后两端顶为叠涩顶，中部为券顶。两侧壁由数块石板立砌而成，西侧壁形成两个龛。龛立面呈长方形。靠近甬道侧龛底高出棺台0.44米，宽0.5、进深0.12、高1米。靠近后壁侧龛底高出棺台0.17米，宽0.5、进深0.12、高1.32米。东侧壁形成一个龛。后壁由一块石板立砌而成，在中部向内凿出龛。龛下部呈方形，上部呈连弧状。龛底高出墓底0.56米，宽0.58、进深0.18、高0.64米。墓底先平铺两块石板，其上中间位置平铺一块石板作为棺台。棺台长2.4、宽0.74、高0.1米。棺台与两侧壁及后壁之间留出空隙形成排水沟，两侧排水沟宽分别为0.16、0.22米，后侧排水沟宽0.14米（图一三〇）。

（二）随葬器物

出土随葬品为1件瓷谷仓罐。出土于西室棺台靠近后龛处。

谷仓罐 1件。M2：1，暗红胎，器表除足部外皆施酱黑釉。侈口，圆唇，弧肩，分段式

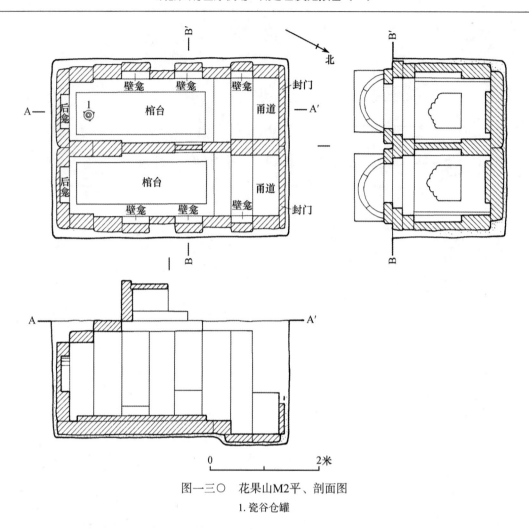

图一三〇　花果山M2平、剖面图
1. 瓷谷仓罐

曲腹，腹部纵切面呈波浪形，最大径在下腹部，圈足。肩腹部纵向堆塑三组各五个三角形纽。口径7.6、最大径15、足径10.2、通高28.4厘米。带伞式盖，灰胎，盖顶及身施酱黄釉。桃形纽，底中空。纽径2.4、盖径8、底径3.3、高3.6厘米（图一二九，5；图版六〇，2）。

三、M3

（一）墓葬形制

墓圹平面呈长方形。长3.7、宽1.5、深1.24米。

单室墓。方向323°。由封门、甬道、墓室组成。

封门　位于甬道北端。已被破坏，从残存痕迹可见原有封门存在。

甬道　位于墓室西端。平面呈横长方形。底部平铺一块石板，两端各立一块长方形石板。宽0.74、进深0.4、残高0.3米。

墓室 平面呈长方形。长2.9、宽0.9、残高1.38米。顶部已被破坏。两侧壁由数块石板立砌而成，各形成两个龛。各龛形制及规格基本相同，龛立面呈长方形。龛底高出墓底0.64米，宽0.4、进深0.1、高0.74米。后壁由一块石板立砌而成，在中部向内凿出龛。龛下部呈方形，上部呈连弧状。龛底高出墓底0.4米，宽0.38、进深0.2、高0.44米。墓底先平铺一块石板，其上中间位置平铺两块石板作为棺台。棺台长2.42、宽0.7、高0.14米。棺台与两侧壁及后壁之间留出空隙形成排水沟，宽0.1米（图一三一）。

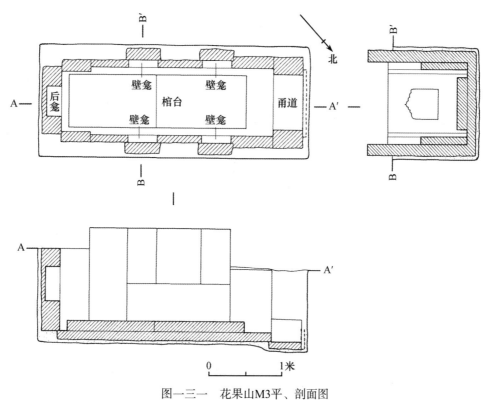

图一三一 花果山M3平、剖面图

（二）出土器物

该墓盗扰严重，未出土随葬品。

四、M4

（一）墓葬形制

墓圹平面呈长方形。长3.6、宽1.64、深1.78米。

单室墓。方向330°。由封门、甬道、墓室组成。

封门 位于甬道北端。现残存一块石板。宽1.43、残高0.26、厚0.3米。

甬道　位于墓室北端。平面呈横长方形。底部与墓室共用一块平铺的石板。宽0.93、进深0.4米。

墓室　平面呈长方形。长2.36、宽1.04、高1.14米。顶为叠涩顶，前部被破坏。两侧壁由数块石板立砌而成，两侧各形成两个龛。各龛形制及规格基本相同，龛立面呈长方形。龛底高出棺台0.22米，宽0.34、进深0.08、高1.02米。后壁由数块石板立砌而成，在中间砌出龛。龛立面呈长方形，顶部呈连弧状。龛底高出墓底0.32米，宽0.62、进深0.24、高0.79米。墓底先平铺一块石板，其上中间位置纵向平铺两块石板作为棺台。棺台长2.24、宽0.8、高0.1米。棺台与两侧壁及后壁之间留出空隙形成排水沟，宽0.06～0.13米（图一三二）。

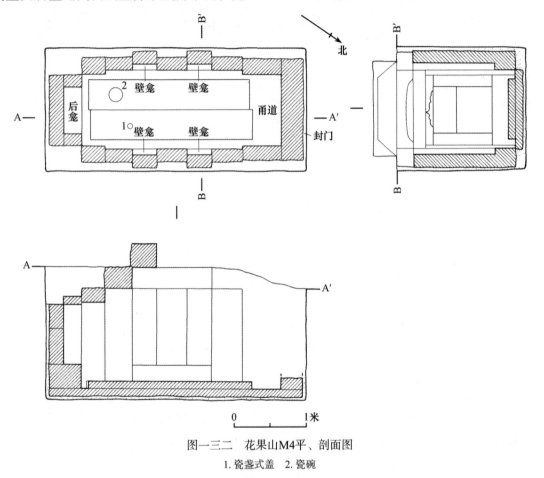

图一三二　花果山M4平、剖面图
1. 瓷盏式盖　2. 瓷碗

（二）随葬器物

出土随葬品皆为瓷器，共2件，包括盏式盖1件、碗1件。瓷碗、盏式盖出土于墓室后部。

盏式盖　1件。M4：1，灰黑胎，除底部外施酱黑釉。口内收，平底略内凹。口径8、底径4.8、高2.5厘米（图一二九，2；图版五七，4）。

碗　1件。M4：2，红胎，酱釉，内外壁底部无釉。敞口，斜腹，圈足。口径18、足径6、高5.8厘米（图一二九，1）。

第四节　猫斗山墓地

位于简阳市石板凳镇莲花村九组，小地名为猫斗山，墓地编号为"2016JSLM"。中心地理坐标为东经104°26′36″、北纬30°19′55″，海拔400米。墓地所在位置属于浅丘地带，位于山坡半山腰。共发现墓葬5座，其中单室墓2座、多室墓3座。

一、M1

（一）墓葬形制

墓圹平面呈长方形。长3.31、宽1.5、深0.96米。

单室墓。方向107°。由封门、墓室组成。

封门　位于墓室东端。由一块石板横向立砌而成。宽1.2、高0.7、厚0.15米。

墓室　平面呈长方形。长2.76、宽0.9、高0.7米。顶部已被破坏。两侧壁各由两块长方形石板立砌而成。后壁由一块石板横向立砌而成。底部由四块石板平铺而成（图一三三）。

葬具　墓内发现铁棺钉，推测葬具可能为木棺。

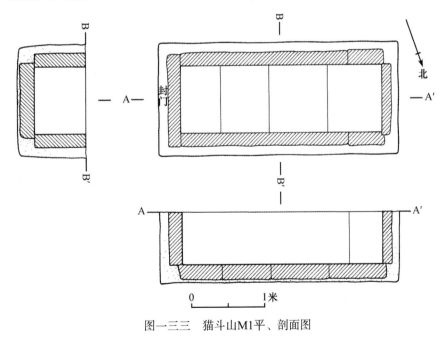

图一三三　猫斗山M1平、剖面图

（二）随葬器物

该墓盗扰严重，未出土随葬品。

二、M2

（一）墓葬形制

墓圹平面呈长方形。长4.72、宽5.62、深2.48米。

四室墓。方向183°。由封门、甬道、墓室组成。四个墓室形制及规格基本相同，以东二室为例介绍。

封门　位于甬道南端。由四块石板横向立砌而成。宽1.24、高1.88、厚0.23米。

甬道　位于墓室南端。平面呈横长方形。底部平铺一块石板，两端各立一块石板。宽0.88、进深0.5、高1.88米。

墓室　平面呈长方形。长3.16、宽0.96、高1.79米。顶由平顶和券顶组成，前后为平顶，中间为券顶。两侧壁由数块石板立砌而成，东西壁上皆形成三个过洞与相邻墓室相通。过洞立面呈长方形。底部高出棺台0.48米，宽0.24、高1.16米。后壁由一块石板立砌而成，在中部向内凿出龛。龛立面呈长方形，上部呈连弧状。龛底高出棺台0.36米，宽0.44、进深0.16、高0.64米。底部四壁下先平铺一层地栿石，其上立砌石板为墓壁。棺台亦置于地栿石上。棺台平面呈长方形。长2.28、宽0.6、高0.18米。棺台与两侧壁之间留出空隙形成排水沟，宽0.16～0.24米（图一三四）。

葬具　出土铁棺钉，推测葬具可能为木棺。

（二）随葬器物

出土随葬品皆为瓷器，共4件，包括碗2件、伞式盖2件。M2：1、M2：2、M2：3、M2：4分别出土于东二室、东一室、西二室、西一室后部棺台上。

碗　2件。M2：1，红胎，酱釉，内外壁底部无釉。敞口，斜腹，圈足。口径15.2、足径5、高5.2厘米（图一三五，2）。M2：2，白胎，青花。敞口，斜弧腹，圈足。口径8.2、足径3.2、高4.8厘米（图一三五，1；图版五八，3）。

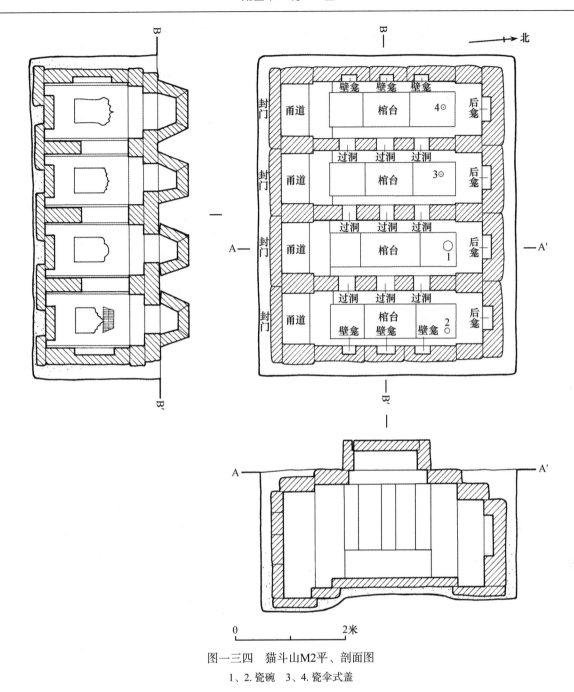

图一三四　猫斗山M2平、剖面图

1、2.瓷碗　3、4.瓷伞式盖

　　伞式盖　2件。灰黑胎，盖顶及身施酱黑釉。桃形纽。M2∶3，平底略内凹。纽径3.3、盖径9.5、底径4.6、高4.9厘米（图一三五，5；图版五七，2）。M2∶4，平底。纽径3.5、盖径9.4、底径4.6、高4.8厘米（图一三五，4；图版五七，3）。

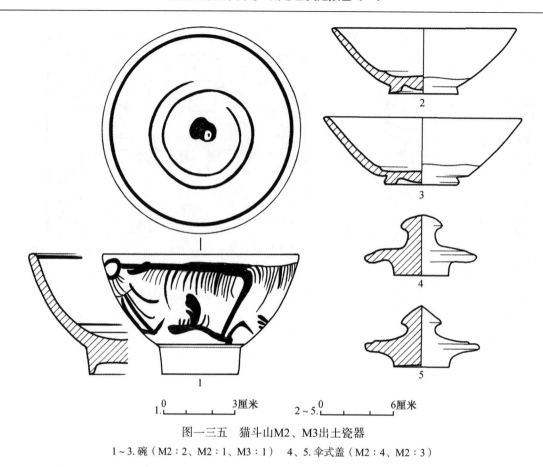

1. _____0_____3厘米　　　2～5. _____0_____6厘米

图一三五　　猫斗山M2、M3出土瓷器

1～3.碗（M2：2、M2：1、M3：1）　4、5.伞式盖（M2：4、M2：3）

三、M3

（一）墓葬形制

墓圹平面呈长方形。长3.08、宽2.42、深1.06米。

双室墓。方向298°。由封门、墓室组成。两个墓室形制及规格基本相同，以北室为例介绍。

封门　位于墓室西端。由一块石板横向立砌而成。宽1.12、高0.84、厚0.15米。

墓室　平面呈长方形。长2.46、宽0.78、高0.84米。顶为平顶，由四块长方形石板横向平铺而成。两侧壁由四块石板横向立砌而成。后壁由一块石板立砌而成。底部由一块石板平铺而成（图一三六）。

葬具　出土铁棺钉，推测葬具可能为木棺。

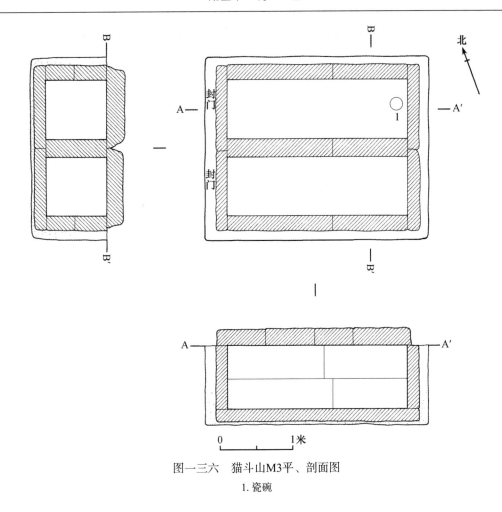

图一三六 猫斗山M3平、剖面图
1. 瓷碗

（二）随葬器物

出土随葬品为1件瓷碗。出土于北室后部。

碗 1件。M3：1，红胎，酱釉，内外壁底部无釉。敞口，斜腹，圈足。口径16.2、足径6.2、高5.3厘米（图一三五，3；图版五八，2）。

四、M4

（一）墓葬形制

墓圹平面呈长方形。长3.5、宽2.74、深1.48米。

双室墓。方向3°。由封门、墓室组成。两个墓室形制及规格基本相同，以东室为例介绍。

封门 位于墓室北端。由三块石板横向立砌而成。宽1.18、高1.28、厚0.2米。

墓室 平面呈长方形。长2.59、宽0.85、高1.28米。顶为平顶，由一块石板平铺而成。两侧壁由三块石板立砌而成。后壁由五块石板立砌而成，形成一龛。龛立面大致呈方形。龛底高出墓底0.4米，宽0.42、进深0.16、高0.48米。底部由四块石板平铺而成（图一三七）。

　　葬具　出土铁棺钉，推测葬具可能为木棺。

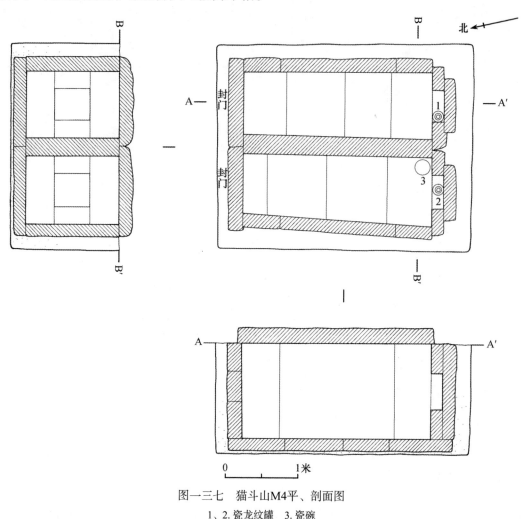

图一三七　猫斗山M4平、剖面图
1、2.瓷龙纹罐　3.瓷碗

（二）随葬器物

　　出土随葬品皆为瓷器，共3件，包括龙纹罐2件、碗1件。M4：1、M4：2分别出土于两个墓室后龛中，M4：3出土于西室靠近后壁处。

　　龙纹罐　2件。M4：1，暗红胎，靠近圈足腹部以上皆施酱黑釉。敛口，弧肩，桶形腹，圈足。肩腹部堆塑一龙戏珠纹饰。口径5.9、最大径15.2、足径9.4、通高20.4厘米。带盏式盖，灰胎。口内收，平底。口径7.3、最大径8.2、底径4.6、高2厘米（图一三八，1；图版六〇，4）。M4：2，灰黑胎，靠近圈足腹部以上皆施酱釉。敛口，弧肩，分段式曲腹，腹部纵切面呈波浪形，最大径在下腹部，圈足。肩腹部纵向堆塑数个脊形纽，肩腹部堆塑一龙戏珠纹饰。口径5.8、最大径15.6、足径9.4、通高21.4厘米。带伞式盖，灰胎。圆形纽，平底。纽径2、盖

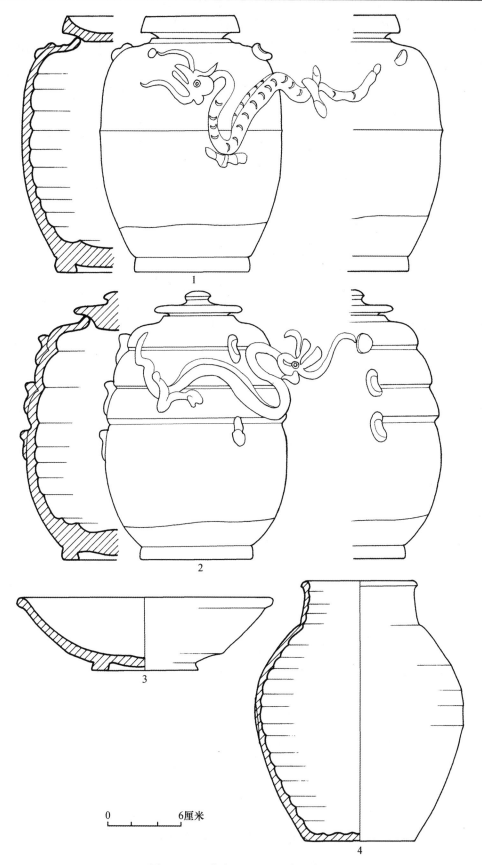

图一三八 猫斗山M4、M5出土瓷器

1、2.龙纹罐（M4：1、M4：2） 3.碗（M4：3） 4.罐（M5：1）

径7.1、底径3.6、高3.3厘米（图一三八，2；图版六〇，5）。

碗　1件。M4：3，红胎，酱釉，内外壁底部无釉。敞口，斜腹，圈足。口径21.2、足径8.8、高5.7厘米（图一三八，3；图版五八，1）。

五、M5

（一）墓葬形制

墓圹平面呈长方形。长1.8、宽0.85、深0.56米。

单室墓。方向291°。由封门、墓室组成。

封门　位于墓室西端。由一块石板横向立砌而成。宽0.67、高0.43、厚0.1米。

墓室　平面呈长方形。长1.4、宽0.45、高0.43米。顶部已经被破坏。两侧壁由长方形石板立砌而成。后壁由一块石板立砌而成。底部由三块石板平铺而成（图一三九）。

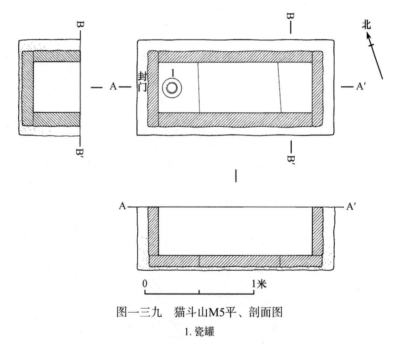

图一三九　猫斗山M5平、剖面图
1.瓷罐

（二）随葬器物

出土随葬品为1件瓷罐。出土于墓室靠近封门处。

罐　1件。M5：1，红胎，酱釉，腹部中间以下无釉，有流釉现象。敞口，圆唇，溜肩，鼓腹，平底。通体饰弦纹。口径9.8、最大径17.4、底径9.4、高20.8厘米（图一三八，4；图版五九，4）。

第五节 庙儿山（金龙村）石室墓

位于简阳市石板凳镇金龙村一组，小地名为庙儿山，墓地编号为"2016JSJM"。中心地理坐标为东经104°28′45″、北纬30°18′40″，海拔410米。地貌原为小山丘，墓葬分布在半山腰上。共发现墓葬2座，1座双室墓、1座单室墓。

一、M1

（一）墓葬形制

墓圹平面呈长方形。长3.5、宽2.94、深1.74米。

双室墓。方向199°。由封门、墓室组成。两个墓室形制及规格基本相同，以西室为例介绍。

封门 位于墓室南端。由一块长方形石板横向立砌而成。宽1.42、高1.4、厚0.3米。

墓室 平面呈长方形。长2.67、宽1.01、高1.3米。从后壁石块形状推测原为券顶。两侧壁各由五块石板立砌而成。后壁由两块石板横向立砌而成。底部先平铺一块石板，其上中间位置平铺四块石板作为棺台。棺台长2.52、宽0.88、高0.04米。棺台与两侧壁及后壁之间留出空隙形成排水沟，两侧排水沟宽0.06米，后侧排水沟宽0.08米（图一四〇）。

（二）随葬器物

出土随葬品皆为瓷器，共2件，包括盏式盖1件、罐1件。

盏式盖 1件。M1∶1，灰黑胎，除底部外施酱黑釉。口内收，平底略内凹。口径8.2、底径4.2、高2.5厘米（图一四一，2；图版五七，5）。

罐 1件。M1∶2，红胎，无釉。敞口，圆唇，束颈，鼓腹，平底略内凹。口径7.2、最大径11.6、底径7.6、高13.8厘米（图一四一，1）。

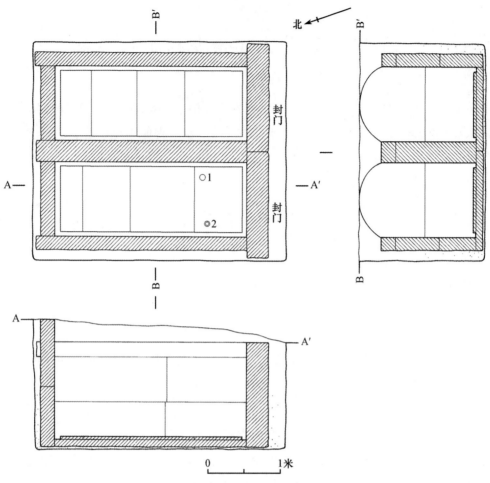

图一四〇　庙儿山（金龙村）M1平、剖面图
1.瓷盏式盖　2.瓷罐

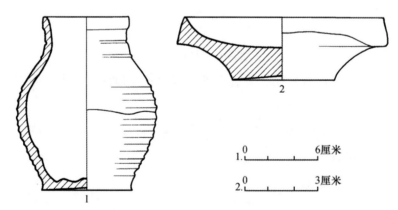

图一四一　庙儿山（金龙村）M1出土瓷器
1.罐（M1：2）　2.盏式盖（M1：1）

二、M2

（一）墓葬形制

墓圹平面呈梯形。长2.09、宽0.52~0.74、深0.53米。

单室墓。方向196°。由封门、墓室组成。

封门　位于墓室南端。由一块石板立砌而成。宽0.42、高0.52、厚0.12米。

墓室　平面呈梯形。长1.8、宽0.3~0.42、高0.46米。两侧壁各由两块石板立砌而成。后壁由一块石板立砌而成。底部由五块石板平铺而成（图一四二）。

（二）随葬器物

该墓盗扰严重，未出土随葬品。

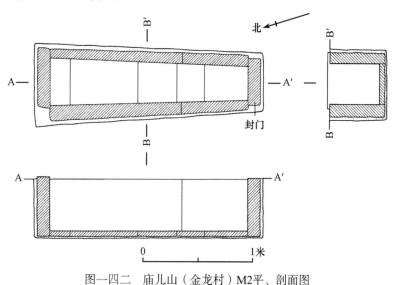

图一四二　庙儿山（金龙村）M2平、剖面图

第六节　马鞍山石室墓

位于简阳市石板凳镇三圣村二组，小地名为马鞍山，墓地编号为"2016JSSM"。中心地理坐标为东经104°26′14″、北纬30°18′53″，海拔460米。墓地处于半山腰。共发掘墓葬2座，均为四室墓（图版五六，1）。

一、M1

（一）墓葬形制

墓圹平面呈长方形。长4.32、宽6.16、深2.28米。

四室墓。方向174°。由封门、甬道、墓室组成。四个墓室形制及规格基本相同。以西一室为例介绍。

封门　位于甬道南端。由数块石板横向立砌而成，现残存一块。宽1.48、高0.92、厚0.2米。

甬道　位于墓室南端。平面呈横长方形。宽1.08、进深0.28、高1.8米。

墓室　平面呈长方形。长3.24、宽1.08、高1.74米。顶由叠涩顶和券顶组成，靠近甬道和后壁处为叠涩顶，中部为券顶。两侧壁由数块石板立砌而成，西壁形成三个龛。各龛形制及规格基本相同，龛立面呈长方形。龛底高出棺台0.28米，宽0.4、进深0.1、高1.04米。后壁由数块石板立砌而成，在中间向内凿出龛。龛立面呈竖长方形，上部呈连弧状。龛底高出棺台0.4米，宽0.48、进深0.16、高0.84米。底部四壁先平铺一层地栿石，其上平铺一块石板作为棺台。棺台长2.64、宽0.72、高0.12米。棺台与两侧壁及后壁之间留出空隙形成排水沟，两侧排水沟宽0.2米，后侧排水沟宽0.08米（图一四三）。

（二）随葬器物

该墓盗扰严重，未出土随葬品。

二、M2

（一）墓葬形制

墓圹平面呈长方形。长4.47、宽6.53、深2.08米。

四室墓。方向172°。由封门、甬道、墓室组成。四个墓室形制及规格基本相同。以西一室为例介绍。

封门　位于甬道南端。由数块石板横向立砌而成，现残存一块。宽1.6、残高0.99、厚0.27米。

甬道　位于墓室南端。平面呈横长方形。宽0.92、进深0.52、高1.54米。

墓室　平面呈长方形。长2.48、宽1.01、高1.8米。顶为叠涩顶。两侧壁由数块石板立砌

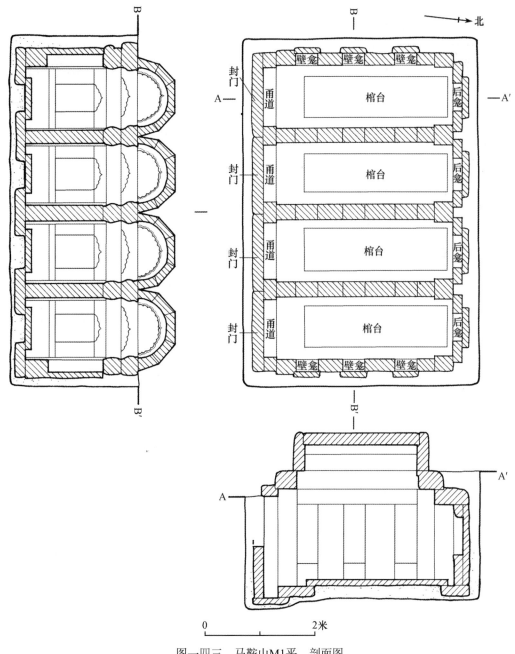

图一四三 马鞍山M1平、剖面图

而成，西壁形成两个龛。龛形制及规格基本相同，龛立面呈长方形。龛底高出棺台0.28米，宽0.44、进深0.12、高1.36米。后壁由数块石板立砌而成，在中部向内凿出龛。龛立面呈长方形，上部呈连弧状。龛底高出棺台0.36米，宽0.48、进深0.12、高0.52米。底部四壁先平铺一层地栿石，其上平铺一块石板作为棺台。棺台长2.66、宽0.6、高0.12米。棺台与两侧壁及后壁之间留出空隙形成排水沟，两侧排水沟宽0.16～0.2米，后侧排水沟宽0.08米（图一四四）。

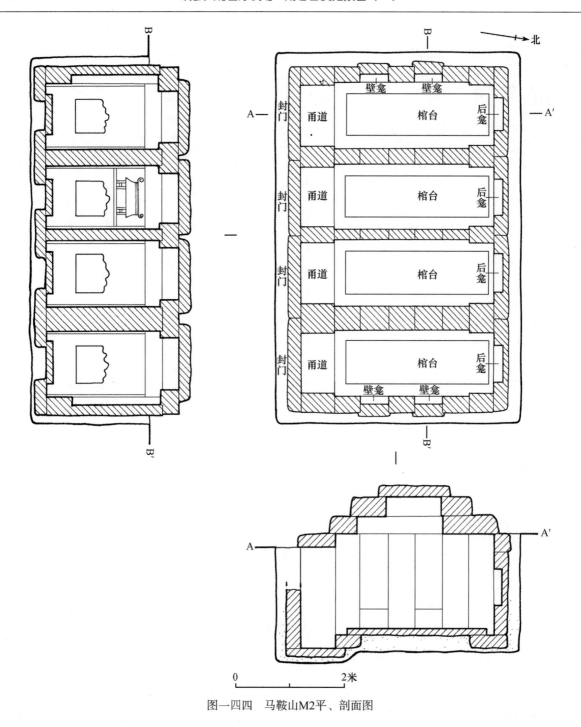

图一四四　马鞍山M2平、剖面图

（二）随葬器物

该墓盗扰严重，未出土随葬品。

第七节 竹林湾石室墓

位于简阳市石板凳镇莲花村九组，小地名为竹林湾，墓地编号为"2016JSLZ"。中心地理坐标为东经104°29′58″、北纬30°17′56″，海拔428米。墓葬位于山坡半山腰。发掘墓葬1座，为双室墓。

M1

（一）墓葬形制

墓圹平面呈长方形。长3.78、宽2.84、深1.84米。

双室墓 方向75°。由封门、甬道、墓室组成。两个墓室形制及规格基本相同，以南室为例介绍。

封门 位于甬道东端。由数块石板横向立砌而成，现残存两块。宽1.28、残高1.1、厚0.1米。

甬道 位于墓室东端。平面呈横长方形。底部横向平铺一块石板，两端各立一块石板。宽0.96、进深0.44、高1.84米。

墓室 平面呈长方形。长2.82、宽0.96、高1.55米。顶为叠涩顶，由石板横向平砌。两侧壁由数块石板立砌而成，两侧壁各砌出两个龛。南侧两个龛形制及规格基本相同，龛立面呈长方形，龛底与墓底同高。宽0.4、进深0.09米。后壁由五块石板砌筑而成，中间形成龛。龛底距棺台高0.5米，宽0.45、进深0.14、高0.36米。北室后壁顶部雕刻双重屋檐顶。底部四壁先平铺一层地栿石，其上置棺台。棺台由三块石板平铺而成。长2.52、宽0.75、高0.1米。棺台与两侧壁之间留出空隙形成排水沟，宽0.1米（图一四五）。

（二）随葬器物

该墓盗扰严重，未出土随葬品。

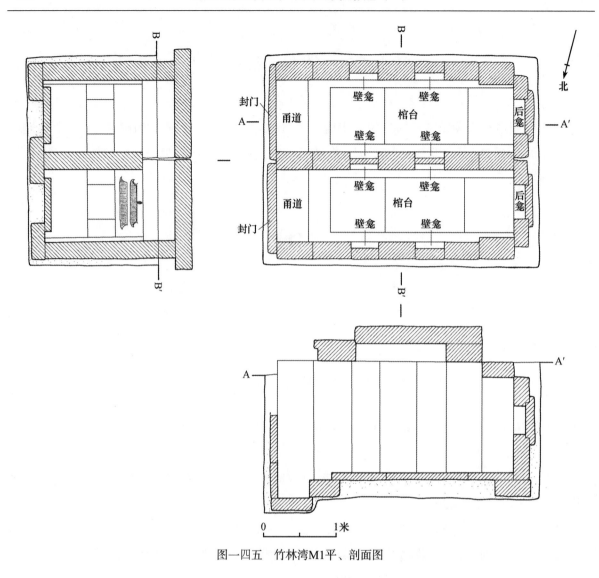

图一四五　竹林湾M1平、剖面图

第八节　大坟山石室墓

　　位于简阳市石板凳镇幸福村八组，小地名为大坟山，墓地编号为"2016JSXD"。中心地理坐标为东经104°28′20″、北纬30°18′44″，海拔425米。发现墓葬1座，为双室墓。

M1

（一）墓葬形制

　　墓圹平面呈长方形。长3.1、宽2.9、深1.4～1.6米。

　　双室墓。方向122°。由封门、墓室组成。两个墓室形制及规格基本相同，以西室为例介绍。

封门 位于墓室南端。由数块石板横向立砌而成，现残存一块。宽1.18、残高0.2、厚0.1米。

墓室 平面呈长方形。长2.61、宽0.89、高1.28米。顶由叠涩顶和券顶组成，靠近后壁处为叠涩顶，中部为券顶，前部顶已被破坏。两侧壁由数块石板立砌而成。后壁由一块石板立砌而成，在中部向内凿出龛。龛立面呈横长方形。龛底高出棺台0.46米，宽0.52、进深0.13、高0.28米。后壁上有雕刻。最下部为奔跑的鹿，颈部有两根绶带，其上为案，顶部为屋檐，与后龛一道形成案上楼阁形象。底部四壁先平铺一层地栿石，其上立砌石板为墓壁。棺台平铺于地栿石上。棺台平面呈长方形。长2.44、宽0.76、高0.04米。棺台与两侧壁之间留出空隙形成排水沟，宽0.06~0.08米（图一四六）。

葬具 墓内出土铁棺钉，推测葬具可能为木棺。

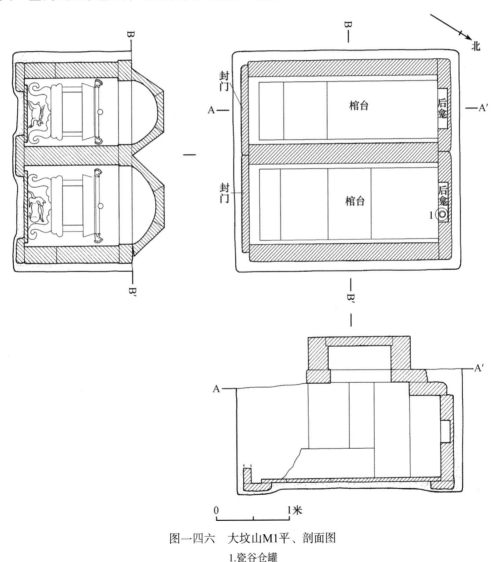

图一四六 大坟山M1平、剖面图

1.瓷谷仓罐

（二）随葬器物

出土随葬品为1件瓷谷仓罐，出土于东室后龛内。

谷仓罐　1件。M1∶1，暗红胎，器表除足部外皆施酱黑釉。侈口，圆唇，弧肩，分段式曲腹，腹部纵切面呈波浪形，最大径在下腹部，圈足。肩腹部纵向堆塑三组各五个脊形纽。口径7.6、最大径15.8、足径10.2、通高26.8厘米。带盏式盖，灰胎，除底部外施酱黑釉。口内收，平底。口径6.6、最大径7.6、底径3.4、高2.4厘米（图一四七）。

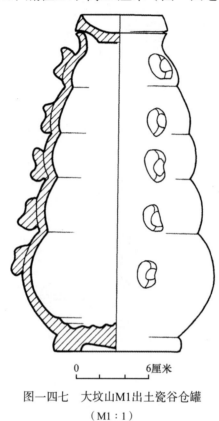

0　　　　6厘米

图一四七　大坟山M1出土瓷谷仓罐
（M1∶1）

第九节　何家坟石室墓

位于简阳市石板凳镇金龙村四组，小地名为何家坟，墓地编号为"2016CJJH"。中心地理坐标为东经104°28′17″、北纬30°18′42″，海拔421米。墓葬处于半山腰。共发现墓葬2座，1座单室墓，1座双室墓。

一、M1

（一）墓葬形制

墓圹平面呈长方形。长4.88、宽3.32、深2.16米。

双室墓。方向340°。由封门、甬道、前室、墓门、后室组成。两个墓室形制及规格基本相同，以东室为例介绍。

封门 位于甬道北端。由三块石板横向立砌而成。宽1.44、高1.84、厚0.2米。

甬道 位于前室北端。平面呈横长方形。宽1.04、进深0.56、高1.84米。

前室 位于墓门北端。平面呈横长方形。长0.64、宽1.04、高1.6米。顶为叠涩顶。东侧壁由一块石板立砌而成，形成一个龛。龛宽0.48、进深0.12、高1.6米。中间以过洞与西室相通。

墓门 位于后室北端。由两扇格子门组成，西侧一扇已被破坏。格眼立面为长方形，内雕刻菱形纹饰。腰板立面呈横长方形，内雕刻壶门图像。障水立面为长方形。

后室 平面呈长方形。长2.57、宽1.04、高1.7米。顶为券顶。两侧壁各由数块石板立砌而成。后壁由数块石板立砌而成，中间形成一个龛。龛立面呈正方形。龛底高出棺台0.52米，宽0.44、进深0.2、高0.4米。后龛下部有长方形雕刻，其内雕刻壶门图像，上部雕刻花卉图像。底部先平铺两块石板为墓底，其上中间位置平铺三块石板作为棺台。棺台长2.5、宽0.8、高0.08米。棺台与两侧壁之间留出空隙形成排水沟，宽0.08～0.12米（图一四八）。

葬具 墓室内出土铁质棺钉，推测可能为木棺。

（二）随葬器物

该墓盗扰严重，未出土随葬品。

二、M2

（一）墓葬形制

墓圹平面呈长方形。长2.82、宽1.1、深1.44米。

单室墓。方向294°。

墓室 平面呈长方形。长2.48、宽0.75、残高1.3米。顶部已被破坏。两侧壁各由三块石板立砌而成。前后壁由一块石板立砌而成。底部由四块石板平铺而成（图一四九）。

葬具 墓室内出土铁棺钉，推测葬具可能为木棺。

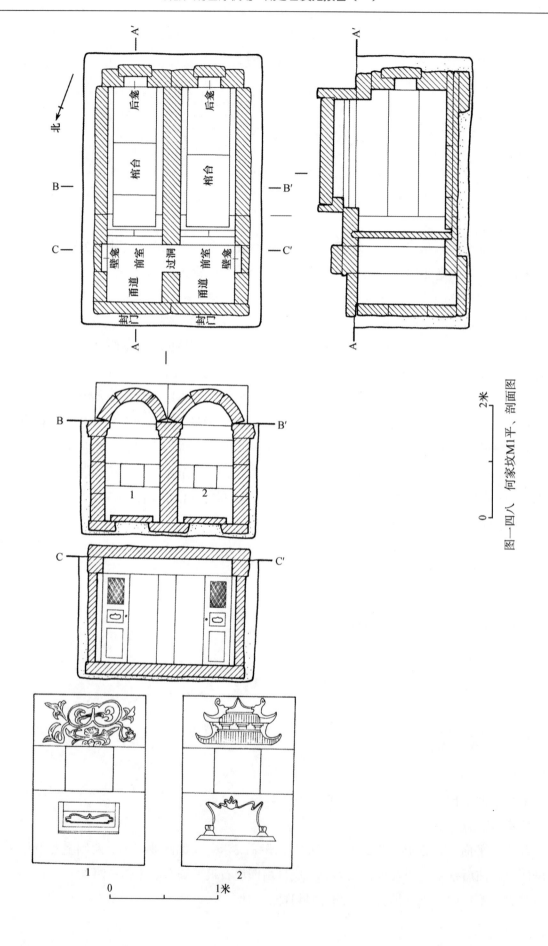

图一四八　何家坟M1平、剖面图

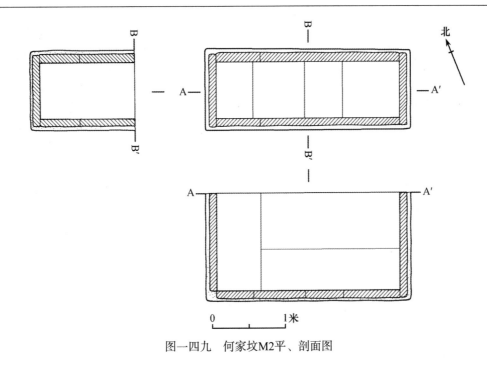

图一四九 何家坟M2平、剖面图

（二）随葬器物

该墓盗扰严重，未出土随葬品。

第十节 核桃沟墓地

位于简阳市石板凳镇莲花村七组，小地名为核桃沟，墓地编号为"2016JSLH"。中心地理坐标为东经104°26′35″、北纬30°19′37″，海拔420米。共发掘墓葬4座，2座为单室墓，2座为多室墓。

一、M1

（一）墓葬形制

墓圹平面呈长方形。长3.84、宽2.92、深1.46米。

双室墓。方向229°。由封门、甬道、墓室组成。两个墓室形制及规格基本相同，以北室为例介绍。

封门 位于甬道西端。由数块石板横向立砌而成，现存两层。宽1.28、残高0.75、厚

0.15米。

　　甬道　位于墓室西端。平面呈横长方形。底部平铺一块石板，两端各立一块石板。宽0.88、进深0.52、高1.42米。

　　墓室　平面呈长方形。长2.39、宽0.92、高1.42米。顶部已被破坏。两侧壁由数块石板立砌而成。后壁由五块石板立砌而成，形成一龛。龛立面大致呈长方形。龛底高出墓底0.44米，宽0.4、进深0.16、高0.59米。底部由四块石板横向平铺而成（图一五〇）。

（二）随葬器物

该墓盗扰严重，未出土随葬品。

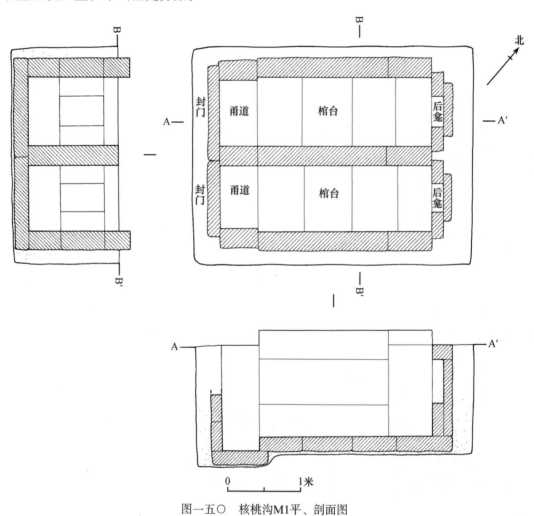

图一五〇　核桃沟M1平、剖面图

二、M2

（一）墓葬形制

墓圹平面呈长方形。长3.39、宽3.87、残深1.34米。

三室墓。方向249°。由封门、墓室组成。三个墓室形制及规格基本相同，以中室为例介绍。

封门 位于墓室西端。由数块石板立砌而成，现残存一层。宽1.04、残高0.64、厚0.25米。

墓室 平面呈长方形。长2.28、宽0.84、高1.1米。顶部已被破坏。两侧壁各由三块石板立砌而成。后壁由两块石板立砌而成，在下部石板上直接向内凿出龛。龛立面呈长方形。龛底高出墓底0.38米，宽0.4、进深0.14、高0.32米。底部由四块石板平铺而成（图一五一）。

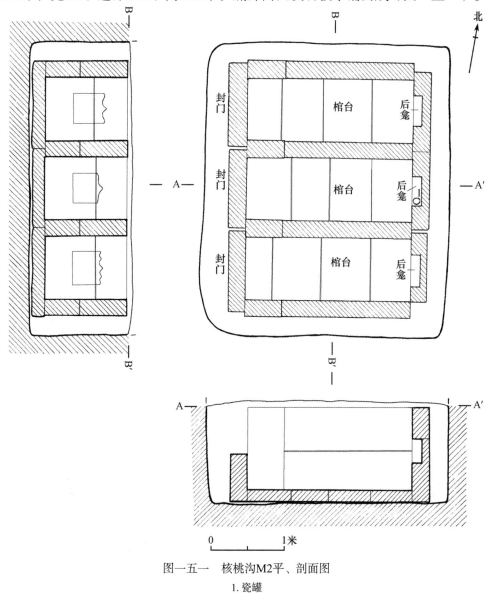

图一五一 核桃沟M2平、剖面图

1. 瓷罐

（二）随葬器物

出土随葬品为1件瓷罐，出土于中室后龛中。

罐　1件。M2：1，红胎，酱釉，腹部中间以下无釉，有流釉现象。敞口，圆唇，溜肩，鼓腹，平底内凹。口径8.4、最大径12.4、底径6.4、高14厘米（图一五二，3）。

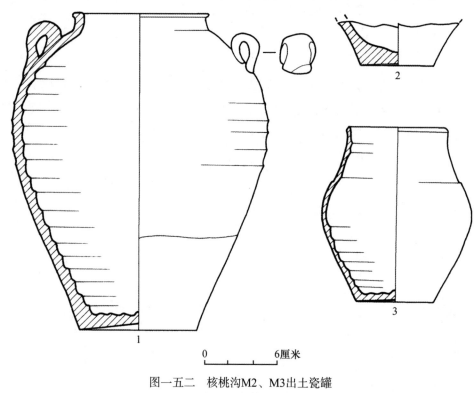

0　　　　　6厘米

图一五二　核桃沟M2、M3出土瓷罐
1. M3：1　2. M3：2　3. M2：1

三、M3

（一）墓葬形制

墓圹平面略呈梯形。长3.44、宽1.54～1.6、深1.18米。

单室墓。方向264°。由封门、甬道、墓室组成。

封门　位于甬道西端。由数块石板横向立砌而成，现残存两层。宽1.48、残高0.46、厚0.23米。

甬道　位于墓室西端。平面呈横长方形。底部平铺一块石板，两端各立一块石板。两侧壁上各雕刻一花瓶。宽0.7、进深0.46、高1.24米。

墓室 平面略呈长方形。长2.54、宽0.7～0.82米。顶部已被破坏，仅残存一块平铺的石板。两侧壁由数块石板立砌而成，各形成两个龛。各龛形制及规格基本相同，龛立面呈长方形。龛底高出棺台0.22米，宽0.4、进深0.08、高0.94米。后部第二块侧壁上雕刻兔衔灵芝图像。后壁由数块石板砌成，中部位置形成一龛。龛立面大致呈长方形。龛底高出棺台0.22米，宽0.37、进深0.16、高0.58米。龛下侧雕刻弧形纹饰，上部雕刻连弧纹，龛内似雕刻花叶，风化较严重。底部四壁先平铺一层石板为地栿石，其上平铺五块石板作为棺台，平面呈长方形。长2.28、宽0.57、高0.08米。棺台与两侧壁及后壁之间留出空隙形成排水沟，两侧排水沟宽0.12米，后侧排水沟宽0.1米（图一五三）。

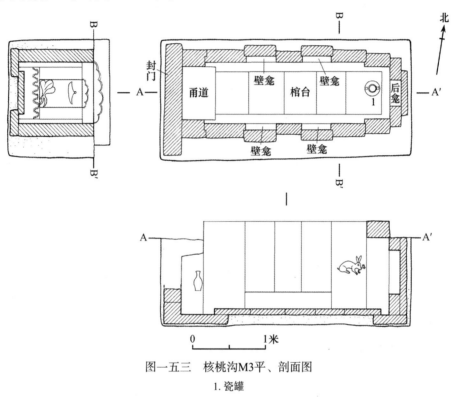

图一五三　核桃沟M3平、剖面图
1. 瓷罐

（二）随葬器物

出土随葬品为2件瓷罐，M3：1出土于棺台靠近后龛处，M3：2出土于墓葬扰土中。

罐 2件。M3：1，灰黑胎，酱釉，底部无釉，有流釉现象。敞口，平唇，束颈，肩部贯双耳，鼓腹，最大腹径位于器身中部偏上位置，平底内凹。腹部饰弦纹。口径11.4、最大径21.4、底径9.8、高25.4厘米（图一五二，1；图版五八，5）。M3：2，红胎，酱釉。上部已残，平底略内凹。底径6、残高3.4厘米（图一五二，2）。

四、M4

（一）墓葬形制

墓圹平面呈长方形。长3.05、宽1.72、深1.06米。

单室墓。方向266°。由封门、墓室组成。

封门　位于墓室西端。由数块石板横向立砌而成，现残存一块。宽1.1、残高0.53、厚0.13米。

墓室　平面呈梯形。长2.41、宽0.75～0.8、高0.9米。两侧壁各由两块石板横向立砌而成。后壁由一块石板立砌而成。底部由四块石板平铺而成（图一五四）。

（二）随葬器物

该墓盗扰严重，未出土随葬品。

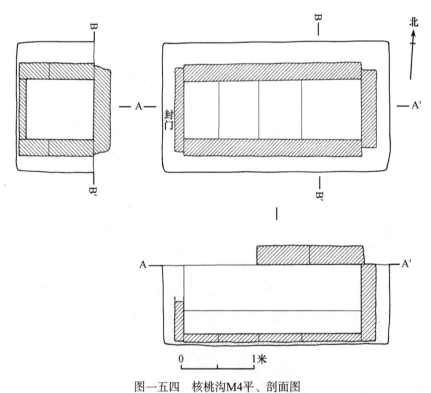

图一五四　核桃沟M4平、剖面图

第十一节　生基坡墓地

位于简阳市石板凳镇金龙村四组，小地名为生基坡，墓地编号为"2016JSJS"。中心地理坐标为东经104°28′47″、北纬30°18′26″，海拔411米。墓葬位于半山腰处。共发掘墓葬3座，皆为多室墓。

一、M1

（一）墓葬形制

墓圹平面呈长方形。长3.38、宽3.08、深1.54米。

三室墓。方向146°。由封门、甬道、墓室组成。三个墓室形制及结构基本相同，以西室为例介绍。

封门　位于甬道南端。已破坏，从底部痕迹可见原封门厚约0.1米。

甬道　位于墓室南端。平面呈横长方形。底部平铺一块石板，两侧各立砌一块石板。宽0.8、进深0.5米。

墓室　平面呈长方形。长2.28、宽0.8、高1.34米。顶部残存一块平铺的石板，推测为平顶。两侧壁由数块石板立砌而成。后壁由三块石板横向立砌而成。底部由五块石板平铺而成（图一五五）。

（二）随葬器物

该墓盗扰严重，未出土随葬品。

二、M2

（一）墓葬形制

墓圹平面呈长方形。长2.74、宽3.3、深1.12米。

三室墓。方向143°。由封门、墓室组成。三个墓室形制及规格基本相同，以西室为例介绍。

封门　位于墓室南端。由数块石板横向立砌而成，现残存一块。宽1.05、残高0.23、厚

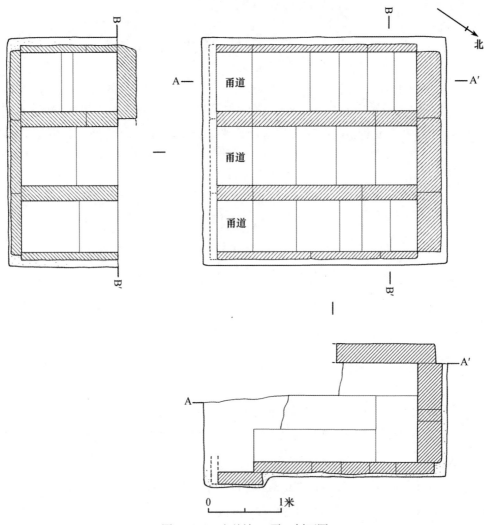

图一五五　生基坡M1平、剖面图

0.1米。

　　墓室　平面呈长方形。长2.34、宽0.76、高1.02米。顶为平顶，由长方形石板平铺而成，现残存三块。两侧壁由三块石板立砌而成。后壁由一块石板立砌而成。底部由五块石板横向平铺而成（图一五六）。

（二）随葬器物

该墓盗扰严重，未出土随葬品。

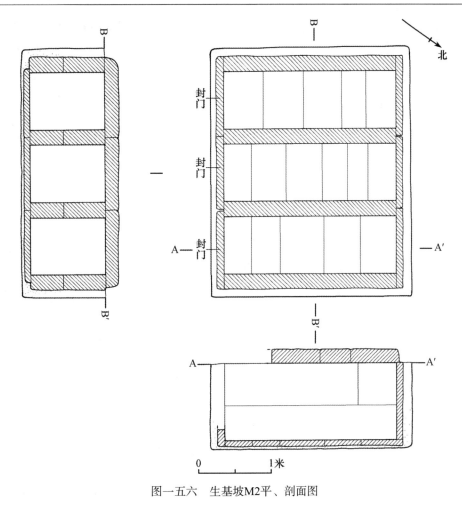

图一五六 生基坡M2平、剖面图

三、M3

（一）墓葬形制

墓圹平面呈长方形，长3.61、宽2.72、深1.46米。

双室墓。方向144°。由封门、甬道、墓室组成。两个墓室形制及规格基本相同，以西室为例介绍。

封门 位于甬道南端。由数块石板横向立砌而成，现残存一块。宽1.24、残高0.4、厚0.18米。

甬道 位于墓室南端。平面呈横长方形。底部平铺一块石板，两端各立砌一块石板。宽0.86、进深0.47米。

墓室 平面呈长方形。长2.57、宽0.9、高1.25米。顶为叠涩顶。西侧壁由数块石板立砌而成，形成两个龛。两龛形制及规格基本相同，龛立面呈长方形。龛底高出棺台0.38米，宽0.28、进深0.12、高0.74米。东侧壁由方块石板立砌而成。后壁由一块石板立砌而成，在中部偏上位置向内凿出一个龛。龛立面大致呈长方形。龛底高出墓底0.44米，宽0.42、进深0.1、高

0.45米。墓底四壁及中部先铺一层地栿石，其上置棺台。棺台由两块石板平铺而成。长2.25、宽0.66、高0.14米。棺台与两侧壁及后壁之间留出空隙形成排水沟，两侧排水沟宽0.1～0.14米，后侧排水沟宽0.04米（图一五七）。

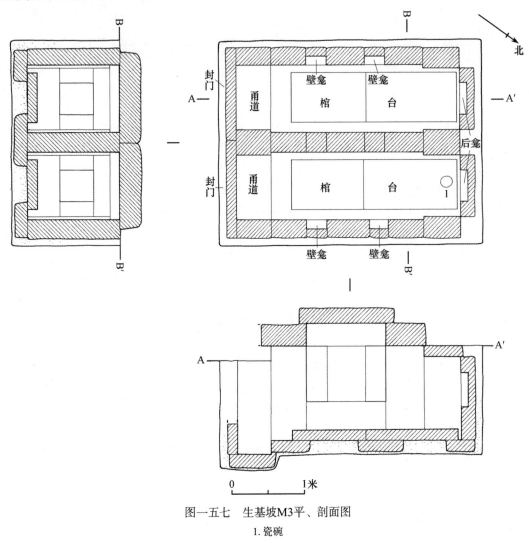

图一五七　生基坡M3平、剖面图
1. 瓷碗

（二）随葬器物

出土随葬品质地有铜、瓷两种，共4件，包括瓷碗1件、瓷器鋬1件、瓷盏式盖1件、铜簪1件。瓷碗出土于东室棺台靠近后龛处，其余出土于墓内扰土中。

1. 瓷器

3件。

碗　1件。M3：1，红胎，除底部外施酱釉。敞口，斜腹，圈足。口径15.2、足径6、高4.6厘米（图一五八，2）。

器鋬 1件。M3：2，红胎，施酱釉。桥形，上部较宽厚。残高5.6厘米（图一五八，1）。

盏式盖 1件。M3：3，灰黑胎，除底部外施酱黑釉。口内收，平底。口径7、底径5.4、高1.8厘米（图一五八，3）。

2. 铜器

1件。

簪 1件。M3：4，方形帽。残长6.8厘米（图一五八，4）。

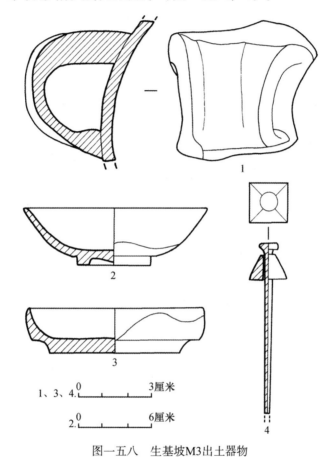

图一五八 生基坡M3出土器物

1. 瓷器鋬（M3：2） 2. 瓷碗（M3：1） 3. 瓷盏式盖（M3：3） 4. 铜簪（M3：4）

第十二节 王家岭墓地

位于简阳市石板凳镇金龙村一组，小地名为王家岭，墓地编号为"2016JSJW"。中心地理坐标为东经104°28′39.17″、北纬30°18′38.84″，海拔约410米。墓葬处于半山腰。共发现墓葬5座，其中M1为三室墓，其余为单室墓。

一、M1

（一）墓葬形制

墓圹平面呈长方形。长3.12、宽3.5、深1.18米。

三室墓。方向288°。由封门、墓室组成。三个墓室形制及规格基本相同，以南室为例介绍。

封门　位于墓室西端。由数块石板横向立砌而成，现残存一块。宽1.01、残高0.4、厚0.1米。

墓室　平面呈长方形。长2.42、宽0.78、高1.04米。顶为平顶，残存三块石板，横向平铺而成。侧壁由两块石板横向立砌而成。后壁由一块石板立砌而成。底部由四块石板横向平铺而成（图一五九）。

葬具　墓室内出土铁棺钉，推测葬具可能为木棺。

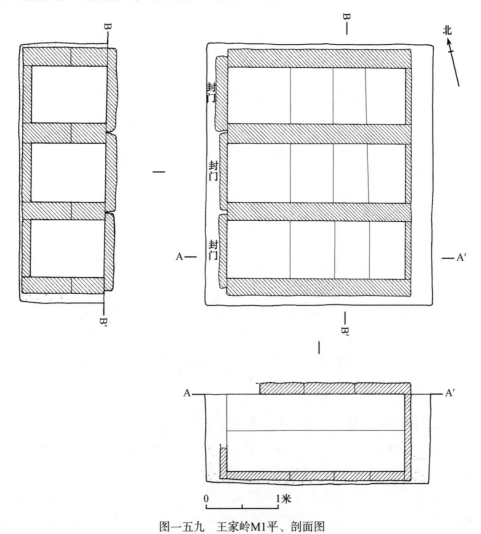

图一五九　王家岭M1平、剖面图

（二）随葬器物

该墓盗扰严重，未出土随葬品。

二、M2

（一）墓葬形制

墓圹平面呈长方形。长2.03、宽1.02、深0.49米。

单室墓。方向280°。由封门、墓室组成。

封门　位于墓室西端。已被破坏，从残留痕迹可见其厚约0.07米。

墓室　平面呈长方形。长1.8、宽0.49、高0.4米。顶为平顶，由长方形石板横向平铺而成，现残存三块石板。两侧壁各由两块石板横向立砌而成。后壁由两块石板横向立砌而成。底部由四块石板横向平铺而成（图一六〇）。

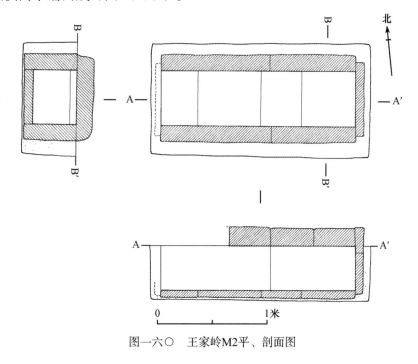

图一六〇　王家岭M2平、剖面图

（二）随葬器物

该墓盗扰严重，未出土随葬品。

三、M3

（一）墓葬形制

墓圹平面呈长方形。长2.76、宽1.07、深1.18米。

单室墓。方向282°。由封门、墓室组成。

封门　位于墓室西端。由数块石板横向立砌而成。现残存一块。宽0.79、残高0.28、厚0.2米。

墓室　平面呈长方形。长2.22、宽0.66、高1.1米。顶部前半部分已被破坏，从残存部分可推测原为叠涩顶。两侧壁由数块石板砌成，各形成一龛。龛立面呈横长方形。龛底高出墓底0.46米，宽1.26、进深0.1、高0.64米。后壁由一块石板立砌而成，在中部向内凿出龛。龛立面呈长方形。龛底高出墓底0.34米，宽0.4、进深0.2、高0.56米。底部由六块石板横向平铺而成（图一六一）。

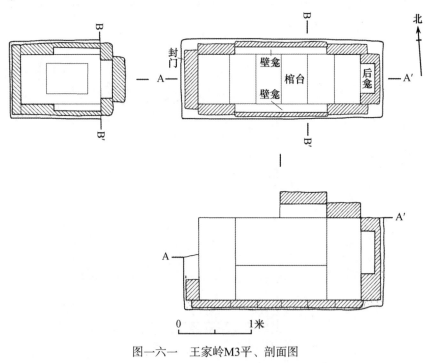

图一六一　王家岭M3平、剖面图

（二）随葬器物

该墓盗扰严重，未出土随葬品。

四、M4

（一）墓葬形制

墓圹平面呈长方形。长2.36、宽0.92、深0.52米。

单室墓。方向269°。由封门、墓室组成。

封门　位于墓室西端。已被破坏，从残留痕迹可见其厚约0.05米。

墓室　平面呈长方形。长2.09、宽0.47、高0.42米。顶部由长方形石板平铺而成，现残存四块。两侧壁各由一块石板横向立砌而成。后壁由一块石板立砌而成。底部由六块石板横向平铺而成（图一六二）。

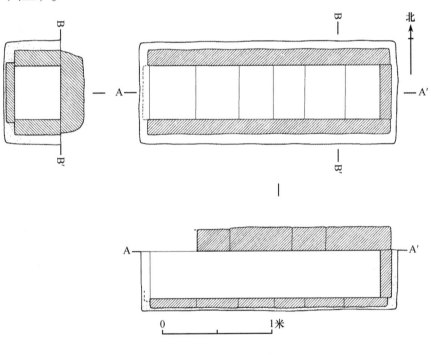

图一六二　王家岭M4平、剖面图

（二）随葬器物

该墓盗扰严重，未出土随葬品。

五、M5

（一）墓葬形制

墓圹平面呈长方形。长2.72、宽1.08、深0.95米。

单室墓。方向266°。

墓室　平面呈长方形。长2.28、宽0.65、高0.89米。两侧壁各由两块石板横向立砌而成。前后壁各由两块石板横向立砌而成。底部由五块石板横向平铺而成（图一六三）。

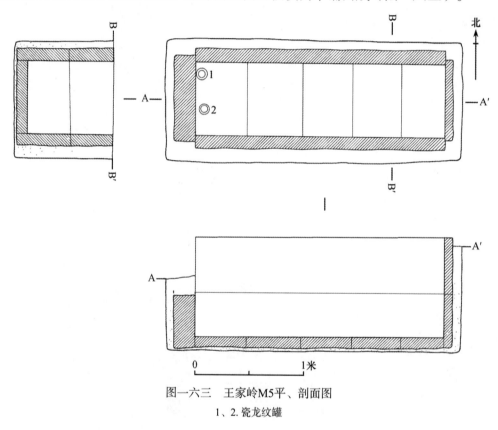

图一六三　王家岭M5平、剖面图

1、2.瓷龙纹罐

（二）随葬器物

出土随葬品皆为瓷龙纹罐，共2件。出土于墓室西侧靠近墓壁处。

龙纹罐　2件。M5：1，暗红胎，器表除足部外皆施酱釉。侈口，弧肩，分段式曲腹，腹部纵切面呈波浪形，最大径在下腹部，圈足。肩腹部堆塑一龙戏珠纹饰。口径6、最大径14、足径8.8、通高19.4厘米。带盏式盖，灰胎，除底部外均施酱黑釉。口略内收，平底。口径7.1、底径3.6、高2厘米（图一六四，2）。M5：2，灰黑胎，靠近圈足腹部以上皆施酱黑釉。侈口，弧肩，桶形腹，圈足。肩腹部堆塑一龙戏珠纹饰。口径6.4、最大径14.4、足径8.8、高18.2厘米（图一六四，1）。

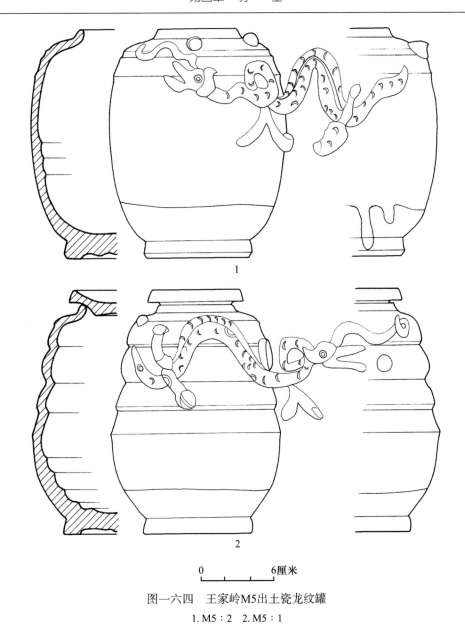

图一六四　王家岭M5出土瓷龙纹罐

1. M5∶2　2. M5∶1

第十三节　家蛋湾石室墓

位于简阳市石板凳镇三圣村八组，小地名为家蛋湾，墓地编号为"2016JSSJ"。中心地理坐标为东经104°26′24″、北纬30°19′24″，海拔440米。共发掘墓葬2座，1座单室墓，1座双室墓。

一、M1

（一）墓葬形制

墓圹平面呈长方形。长5.08、宽3.32、深1.8米。

双室墓。方向220°。由封门、甬道、墓室组成。两个墓室形制及规格基本相同，以西室为例介绍。

封门　位于甬道南端。由数块石板横向立砌而成，现残存一块。宽1.36、残高0.74、厚0.15米。

甬道　位于墓室南端。平面呈横长方形。底部平铺一块石板，两端各立一块石板。宽0.91、高1.76、进深1.01米。

墓室　平面呈长方形。长3.12、宽0.88、高1.44米。顶由平顶、叠涩顶和券顶组成。前部为平顶，中部为券顶，后部为叠涩顶。西侧壁由数块石板立砌而成，形成两个龛。两龛形制及规格基本相同，龛立面呈长方形。龛底高出棺台0.36米，宽0.48、进深0.16、高1.14米。东侧壁由数块石板立砌而成，在中间石板向内凿出两个龛。后壁由数块石板立砌而成，在中部向内凿出龛。龛上部呈连弧状，两角各雕刻一花朵。龛底高出棺台0.36米，宽0.4、进深0.2、高0.64米。底部四壁先平铺一层地栿石，其上立砌石板为墓壁。棺台亦置于地栿石上。棺台平面呈长方形。长2.28、宽0.6、高0.12米。棺台与两侧壁及后壁之间留出空隙形成排水沟，两侧排水沟宽0.2米，后侧排水沟宽0.12米（图一六五）。

（二）随葬器物

该墓盗扰严重，未出土随葬品。

二、M2

（一）墓葬形制

墓圹平面呈长方形。长4.96、宽2.21、深1.86米。

单室墓。方向132°。由封门、甬道、墓室组成。

封门　位于甬道东端。由数块石板横向立砌而成，现残存一块。宽1.68、残高0.48、厚0.2米。

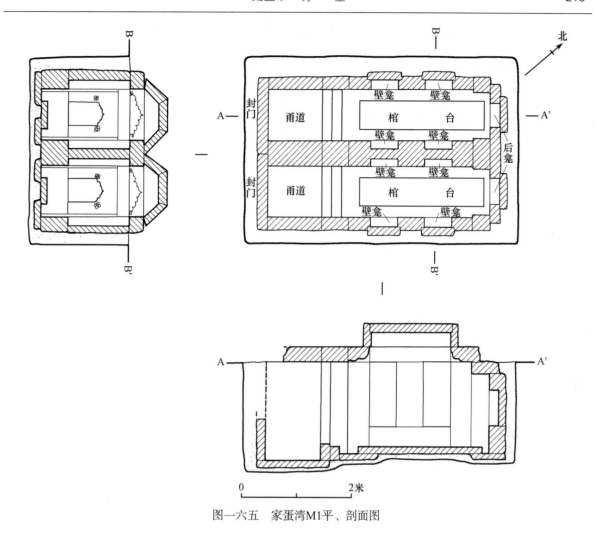

图一六五 家蛋湾M1平、剖面图

甬道 位于墓室东端。宽1.04、进深1.2、高1.45米。底部平铺一块石板，两端各立三块石板。顶由平顶和券顶组成，前后两端为平顶，中部为券顶。左右侧壁形成一对对称的龛。龛立面呈长方形，龛底与甬道底齐平。宽0.48、进深0.2、高1.36米。

墓室 平面呈长方形。长2.8、宽1.12、高1.6米。顶由平顶、叠涩顶和券顶组成。前部为平顶，中部为券顶，后部为叠涩顶。两侧壁由数块石板立砌而成，各形成两个龛。各龛形制及规格基本相同，龛立面呈长方形。龛底高出棺台0.28米，宽0.54、进深0.2、高1米。后壁由数块石板立砌而成，在中部向内凿出龛。龛立面呈长方形，上部呈连弧状。龛底高出棺台0.28米，宽0.48、进深0.16、高0.54米。底部先平铺一层石板，其上中间位置平铺一块石板作为棺台。棺台长2.04、宽0.76、高0.08米。棺台与两侧壁及后壁之间留出空隙形成排水沟，两侧排水沟宽0.2米，后侧排水沟宽0.08米（图一六六）。

（二）随葬器物

该墓盗扰严重，未出土随葬品。

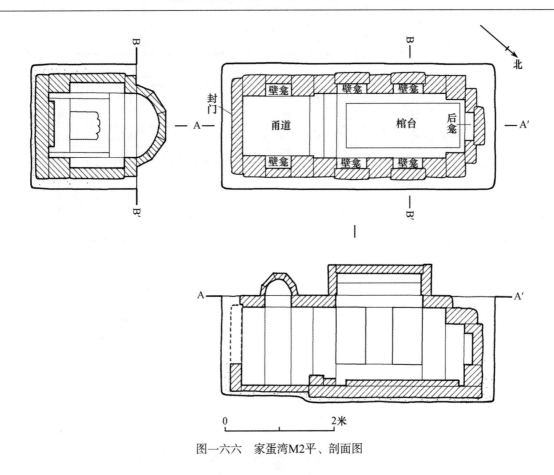

图一六六　家蛋湾M2平、剖面图

第十四节　雷万波坡石室墓

位于简阳市石板凳镇英坛村二组，小地名为雷万波坡，墓地编号为"2016JSYL"。中心地理坐标为东经104°27′25″、北纬30°19′13″，海拔385米。发掘墓葬1座，为六室墓。

M1

（一）墓葬形制

墓圹平面呈长方形。长3.08、宽8.44、深2.08米。

六室墓。方向86°。由封门、甬道、墓室组成。各室形制及规格基本相同，以南二室为例介绍。

封门　位于甬道东端。由数块石板横向立砌而成，现残存一块。宽1.24、残高0.56、厚0.2米。

甬道　位于墓室东端。底部平铺一块石板，两端各立一块石板。宽1、进深0.4、高1.4米。

墓室 平面呈长方形。长1.81、宽1.02、高1.53米。顶为叠涩顶。两侧壁由数块石板立砌而成。南壁形成一龛及一过洞，过洞与南一室相通。过洞底部高出棺台0.36米，宽0.36、高1.08米。北壁形成一龛。龛底高出棺台0.36米，宽0.72、进深0.08、高1.08米。后壁由两块石板横向立砌而成。底部四壁先平铺一层地栿石，其上立砌石板为墓壁。棺台亦置于地栿石上。棺台由两块石板平铺而成，平面呈长方形。长1.6、宽0.52、高0.12米。棺台与两侧壁之间留出空隙形成排水沟，宽0.24～0.28米（图一六七；图版五五，2）。

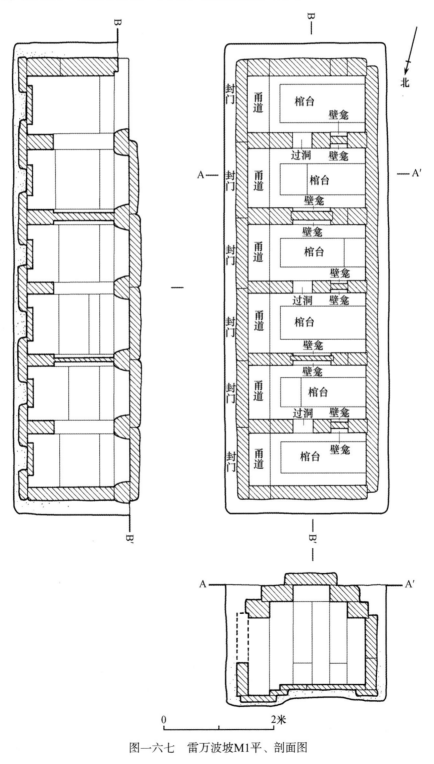

图一六七 雷万波坡M1平、剖面图

（二）随葬器物

该墓盗扰严重，未出土随葬品。

第十五节　长山石室墓

位于简阳市石板凳镇英坛村八组，小地名为长山，墓地编号为"2016JSYC"。中心地理坐标为东经104°27′30″、北纬30°19′29″，海拔444米。发掘墓葬1座，为双室墓。

M1

（一）墓葬形制

墓圹平面呈长方形。长3.18、宽3、深1.58米。

双室墓。方向350°。由封门、墓室组成。两个墓室形制及结构基本相同，以东室为例介绍。

封门　位于墓室北端。已被破坏，从残留痕迹可见其厚约0.15米。

墓室　平面呈长方形。长2.6、宽0.96、高0.84米。顶为券顶，由数块石板砌成。两侧壁皆由三块石板立砌而成。后壁由两块大小不同的长方形石板和一块半圆形石板砌成，半圆形石板上雕刻有扇形、半圆形、花草纹饰。底部由一块石板平铺而成，在东西两侧靠近墓壁处向下凿出排水沟，宽0.04米（图一六八）。

（二）随葬器物

该墓盗扰严重，未出土随葬品。

第十六节　周家大坪墓地

位于简阳市石板凳镇三圣村六组，小地名为周家大坪，墓地编号为"2016JSSZ"。中心地理坐标为东经104°27′1″、北纬30°19′9″，海拔457米。墓葬处于半山腰。共发掘墓葬3座，1座单室墓，2座三室墓。

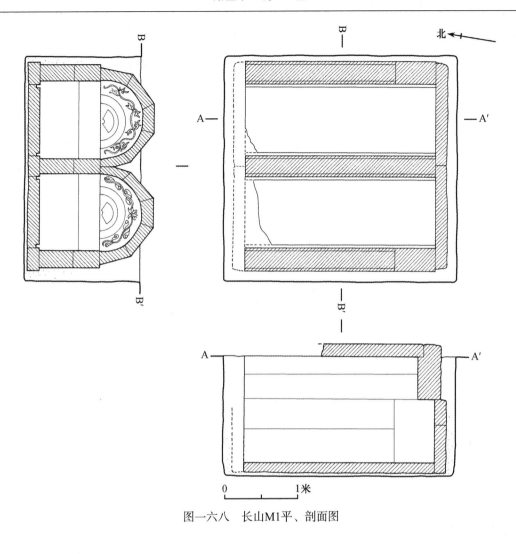

图一六八 长山M1平、剖面图

一、M1

（一）墓葬形制

墓圹平面呈长方形。长3.4、宽4.04、深1.84米。

三室墓。方向110°。由封门、甬道、墓室组成。三个墓室形制及规格基本相同，以中室为例介绍。

封门 位于甬道东端。由一块石板横向立砌而成。宽1.08、高1.52、厚0.2米。

甬道 位于墓室东端。底部平铺一块石板，两端各立一块石板。宽0.8、进深0.4、高1.52米。

墓室 平面呈长方形。长2.24、宽0.8、高1.43米。顶为叠涩顶，中部已被破坏。两侧壁由数块石板立砌而成，形成两个过洞与东、西墓室相通。过洞底部高出棺台0.32米，宽0.4、高1米。后壁由一块石板立砌而成，在中部向内凿出龛。龛立面略呈长方形，顶部呈连弧状。龛底高出棺台0.24米，宽0.4、进深0.12、高0.48米。底部四壁先平铺一层地栿石，其上立砌石板为墓壁。棺台亦置于地栿石上，平面呈长方形。长2、宽0.56、高0.1米。棺台与两侧壁及后壁之间留出空隙形成排水沟，两侧排水沟宽0.08~0.14米，后侧排水沟宽0.08米（图一六九）。

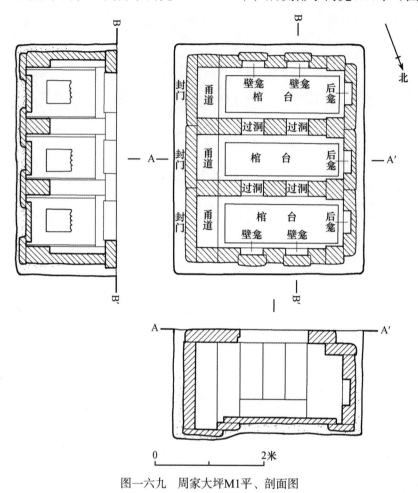

图一六九　周家大坪M1平、剖面图

（二）随葬器物

该墓盗扰严重，未出土随葬品。

二、M2

（一）墓葬形制

墓圹平面呈长方形。长3.02、宽1.64、深1.2米。

单室墓。方向96°。由封门、甬道、墓室组成。

封门 位于墓室东端。由数块石板横向立砌而成，现残存一块。宽0.92、残高0.62、厚0.15米。

甬道 位于墓室东端。底部平铺一块石板，两端各立一块石板。宽0.62、进深0.3、高1米。

墓室 平面呈长方形。长1.88、宽0.7、高0.84米。顶为叠涩顶。两侧壁由数块石板立砌而成，各形成一龛。两龛形制及规格基本相同，龛立面呈长方形。龛底高出棺床0.14米，宽0.7、进深0.1、高0.76米。后壁由数块石板立砌而成，在中间形成一龛。龛立面呈长方形。龛底高出棺台0.14米，宽0.46、进深0.16、高0.44米。龛顶部雕刻连弧纹，龛内雕刻瓶花。底部先平铺一层石板，其上中间位置平铺一块石板作为棺台。棺台长1.82、宽0.48、高0.1米。棺台与两侧壁及后壁之间留出空隙形成排水沟，两侧排水沟宽0.1～0.12米，后侧排水沟宽0.06米（图一七〇）。

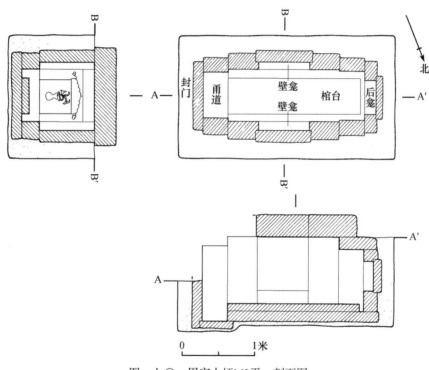

图一七〇 周家大坪M2平、剖面图

（二）随葬器物

该墓盗扰严重，未出土随葬品。

三、M3

（一）墓葬形制

墓圹平面呈长方形。长4.12、宽5.12、深1.6米。

三室墓。方向175°。由封门、甬道、墓室组成。三个墓室形制及规格基本相同，以中室为例介绍。

封门　位于甬道南端。由一块石板横向立砌而成。宽1.44、高1.48、厚0.2米。

甬道　位于墓室南端。底部平铺一块石板，两端各立一块石板。宽1.04、进深0.44、高1.32米。

墓室　平面呈长方形。长2.76、宽1.08、高1.26米。顶由叠涩顶和券顶组成，前后两段为叠涩顶，中部为券顶。两侧壁由数块石板立砌而成，形成两个过洞与东、西墓室相通。过洞底部高出棺台0.16米，宽0.44、高0.96米。后壁由一块石板横向立砌而成，在中部向内凿出龛。龛立面略呈长方形，顶部呈连弧状。龛底高出棺台0.16米，宽0.56、进深0.14、高0.68米。底部四壁先平铺一层地栿石，其上立砌石板为墓壁。棺台亦置于地栿石上，平面呈长方形。长2.52、宽0.68、高0.16米。棺台与两侧壁及后壁之间留出空隙形成排水沟，两侧排水沟宽0.2～0.24米，后侧排水沟宽0.08米（图一七一）。

（二）随葬器物

该墓盗扰严重，未出土随葬品。

第十七节　林盘山石室墓

位于简阳市石板凳镇三圣村二组，小地名为林盘山，墓地编号为"2016JSSL"。中心地理坐标为东经104°26′13″、北纬30°18′32″，海拔440米。发现墓葬1座，为单室墓。

M1

（一）墓葬形制

墓圹平面呈长方形。长3.39、宽1.68、深1.54米。

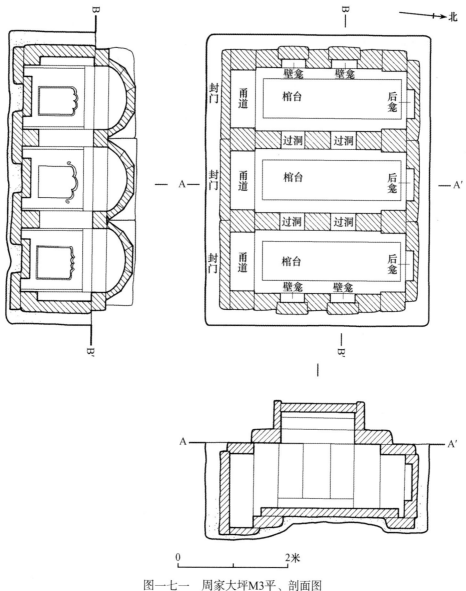

图一七一 周家大坪M3平、剖面图

单室墓。方向140°。由封门、墓室组成。

封门 位于墓室南端。由数块石板横向立砌而成，现残存一块。宽1.4、残高0.42、厚0.2米。

墓室 平面呈长方形。长2.8、宽0.9、高1.1米。顶为平顶，部分已坍塌。两侧壁由数块石板立砌而成，各形成两个龛。各龛形制及规格基本相同，龛立面呈长方形。龛底高出墓底0.34米，宽0.5、进深0.2、高0.76米。后壁由数块石板砌成，中间形成一龛。龛立面略呈方形。龛底高出墓底0.4米，宽0.54、进深0.1、高0.5米。底部由一块石板平铺而成（图一七二）。

（二）随葬器物

该墓盗扰严重，未出土随葬品。

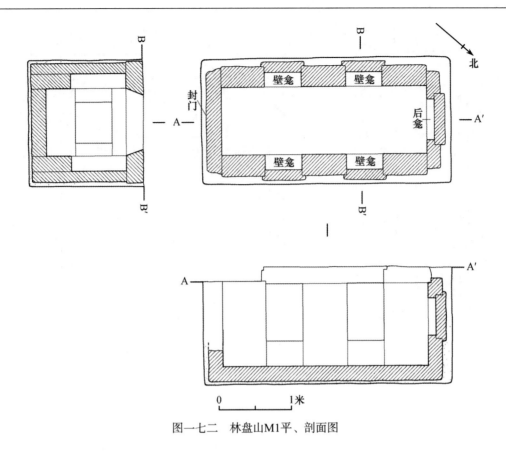

图一七二　林盘山M1平、剖面图

第十八节　赵家庙石室墓

位于简阳市石板凳镇莲花村七组，小地名为赵家庙，墓地编号为"2016JSLZ"。中心地理坐标为东经104°26′48″、北纬30°19′33″，海拔430米。发现墓葬1座，为双室墓。

M1

（一）墓葬形制

墓圹平面大致呈方形。长2.8、宽2.9、深1.46米。

双室墓。方向215°。由封门、墓室组成。两个墓室形制及规格基本相同，以东室为例介绍。

封门　位于墓室南端。已破坏，从残留痕迹可见其厚约0.2米。

墓室　平面呈长方形。长2.04、宽0.9、高1.2米。顶为叠涩顶。两侧壁由四块平整的长方形石板立砌而成。后壁由数块石板立砌而成，中间形成一龛。龛立面呈长方形。龛底高出墓底0.5米，宽0.4、进深0.14、高0.52米。底部由五块石板横向平铺而成（图一七三）。

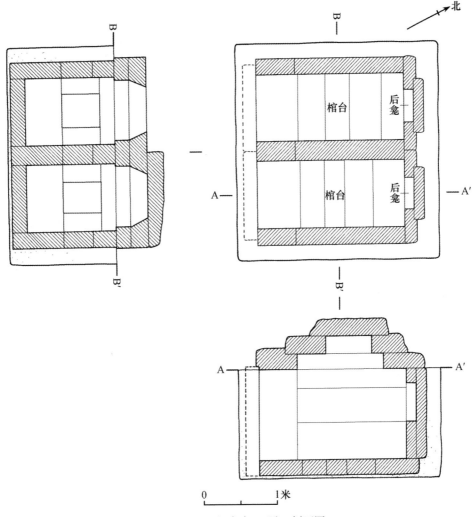

图一七三 赵家庙M1平、剖面图

（二）随葬器物

该墓盗扰严重，未出土随葬品。

第十九节 枣子山石室墓

位于简阳市石板凳镇三圣村八组，小地名为枣子山，墓地编号为"2016JSSZ"。中心地理坐标为东经104°28′18″、北纬30°19′16″，海拔450米。发现墓葬1座，为双室墓。

M1

（一）墓葬形制

墓圹平面呈长方形。长4、宽3.5、深1.72米。

双室墓。方向300°。由封门、甬道、墓室组成。两个墓室形制及规格基本相同，以北室为例介绍。

封门　位于甬道西端。由三块长方形石板横向立砌而成。宽1.36、高1.64、厚0.2米。

甬道　位于墓室西端。平面呈横长方形。底部平铺一块石板，两端各立砌一块石板。宽1.06、进深0.48、高1.66米。

墓室　平面呈长方形。长2.1、宽0.94、高1.46米。两侧壁由数块石板立砌而成。后壁由五块石板砌成，中间形成一龛。龛立面呈长方形。龛底高出墓底0.4米，宽0.46、进深0.2、高0.68米。底部先平铺一层石板，其上中部平铺一块石板作为棺台。棺台长1.96、宽0.62、高0.11米。棺台与两侧壁及后壁之间留出空隙形成排水沟，两侧排水沟宽0.16～0.24米，后侧排水沟宽0.08米（图一七四）。

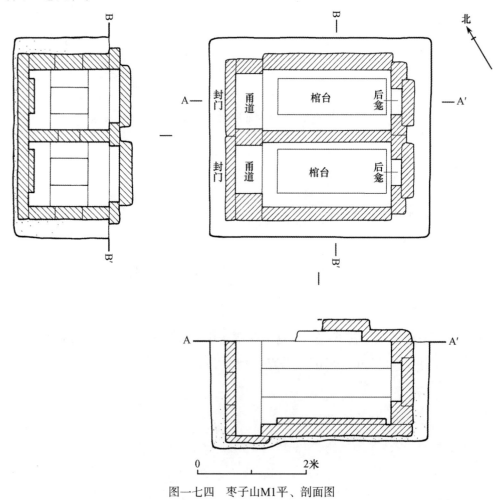

图一七四　枣子山M1平、剖面图

（二）随葬器物

该墓盗扰严重，未出土随葬品。

第二十节　张家坝石室墓

位于简阳市芦葭镇民乐村二组，小地名为张家坝，墓地编号为"2016JLMZ"。中心地理坐标为东经104°26′15″、北纬30°16′42″，海拔410米。发现墓葬2座，均为单室墓。

一、M1

（一）墓葬形制

墓圹前端被破坏，残存部分平面略呈长方形。残长3.08、宽1.39、深1.1米。

单室墓。方向197°。

墓室　前端被破坏，残存部分平面略呈长方形。残长2.41、宽0.91、高0.92米。顶为平顶。两侧壁由长方形石板横向立砌而成。后壁由一块石板立砌而成。底部由一块石板平铺而成，其上中间位置平铺三块石板作为棺台。棺台残长2.33、宽0.78、高0.03米。棺台与两侧壁及后壁之间留出空隙形成排水沟，宽0.07米（图一七五）。

葬具　墓室内出土铁棺钉，推测葬具可能为木棺。

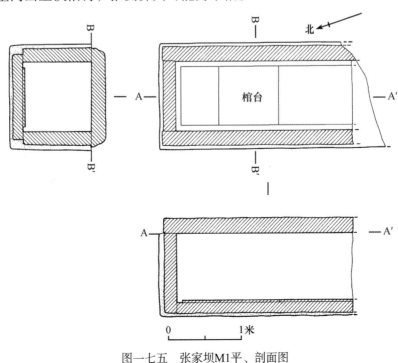

图一七五　张家坝M1平、剖面图

（二）随葬器物

该墓盗扰严重，未出土随葬品。

二、M2

（一）墓葬形制

墓圹平面呈长方形。长3、宽1.47、深1.08米。

单室墓。方向198°。由封门、墓室组成。

封门　位于墓室南端。已破坏，从残留痕迹可见其厚约0.08米。

墓室　平面呈长方形。长2.52、宽0.97、高0.95米。顶为券顶。两侧壁由三块长方形石板横向立砌而成。墓底由两块石板平铺而成。在墓底两侧及后部向下凿出排水沟，中间形成棺台。棺台长2.45、宽0.84、高0.02米。排水沟宽0.06～0.08米（图一七六）。

葬具　墓室内出土铁棺钉，推测葬具可能为木棺。

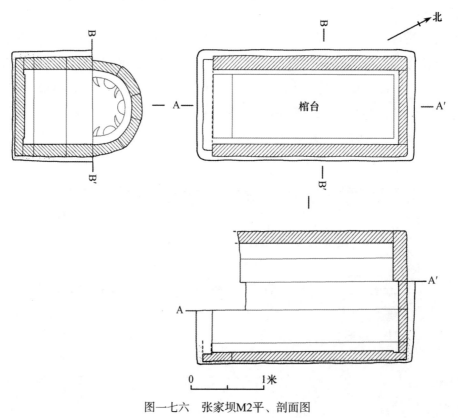

图一七六　张家坝M2平、剖面图

（二）随葬器物

该墓盗扰严重，未出土随葬品。

第二十一节 敲钟山墓地

位于简阳市芦葭镇民乐村七组，小地名为敲钟山，墓地编号为"2016JLMQ"。中心地理坐标为东经104°26′11″、北纬30°16′32″，海拔430米。共发现墓葬3座，均为单室墓。

一、M1

（一）墓葬形制

墓圹平面呈长方形。长4、宽1.81、深2.04～2.32米。

单室墓。方向316°。由封门、甬道、墓室组成。

封门 位于甬道北端。由数块石板横向立砌而成，现残存两块。宽1.42、残高1、厚0.2米。

甬道 位于墓室北端。平面呈横长方形。底部平铺两块石板，两端各立一块石板。宽0.81、进深0.6、残高1.66米。

墓室 平面呈长方形。长2.62、宽0.99、高1.6米。顶部已被破坏，从残存部分可推测前后两端为平顶，中部为券顶。四壁由数块长方形石板立砌而成，两侧壁各形成两个龛。各龛形制及规格基本相同，龛立面呈长方形。龛底高出棺台0.4米，宽0.52、进深0.18、高1.08米。后壁由一块石板立砌而成，在中部向内凿出龛。龛立面呈长方形。龛底高出墓底0.5米，宽0.58、进深0.18、高0.55米。龛上部雕刻出三重屋檐。底部四壁先平铺一层地栿石，其上置棺台。棺台由一块石板平铺而成。长2.3、宽0.73～0.75、高0.1米。棺台与两侧壁及后壁之间留出空隙形成排水沟，两侧排水沟宽0.12米，后侧排水沟宽0.16米（图一七七）。

（二）随葬器物

该墓盗扰严重，未出土随葬品。

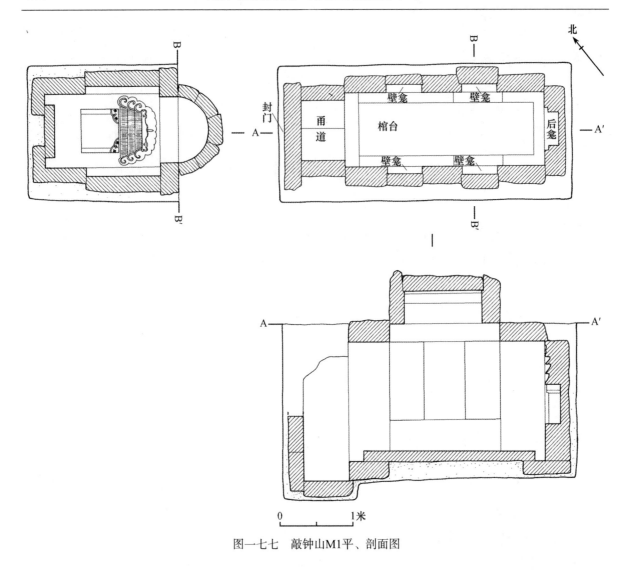

图一七七　敲钟山M1平、剖面图

二、M2

（一）墓葬形制

墓圹平面呈长方形。长3.7、宽1.8、深1.4～2.1米。

单室墓。方向308°。由封门、甬道、墓室组成。

封门　位于甬道北端。由数块石板横向立砌而成，现残存一块。宽1.04、残高约0.55、厚0.15米。

甬道　位于墓室北端。平面呈横长方形。底部平铺一块石板，两端各立一块石板。宽0.8、进深0.45、残高0.7米。

墓室　平面呈长方形。长2.52、宽0.96、高1.55米。前后两端为平顶，中部为券顶。两侧壁由数块石板立砌而成，各形成两个龛。各龛形制及规格基本相同，龛立面呈长方形。龛底高出棺台0.42米，宽0.47、进深0.1、高1.04米。后壁由一块石板立砌而成，在中部向内凿出龛。龛立面呈长方形。龛底高出墓底0.49米，宽0.57、进深0.21、高0.52米。龛上部浅浮雕出三重屋檐，下部雕刻似桃形纹。底部四壁先平铺一层地栿石，其上置棺台。棺台由三块石板平铺而成。长2.38、宽0.7、高0.14米。棺台与两侧壁及后壁之间留出空隙形成排水沟，宽0.14米（图一七八）。

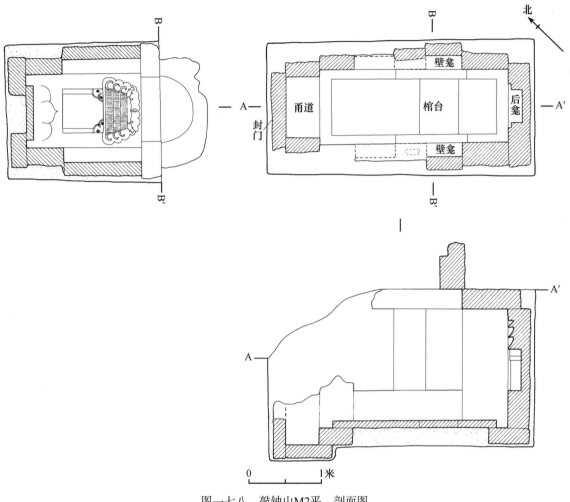

图一七八 敲钟山M2平、剖面图

（二）随葬器物

该墓盗扰严重，未出土随葬品。

三、M3

（一）墓葬形制

墓圹平面呈长方形。长3.8、宽1.68、深2米。
单室墓。方向313°。由封门、甬道、墓室组成。

封门　位于甬道北端。由数块石板横向立砌而成，现残存两块。宽1.12、残高0.82、厚0.2米。

甬道　位于墓室北端。平面呈横长方形。底部平铺一块石板，两端各立一块石板。宽0.93、进深0.46、高1.6米。

墓室　平面呈长方形。长2.71、宽1.06、高1.62米。顶前后两端为平顶，中部为券顶。两侧壁由数块石板立砌而成，左右各形成一龛。两龛形制及规格基本相同，龛立面呈长方形。龛底高出墓底0.65米，宽1.4、进深0.18、高1米。后壁由一块石板立砌而成，在中部向内凿出龛。龛立面略呈长方形。龛底高出墓底0.64米，宽0.52、进深0.18、高0.57米。龛上侧雕刻仿木结构屋檐，两侧雕刻四叶纹饰。底部先平铺一层石板，其上中部平铺一块石板作为棺台。棺台长2.33、宽0.92、高0.1米。棺台与两侧壁及后壁之间留出空隙形成排水沟，两侧排水沟宽0.07米，后侧排水沟宽0.2米（图一七九）。

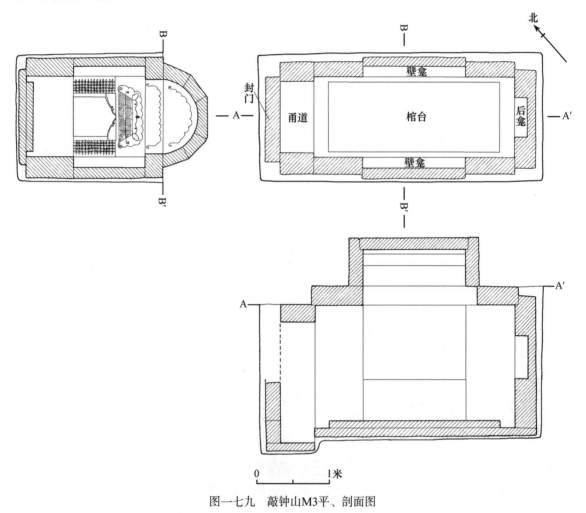

图一七九　敲钟山M3平、剖面图

（二）随葬器物

该墓盗扰严重，未出土随葬品。

第二十二节　何家山石室墓

位于简阳市芦葭镇民乐村三组，小地名为何家山，墓地编号为"2016JLMH"。中心地理坐标为东经104°26′27″、北纬30°16′35″，海拔400米。发现墓葬1座，为双室墓。

M1

（一）墓葬形制

墓圹平面呈长方形。长4.16、宽3.6、深1.82米。

双室墓。方向155°。由封门、甬道、墓室组成。两个墓室形制及规格基本相同，以西室为例介绍。

封门　位于甬道南端。由数块石板横向立砌而成，现残存一层。宽1.38、残高0.6、厚0.27米。封门石外侧立面雕刻壸门图像。

甬道　位于墓室南端。平面呈横长方形。底部平铺一块石板，两端各立一块石板。宽1.04、进深0.68、高1.5米。

墓室　平面呈长方形。长2.21、宽1.18、高1.26米。顶部已残，现残存一块石板，横向平铺。两侧壁由数块石板立砌而成，中间形成一龛。龛立面呈长方形。东侧龛底高出墓底0.16米，宽0.88、进深0.12、高0.76米。后壁由一块石板立砌而成，在中部靠上位置向内凿出龛。龛立面呈长方形，顶部为连弧纹雕刻。龛底高出墓底0.52米，宽0.72、进深0.16、高0.52米。底部四壁先平铺一层地栿石，其上置棺台。棺台长2、宽0.9、高0.2米。棺台与两侧壁及后壁之间留出空隙形成排水沟，两侧排水沟宽0.12米，后侧排水沟宽0.2米（图一八〇）。

葬具　墓室内出土铁棺钉，推测葬具可能为木棺。

（二）随葬器物

该墓盗扰严重，未出土随葬品。

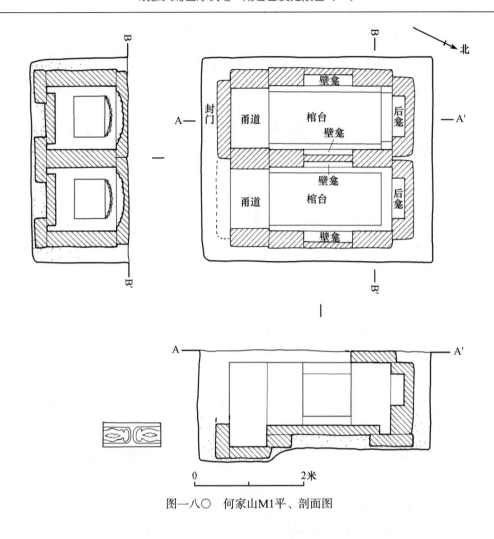

图一八〇　何家山M1平、剖面图

第二十三节　狮毛山墓地

位于简阳市草池镇幸福村四组，小地名为狮毛山，墓地编号为"2016JCXS"。中心地理坐标为东经104°26′9″、北纬30°19′12″，海拔430米。共发现墓葬10座。该墓群为一家族墓地，居中者修建时间最早，墓室最大，盗扰也最严重。修建方式为利用山体的自然凹面修成一个半圆形的台地，再在台地上挖坑修建石室墓，最后再用封土掩埋。台地外围用石条垒砌，再修一条弧形沟，推测可能是家族墓地的兆沟，兼及排水的功能。

10座墓葬分单室、双室两种。其中M2～M4位于狮毛山一级阶梯上。

一、M1

（一）墓葬形制

墓圹平面呈长方形。残长1.75、宽1.1、残深1.28米。

单室墓。南邻M2。方向110°。仅余墓室。

墓室 平面呈长方形。残长1.46、宽0.5、残高0.9米。顶为平顶，由长方形石板平铺，中部坍塌，仅存三块石板。两侧壁由长方形石板砌筑。后壁由石板砌出一龛。龛立面呈长方形。龛底高出墓室底部0.2米，宽0.3、进深0.12、高0.35米。底部由整块石板平铺而成（图一八一）。

葬具 已腐朽。

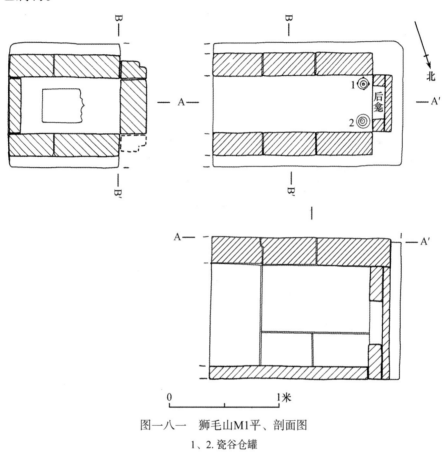

图一八一 狮毛山M1平、剖面图
1、2.瓷谷仓罐

（二）随葬器物

出土随葬品为2件瓷谷仓罐。出土于墓室后部。

谷仓罐 2件。M1：1，灰胎，器表除足部外皆施酱黑釉。口较直，斜弧肩，分段式曲腹，腹部纵切面呈波浪形，最大径在下腹部，圈足。肩腹部纵向堆塑三组各五个脊形纽。口径8.2、最大径13.8、足径8、通高24.8厘米。带伞式盖，灰胎，除底部外施酱黑釉。桃形纽，平底。纽径3.1、盖径9.1、底径4.9、高5.6厘米（图一八二，1）。M1：2，灰胎，除足部外皆施酱黄釉。口微敛，弧肩，分段式曲腹，腹部纵切面呈波浪形，最大径在下腹部，圈足。口径7.6、最大径13.2、足径7.2、通高24.4厘米。带伞式盖，灰胎，器表施酱黑釉。桃形纽，中空。纽径3.3、盖径9.1、底径5.4、高6.7厘米（图一八二，2）。

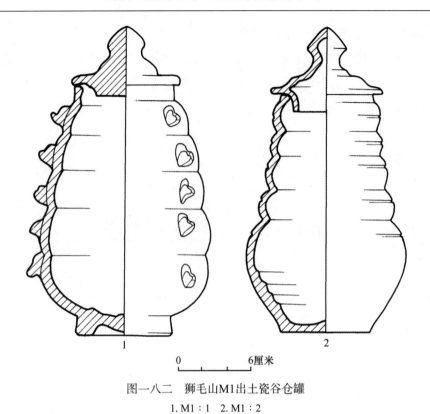

图一八二　狮毛山M1出土瓷谷仓罐
1. M1：1　2. M1：2

二、M2

（一）墓葬形制

墓圹平面呈长方形。残长1.75、宽0.95、残深0.8米。

单室墓。北临M1。方向87°。仅余墓室。

墓室　平面呈长方形。残长1.5、宽0.5、残高0.63米。墓壁由长方形石板横向立砌而成。底部由三块长方形石板平铺而成（图一八三）。

葬具　已腐朽，不存。

（二）随葬器物

出土随葬品为2件瓷谷仓罐。出土于墓室后部。

谷仓罐　2件。M2：1，暗红胎，除足部外皆施酱釉。侈口，弧肩，斜弧腹，最大径在下腹部，圈足。肩部均匀饰三个脊形纽。口径6.8、最大径12.4、足径7、通高24.4厘米。带塔式盖，暗红胎，器表施酱釉。桃形纽，平底。纽径2.9、盖径8.4、底径4.4、高5.1厘米（图一八四，2；图版五九，5）。M2：2，灰胎，除足部外皆施酱黄釉。口微敛，弧肩，分段式曲

腹，腹部纵切面呈波浪形，最大径在下腹部，圈足。口径6.8、最大径12.8、底径7.6、通高25.2
厘米。带伞式盖，灰胎，器表施酱黑釉。桃形纽，中空。纽径2.4、盖径9.3、底径5.6、高5.8厘
米（图一八四，1；图版五九，6）。

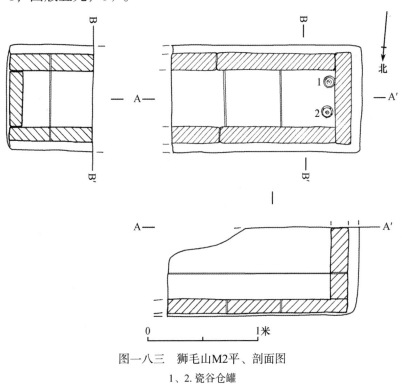

图一八三　狮毛山M2平、剖面图

1、2.瓷谷仓罐

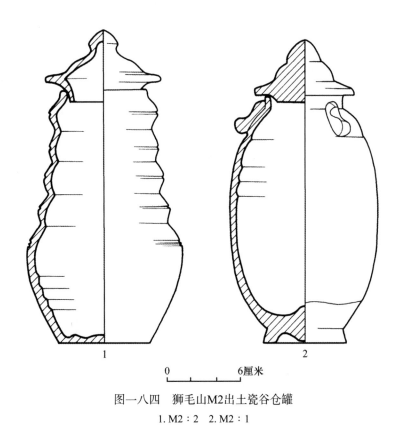

图一八四　狮毛山M2出土瓷谷仓罐

1. M2∶2　2. M2∶1

三、M3

（一）墓葬形制

墓圹平面呈长方形。长3.24、宽1.38、残深0.8米。

单室墓。北临M2。方向61°。由封门、墓室组成。

封门　位于墓室前部。宽1.14、残高0.2、厚0.22米。

墓室　平面呈长方形。长2.68、宽1.18、高0.8米。两侧壁用长方形石板立砌而成。后壁由整块石板砌出对称双龛，中间有约0.06米的隔墙。龛底高出墓底0.1米，宽0.2、进深0.1、高0.36米。底部由九块石板平铺而成（图一八五）。

葬具　墓室内出土铁棺钉，推测葬具应为木棺。

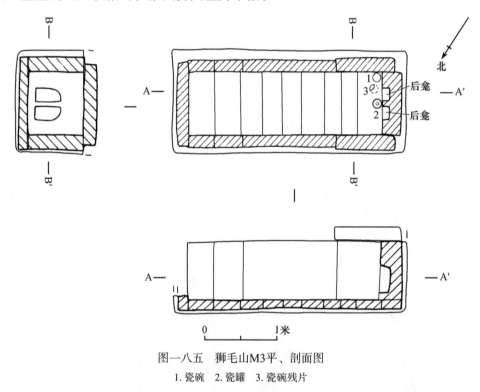

图一八五　狮毛山M3平、剖面图
1. 瓷碗　2. 瓷罐　3. 瓷碗残片

（二）随葬器物

出土随葬品3件，2件瓷器、1件陶器。瓷器均为碗，陶器为罐。随葬品均出土于墓室后部。

1. 瓷器

2件。

碗　1件。M3：1，红胎，酱釉，内外壁底部无釉。敞口，斜腹，圈足。口径15.4、足径

5.1、高5.2厘米（图一八六，2）。

碗残片 1件。M3：3，白胎，青花。仅存一瓷片。长6.5、宽3厘米（图一八六，3）。

2. 陶器

1件。

罐 1件。M3：2，泥质灰陶。侈口，方唇，束颈，鼓腹，平底。内壁饰弦纹。口径9.6、最大径14.8、底径7.6、高16厘米（图一八六，1；图版五九，1）。

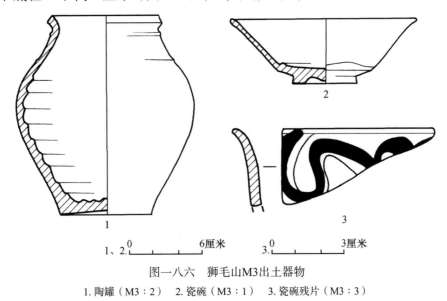

图一八六 狮毛山M3出土器物

1. 陶罐（M3：2） 2. 瓷碗（M3：1） 3. 瓷碗残片（M3：3）

四、M4

（一）墓葬形制

墓圹平面呈长方形。残长2.85、宽1.15、残深0.92米。

单室墓。南临M3。方向76°。仅余墓室。

墓室 平面呈长方形。残长2.56、宽0.8、高0.86米。墓顶由石板平铺而成，中部已坍塌。两侧壁由数块长方形石板立砌而成。后壁由整块石板砌出一龛。龛立面呈长方形。龛底高于墓底0.28米，宽0.41、进深0.09、高0.52米。底部由九块长方形石板平铺而成（图一八七）。

葬具 已腐朽。

（二）随葬器物

出土随葬品皆为瓷器，共4件，包括伞式盖2件、龙纹罐2件。随葬品均出土于墓室后部。

伞式盖 2件。灰黑胎，盖顶及身施酱黑釉。桃形纽，平底。M4：1，纽径3、盖径8.1、

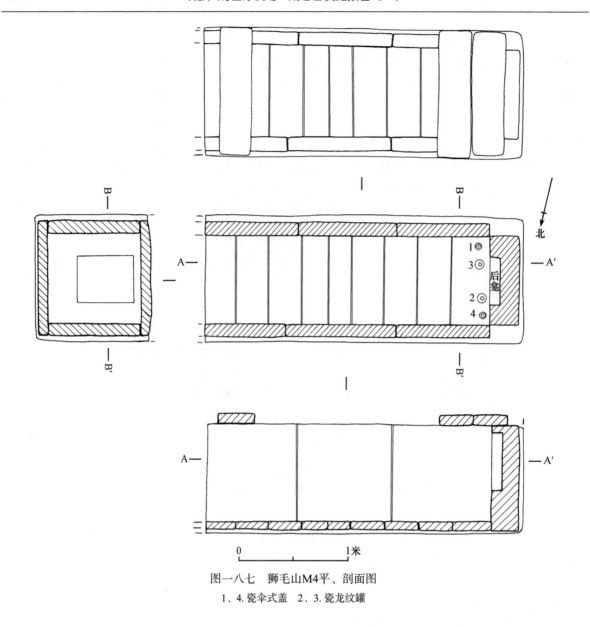

图一八七　狮毛山M4平、剖面图

1、4.瓷伞式盖　2、3.瓷龙纹罐

底径4.8、高3.6厘米（图一八八，3）。M4：4，纽径3、盖径7.8、底径3.9、高3.8厘米（图一八八，4）。

　　龙纹罐　2件。M4：2，暗红胎，靠近圈足腹部以上皆施酱黑釉。侈口，弧肩，桶形腹，圈足。肩腹部堆塑一龙戏珠纹饰。口径6、最大径13.6、足径8.8、通高21.2厘米。带盏式盖，灰胎，除底部外均施酱黑釉。口略内收，平底。口径5.8、最大径7、底径3.8、高2.1厘米（图一八八，2；图版六〇，3）。M4：3，灰黑胎，靠近圈足腹部以上皆施酱黑釉。口微侈，斜弧肩，分段式曲腹，腹部纵切面呈波浪形，最大径在下腹部，圈足。肩腹部纵向堆塑三个脊形纽，肩腹部堆塑一龙戏珠纹饰。口径6.4、最大径14、足径9、通高22.6厘米。带伞式盖，灰胎，除底部外施酱黑釉。桃形纽，平底。纽径2.2、盖径7、底径3.7、高2.7厘米（图一八八，1）。

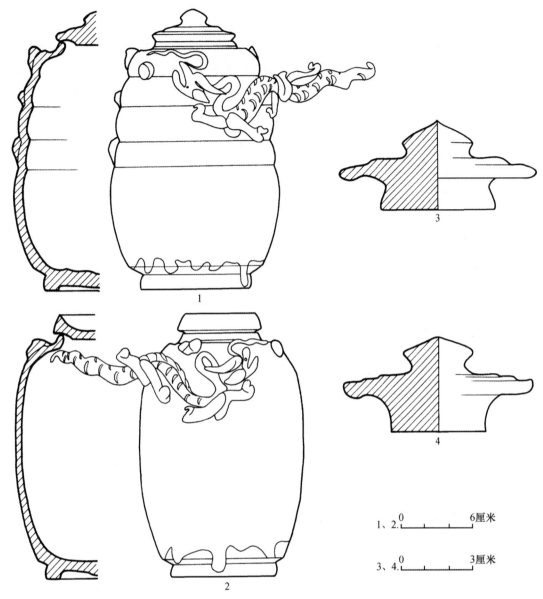

图一八八 狮毛山M4出土瓷器
1、2.龙纹罐（M4：3、M4：2） 3、4.伞式盖（M4：1、M4：4）

五、M5

（一）墓葬形制

墓圹平面呈长方形。长2.34、宽1.15、残深1.12米。

单室墓。南临M4。方向72°。由封门、甬道、墓室组成。

封门 位于甬道东部。宽0.95、高0.9、厚0.22米。

甬道 位于封门西部，连接墓室。平面呈横长方形。底部平铺一块石板。宽0.68、进深

0.38、高0.9米。

墓室　平面呈长方形。长1.4、宽0.7、高0.92米。两侧壁由数块石板砌成。后壁由数块石板砌成，在中间砌有一龛。龛立面呈长方形。龛底高于墓底0.3米，宽0.32、进深0.16、高0.38米。底部由整块石板平铺，作为棺台。棺台长1.42、宽0.68、厚0.16米（图一八九）。

葬具　已腐朽。

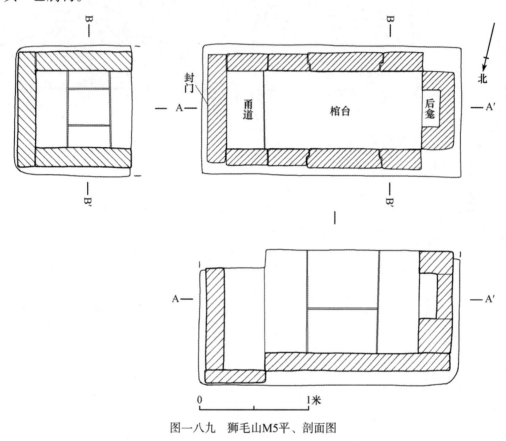

图一八九　狮毛山M5平、剖面图

（二）随葬器物

该墓盗扰严重，未出土随葬品。

六、M6

（一）墓葬形制

墓圹平面呈长方形。残长3.5、宽2.75、残深1.6米。

双室墓。西北临M5，南临M7。方向69°。由甬道、墓室组成。两墓室之间有过洞相连，形制结构基本一致，以南室为例介绍。

甬道 位于墓室前部。平面呈横长方形。底部平铺一块石板，两端各立一石板。宽0.88、进深0.48、高1.5米。

墓室 平面呈长方形。长2.7、宽0.9、高1.27米。墓顶由平顶和叠涩顶组成，前部基本坍塌，中部为五块石板构成的叠涩顶，后部为石板平铺构成的平顶。两侧壁由数块石板立砌而成，各形成两个龛、两个过洞。两龛形制及规格基本相同。宽0.4、进深0.14米。过洞平面呈长方形。宽0.4、进深0.22米。后壁由数块石板砌成，中间形成一龛。龛立面呈长方形。龛底高出墓底0.5米，宽0.55、进深0.2、高0.64米。墓底先横铺两块石板，高于甬道底部0.18米，其上中间位置平铺一块石板作为棺台。棺台长2.14、宽0.68、厚0.12米。棺台与两侧壁及后壁之间留出空隙形成排水沟，两侧排水沟宽0.12米，后侧排水沟宽0.2米（图一九〇）。

葬具 已腐朽。在墓室后部发现数块瓦片。

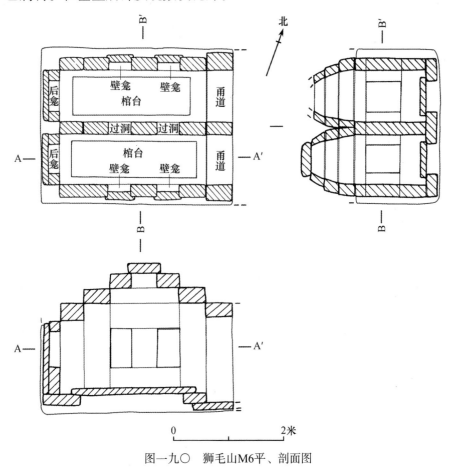

图一九〇 狮毛山M6平、剖面图

（二）随葬器物

该墓盗扰严重，未出土随葬品。

七、M7

（一）墓葬形制

墓圹平面呈长方形。残长3.44、宽1.55、残深1.24米。

单室墓。北临M6。方向66°。仅余甬道和墓室。

甬道　位于墓室前部。平面呈长方形。底部由整块石板平铺而成。宽0.8、进深0.7米。

墓室　平面呈长方形，长2.2、宽0.9、高1.08米。两侧壁由数块石板立砌而成，左右各形成一龛。两龛形制及规格基本相同。龛宽1.26、进深0.14米。后壁由两块石板立砌而成，在中部向内凿出龛。龛立面呈方形。龛底高出墓底0.3米，宽0.56、进深0.24、高0.56米。底部由整块石板平铺而成（图一九一）。

葬具　已腐朽。

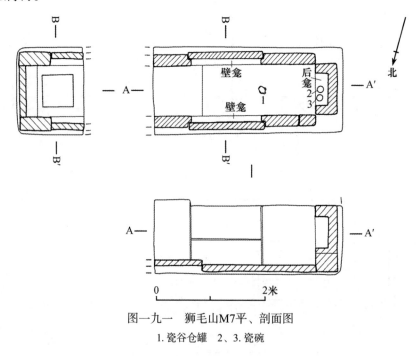

图一九一　狮毛山M7平、剖面图
1.瓷谷仓罐　2、3.瓷碗

（二）随葬器物

出土随葬品皆为瓷器，共3件，包括碗2件，出土于后龛内；谷仓罐1件，出土于墓室中部。

谷仓罐　1件。M7：1，暗红胎，器表除足部外皆施酱黑釉。侈口，圆唇，弧肩，桶形腹，最大径在腹中部，圈足。口径7.6、最大径12.4、足径8.6、通高26厘米。带伞式盖，灰胎，纽上施酱釉。桃形纽，平底。纽径2.6、盖径7.3、底径3.7、高4.3厘米（图一九二，1；图版六〇，1）。

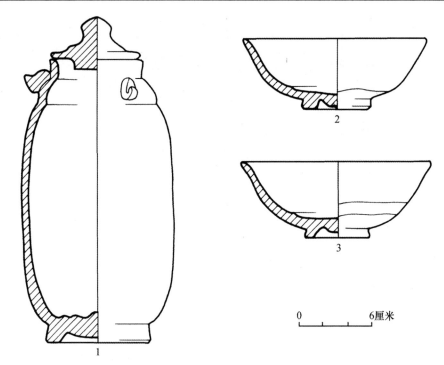

图一九二　狮毛山M7出土瓷器

1. 谷仓罐（M7：1）　　2、3.碗（M7：3、M7：2）

　　碗　2件。M7：2，红胎，酱釉，内外壁底部无釉。敞口，斜腹，圈足。口径15、足径5.4、高6.1厘米（图一九二，3）。M7：3，红胎，酱釉，内外壁底部无釉。敞口，斜腹，圈足。口径15.2、足径5.2、高5.6厘米（图一九二，2）。

八、M8

（一）墓葬形制

　　墓圹平面呈长方形。残长2.78、宽1.42、残深1.12米。

　　单室墓。北邻M7。方向82°。仅余墓室。

　　墓室　平面呈长方形。残长2.4、宽0.8、高1.08米。两侧壁由数块石板立砌而成，左右各形成一龛。两龛形制及规格基本相同。龛宽1.3、进深0.1米。后壁由一块石板立砌而成，在中部向内凿出龛。龛立面近方形。龛底高出墓底0.4米，宽0.4、进深0.16、高0.44米（图一九三）。

　　葬具　不存。

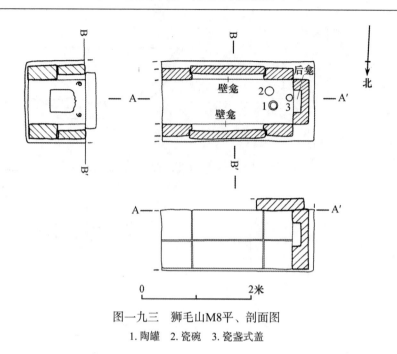

图一九三　狮毛山M8平、剖面图

1. 陶罐　2. 瓷碗　3. 瓷盏式盖

（二）随葬器物

出土随葬品共3件，瓷器2件、陶器1件，瓷器为碗1件、盏式盖1件，陶器为罐1件。随葬品均出土于墓室后部。

1. 瓷器

2件。

碗　1件。M8：2，红胎，酱釉，内外壁底部无釉。口残，斜腹，圈足。足径5.8、残高4.4厘米（图一九四，1）。

盏式盖　1件。M8：3，灰黑胎，除底部外施酱黑釉。口内收，平底略内凹。口径6.8、底径4.2、高2.2厘米（图一九四，2）。

2. 陶器

1件。

罐　1件。M8：1，泥质灰陶。敞口，圆唇，束颈，鼓腹，平底。口径10、最大径14.8、底径7.2、高17.2厘米（图一九四，3；图版五九，2）。

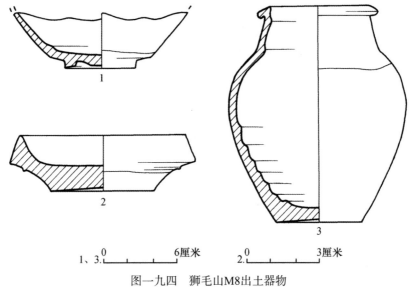

1、3. 0 ⊢——┴——┤ 6厘米   2. 0 ⊢——┴——┤ 3厘米

图一九四 狮毛山M8出土器物

1. 瓷碗（M8：2） 2. 瓷盏式盖（M8：3） 3. 陶罐（M8：1）

九、M9

（一）墓葬形制

墓圹平面呈长方形。残长2、宽0.75、残深0.7米。

单室墓。北邻M8。方向75°。仅见墓室。

墓室 平面呈长方形。残长1.86、宽0.46、高0.5米。墓顶不存。墓壁由一块石板立砌而成。底部由三块石板平铺而成（图一九五）。

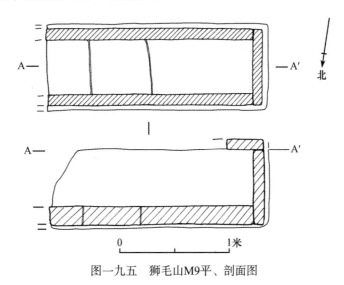

图一九五 狮毛山M9平、剖面图

（二）随葬器物

该墓盗扰严重，未出土随葬品。

十、M10

（一）墓葬形制

墓圹平面呈长方形。残长1、残宽0.6、残深0.48米。

单室墓。北邻M9。方向82°。

墓室　平面呈长方形。残长0.8、残宽0.5、高0.38米。墓顶不存。墓壁由两块石板立砌而成。底部由石板平铺而成，残余三块石板（图一九六）。

葬具　不存。

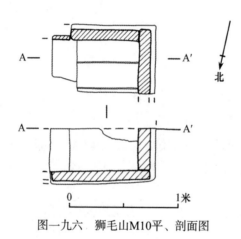

图一九六　狮毛山M10平、剖面图

（二）随葬器物

该墓盗扰严重，未出土随葬品。

第二十四节 生基山石室墓

位于简阳市草池镇永逸村二组，小地名为生基山，墓地编号"2016JCYS"。中心地理坐标为东经104°26′44″、北纬30°19′41″，海拔420米。发现墓葬2座，1座单室墓，1座双室墓。

一、M1

（一）墓葬形制

墓圹平面呈长方形。长4.18、宽3.1、深1.6米。

双室墓。方向150°。由封门、甬道、墓室组成。两个墓室形制及规格基本相同，以西室为例介绍。

封门 位于甬道南端。由三块石板横向立砌而成。宽1.46、高1.56、厚0.16米。

甬道 位于墓室南端。平面呈横长方形。底部平铺一块石板，两侧各立一块石板。宽0.92、进深0.5、高1.56米。

墓室 平面呈长方形。长2.91、宽0.1、高1.6米。顶部已被破坏。两侧壁由数块石板立砌而成，下部压在底部石板上。后壁由两块石板立砌而成，在下面一块石板内立面凿出两个并排的小龛。龛立面呈长方形。龛底高出棺台0.22米，宽0.22~0.24、进深0.16、高0.42米。龛上部浅浮雕双重屋檐。墓底横向平铺五块石板，其上置棺台。棺台由两块石板平铺而成。长2.51、宽0.7、高0.1米。棺台与两侧壁及后壁之间留出空隙形成排水沟，两侧排水沟宽0.16米，后侧排水沟宽0.14米（图一九七）。

葬具 墓室内出土铁棺钉，推测葬具可能为木棺。

（二）随葬器物

该墓盗扰严重，未出土随葬品。

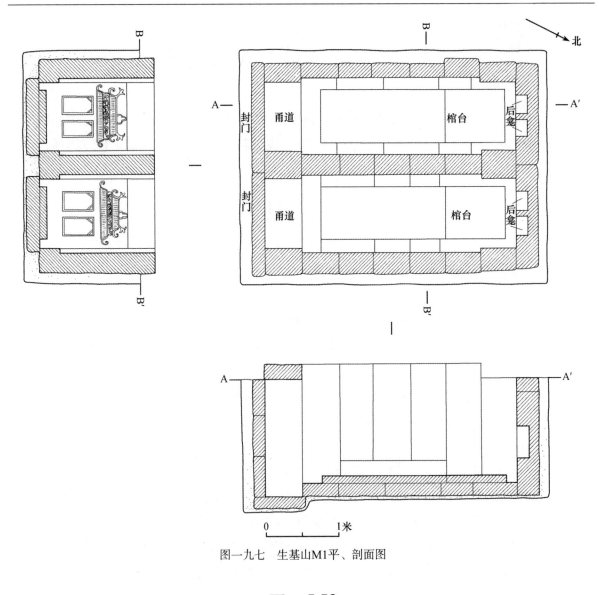

图一九七　生基山M1平、剖面图

二、M2

（一）墓葬形制

墓圹平面呈长方形。长2.64、宽1.17、深0.73米。

单室墓。方向154°。由封门、墓室组成。

封门　位于墓室南端。由数块石板横向立砌而成，现残存一块。宽0.74、残高0.45、厚0.16米。

墓室　平面呈长方形。长2.18、宽0.64、高0.66米。顶部已被破坏。两侧壁由数块石板横向立砌而成。后壁由两块石板横向立砌而成。底部由七块石板横向平铺而成（图一九八）。

葬具　墓室内出土铁棺钉，推测葬具可能为木棺。

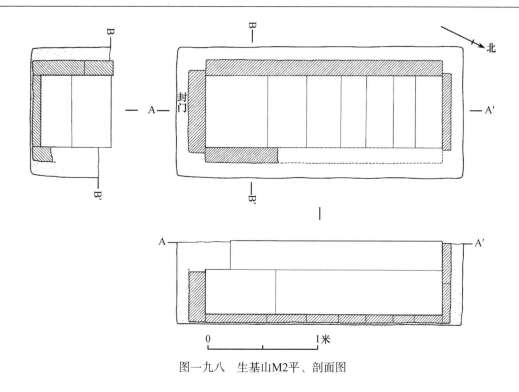

图一九八 生基山M2平、剖面图

（二）随葬器物

该墓盗扰严重，未出土随葬品。

第二十五节 庙儿山（幸福村）石室墓

位于简阳市草池镇幸福村六组，小地名为庙儿山，墓地编号为"2016JCXM"。中心地理坐标为东经104°25′49″、北纬30°19′12″，海拔440米。发现墓葬2座，1座双室墓，1座单室墓。

一、M1

（一）墓葬形制

墓圹平面呈长方形。长5.42、宽3.28、深1.64米。

双室墓。方向213°。由封门、墓室组成。两个墓室形制及规格基本相同，以西室为例介绍。

封门 位于墓室南端。由数块石板横向立砌而成，现残存两层。宽1.4、残高1.04、厚0.2米。

墓室　纵向分为前后两个墓室。前室平面呈长方形。长1.7、宽0.98、残高1.56米。顶部已被破坏。西侧壁由数块石板立砌而成，形成一个龛。龛底高出墓底0.46米，宽0.84、进深0.18、高0.8米。中部以过洞与东室相通。底部为垫土。后室平面呈长方形。长3、宽1.08、高1.54米。顶部分被破坏，残存部分后侧为叠涩顶，中间为券顶。两侧壁由数块石板立砌而成。后壁由数块石板立砌而成，形成一龛。龛立面大致呈长方形，上部呈连弧状。龛底高出棺台0.44米，宽0.42、进深0.2、高0.6米。墓底平铺一层石板作为棺台。棺台长2.3、宽0.78、高0.13米。棺台与两侧壁及后壁之间留出空隙形成排水沟，宽0.16米（图一九九）。

葬具　墓室内出土铁棺钉，推测葬具可能为木棺。

（二）随葬器物

该墓盗扰严重，未出土随葬品。

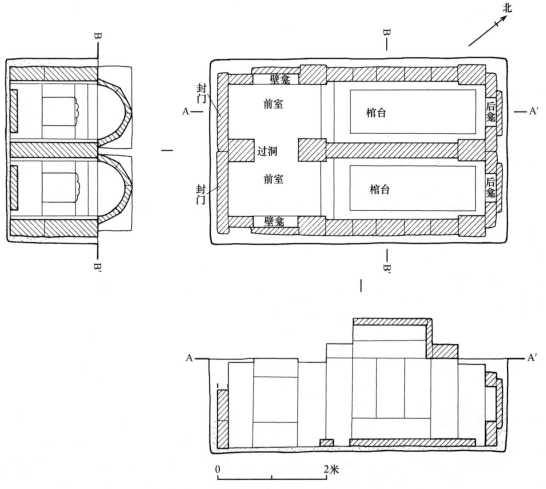

图一九九　庙儿山（幸福村）M1平、剖面图

二、M2

（一）墓葬形制

墓圹平面呈长方形。长2.58、宽1.58、深1.26米。

单室墓。方向57°。由封门、墓室组成。

封门 位于墓室北端。由数块石板立砌而成，现残存两块。宽1.3、残高0.92、厚0.25米。

墓室 平面呈长方形。长2、宽0.95、高1.16米。两侧壁由长方形石板立砌而成，左右各形成一龛。龛立面呈长方形。龛底高出棺台0.42米，宽1.02、进深0.1、高0.66米。后壁由一块石板立砌而成，向内凿出龛。龛立面呈方形。龛底高出墓底0.44米，宽0.46、进深0.1、高0.46米。墓底中部平铺一块石板作为棺台，平面呈长方形。棺台长1.66、宽0.75、高0.08米（图二〇〇）。

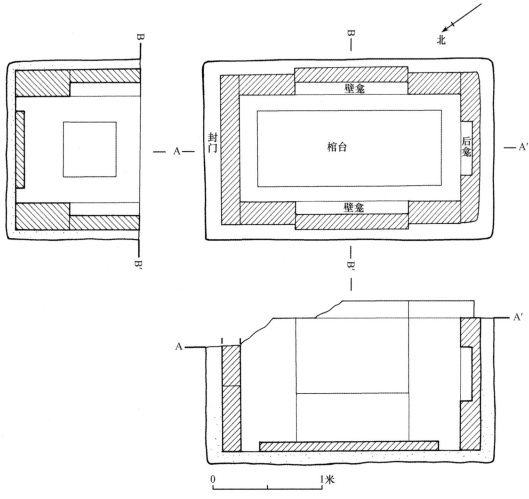

图二〇〇 庙儿山（幸福村）M2平、剖面图

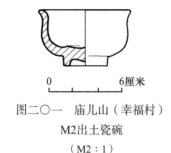

图二〇一　庙儿山（幸福村）
M2出土瓷碗
（M2：1）

（二）随葬器物

出土随葬品为1件瓷碗。出土于墓内扰土中。

碗　1件。M2：1，红胎，酱釉，内外壁底部无釉。近直口，弧腹，圈足。口径7.6、足径3.6、高4.5厘米（图二〇一）。

第二十六节　坡改梯墓地

位于简阳市草池镇永逸村三组，小地名为坡改梯，墓地编号"2016JCYP"。中心地理坐标为东经104°26′20″、北纬30°20′4″，海拔410米。发现石室墓葬4座，1座单室墓，3座多室墓。

一、M1

（一）墓葬形制

墓圹平面呈长方形。长5.88、宽3、残深2.44米。

双室墓。北临M2。方向241°。由封门、甬道、墓门、墓室组成。两个墓室形制及规格基本相同，以过洞相通，以北室为例介绍。

封门　位于甬道西端。由数块石板横向立砌而成，现残存一块。宽1.2、残高0.8、厚0.22米。

甬道　位于墓门西端。平面呈横长方形。底部由两块石板平铺而成。宽1、进深1.88米。

墓门　位于墓室西端。门框由底部一块石板、南北两侧各一块石板和顶部一块石板砌成。门扇由两块石板立砌而成。石板规格相当。宽0.78、高1.6、厚0.1米。

墓室　平面呈长方形。长3.2、宽1、高1.8米。两侧壁由数块石板立砌而成。北壁砌有两个龛。龛形制及规格基本相同，龛立面呈长方形。龛底高出墓底0.42米，宽0.34、进深0.15、高1.2米。后壁由一块石板立砌而成，在中部向内凿出龛。龛立面呈长方形。龛底高出墓底0.5米，宽0.4、进深0.16、高0.45米。底部先在墓室两侧壁及中间共用壁下平铺一排石板，石板之上平铺一块石板作为棺台。棺台长2.4、宽0.7、厚0.1米。棺台距后壁0.34米，东西距两壁0.14米，与墓壁之间形成排水沟，深0.1米（图二〇二）。

葬具　墓室内出土铁棺钉，推测葬具可能为木棺。

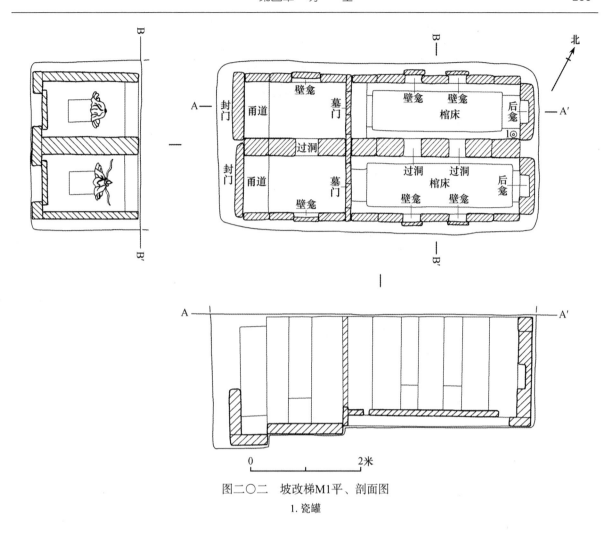

图二〇二　坡改梯M1平、剖面图

1. 瓷罐

（二）随葬器物

出土随葬品为1件陶罐。出土于北室后部。

罐　1件。M1：1，泥质红陶，盖身、器身施绿釉。侈口，圆唇，束颈，斜弧腹，圈足。颈部饰一周凸弦纹。口径12.8、最大径17.6、足径12、通高32.8厘米。带伞式盖，桃形纽，中空。纽径2.5、盖径13.2、底径8.4、高13.2厘米（图二〇三，1）。

二、M2

（一）墓葬形制

墓圹平面呈长方形。长3.64、宽1.4、残深1.92米。

单室墓。南临M1，北临M4。方向270°。由封门、甬道、墓室组成。

封门　位于甬道西端。由数块石板横向立砌而成，现残存一块。宽1.15、残高0.6、厚0.12米。

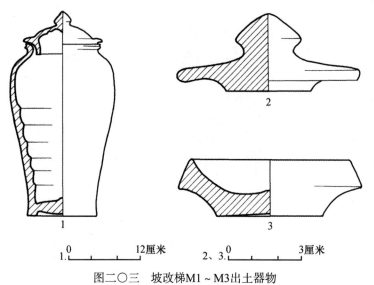

图二〇三　坡改梯M1～M3出土器物

1.陶罐（M1:1）　2.瓷伞式盖（M3:1）　3.瓷盏式盖（M2:1）

甬道　位于墓室西端。平面呈横长方形。底部平铺一块石板。宽0.84、进深0.44米。

墓室　平面呈长方形。长2.48、宽0.86、高1.36米。墓顶保存较差，由残存墓顶石推测墓室后部为平顶。两侧壁由数块石板立砌而成，各形成两个龛。龛形制及规格基本相同，龛立面呈长方形。靠近甬道侧龛底高出墓底0.72米，宽0.36、进深0.1、高0.8米。后壁由数块石板立砌而成，在中部砌出龛。龛立面呈长方形，上部呈连弧状。龛底高出墓底0.5米，宽0.4、进深0.18、高0.52米。底部先平铺一块石板，其上中间位置平铺一整块石板作为棺台。棺台长2.22、宽0.76、厚0.04米。棺台距后壁0.08米，南北距两壁0.04米，与墓壁之间形成排水沟，深0.04米（图二〇四）。

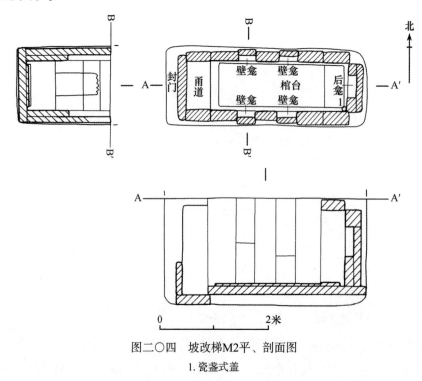

图二〇四　坡改梯M2平、剖面图

1.瓷盏式盖

（二）随葬器物

出土随葬品为1件瓷盏式盖。出土于墓室后部。

盏式盖 1件。M2：1，灰黑胎，除底部外施酱黑釉。口内收，平底略内凹。口径6.6、底径4.4、高2.3厘米（图二〇三，3）。

三、M3

（一）墓葬形制

墓圹平面呈长方形。长3.74、宽2.5、残深1.92米。

双室墓。西临M1。方向245°。由封门、甬道、墓室组成。两个墓室形制及规格基本相同，以过洞相通，以北室为例介绍。

封门 位于甬道西端。由数块石板横向立砌而成，现残存一块。宽1.16、残高0.54、厚0.24米。

甬道 位于墓室西端。平面呈横长方形。底部平铺一块石板。宽0.7、进深0.4米。

墓室 平面呈长方形。长2.4、宽0.8、高1.4米。墓顶已被破坏。两侧壁由数块石板立砌而成，北壁砌有两个侧龛。龛形制及规格基本相同，龛立面呈长方形。龛底高出墓底0.42米，宽0.42、进深0.14、高1米。后壁由数块石板立砌而成，在中部砌出龛。龛立面呈长方形。龛底高出墓底0.4米，宽0.48、进深0.22、高0.6米。底部先在墓室两侧壁及中间共用壁下平铺一排石板，石板之上平铺一块石板作为棺台。棺台长2、宽0.64、厚0.12米。棺台距后壁0.3米，南北距两壁0.08米，与墓壁之间形成排水沟，深0.12米（图二〇五）。

葬具 墓室内出土铁棺钉，推测葬具可能为木棺。

（二）随葬器物

出土随葬品为1件瓷伞式盖。出土于北室后部。

伞式盖 1件。M3：1，灰黑胎，除底部外施酱黑釉。桃形纽，中空。纽径2.7、盖径7.6、底径3.5、高3.1厘米（图二〇三，2）。

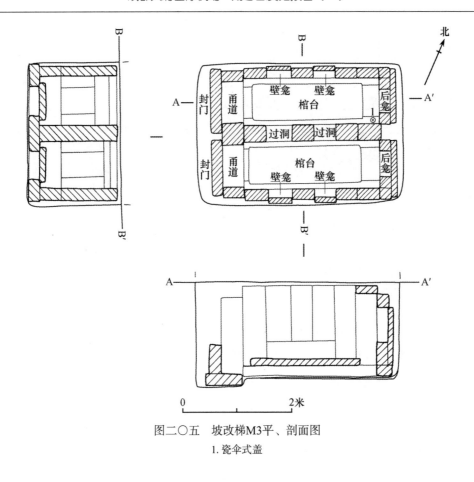

图二〇五　坡改梯M3平、剖面图
1. 瓷伞式盖

四、M4

（一）墓葬形制

墓圹平面呈长方形。长5.9、宽6.2、残深2.28米。

四室墓。方向248°。南临M2。由封门、甬道、墓室组成。四个墓室形制及规格基本相同，以过洞相通，以南二室为例介绍。

封门　位于墓室西端。由整块石板立砌而成。宽1.32、高2、厚0.14米。

甬道　位于墓室西端。平面呈横长方形。底部平铺两块石板。宽1.06、进深1.9米。

墓室　平面呈长方形。长3、宽1.5、高2米。顶为平顶，前面基本坍塌，后部保存较好，由石板平铺而成。两侧壁由数块石板立砌而成，北壁砌有两个龛。龛形制及规格基本相同，龛立面呈长方形。龛底高出墓底0.5米，宽0.32、进深0.1、高1.2米。后壁由三块石板立砌而成，在中部向内凿出龛。龛立面呈方形。龛底高出墓底0.6米，宽0.48、进深0.1、高0.48米。龛上部雕刻三层仿木结构屋檐，两侧雕刻墙体。房形雕刻宽1.1、高1米。底部先横铺两块石板，其上中间位置平铺一块石板作为棺台。棺台长2.4、宽0.72、厚0.1米。棺台距后壁0.3米，南北距两壁0.16米，与墓壁之间形成排水沟，深0.1米（图二○六）。

　　葬具　墓室内出土铁棺钉，推测葬具可能为木棺。

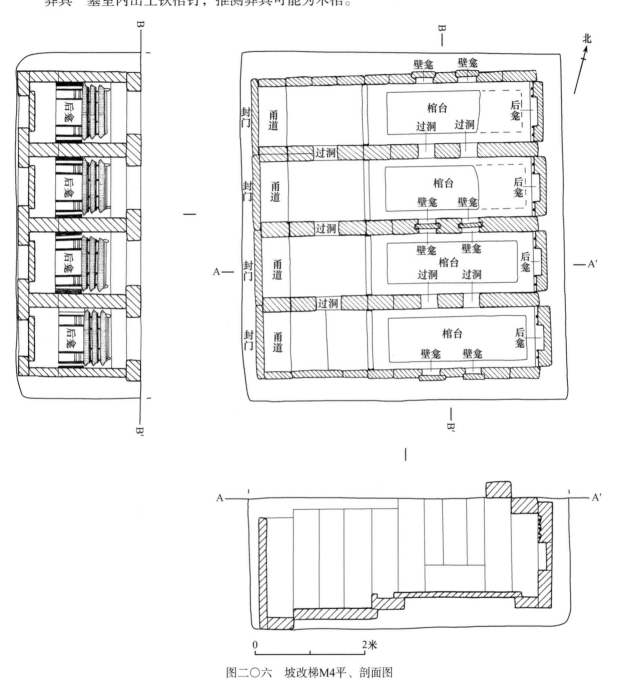

图二○六　坡改梯M4平、剖面图

（二）随葬器物

该墓盗扰严重，未出土随葬品。

第二十七节　唐家沟墓地

位于简阳市草池镇街子村五组，小地名为唐家沟，墓地编号"2016JCJT"。中心地理坐标为东经104°26′32″、北纬30°18′29″，海拔441.6米。共发现墓葬10座。从西向东依次编号为M1～M10。其中M3、M5～M10为单室墓，其余为多室墓。

一、M1

（一）墓葬形制

墓圹平面呈长方形。长3.7、宽2.9、残深1.8米。

双室墓。东邻M2。方向167°。由封门、甬道、墓室组成。两个墓室形制及规格基本相同，以过洞相通，以西室为例介绍。

封门　位于甬道南端。由数块石板横向立砌而成，现残存一层。宽0.94、残高0.5、厚0.22米。

甬道　位于墓室南端。平面呈横长方形。底部平铺一块石板。宽0.84、进深0.46米。

墓室　平面呈长方形。长2.4、宽0.9、高1.16米。顶为平顶，由石板平铺而成。两侧壁由数块石板立砌而成，西壁砌有两个龛。龛形制及规格基本相同，龛立面呈长方形。龛底高出墓底0.5米，宽0.4、进深0.12、高0.64米。后壁由数块石板立砌而成，在中部砌出龛。龛立面呈长方形。龛底高出墓底0.4米，宽0.34、进深0.2、高0.6米。底部先横铺两块石板，其上中间位置平铺三块石板作为棺台。棺台长2.26、宽0.7、厚0.06米。棺床与后壁相连，东西距两壁0.08米，与墓壁之间形成排水沟，深0.06米（图二〇七）。

葬具　已腐朽，不存。

（二）随葬器物

出土随葬品共4件，瓷器3件、陶器1件，瓷器为伞式盖2件、碗1件，陶器为罐1件。西室前部发现陶罐1件，中部发现青花瓷碗1件、瓷伞式盖1件，后部发现瓷伞式盖1件。

1. 瓷器

3件。

碗　1件。M1∶3，白胎，青花。敞口，斜腹，底部残缺。外壁饰缠枝纹。口径11、残高

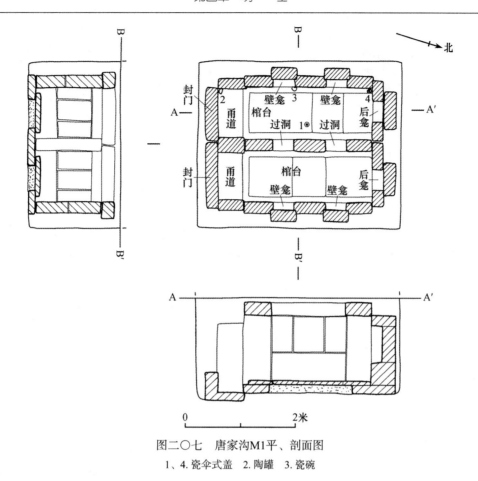

图二〇七 唐家沟M1平、剖面图
1、4.瓷伞式盖 2.陶罐 3.瓷碗

4.4厘米（图二〇八，1）。

伞式盖 2件。灰黑胎，除底部外施酱黑釉。桃形纽，中空。M1：1，纽径2.4、盖径9.3、底径5.4、高6.6厘米（图二〇八，3）。M1：4，纽径3、盖径9.6、底径6.3、高7.9厘米（图二〇八，4）。

2. 陶器

1件。

罐 1件。M1：2，泥质灰陶。上部残缺，弧腹，最大径位于上腹部，平底内凹。有明显轮制痕迹。底径8、残高10.4厘米（图二〇八，2）。

二、M2

（一）墓葬形制

墓圹平面呈长方形。长3.98、宽3.25、残深2.76米。

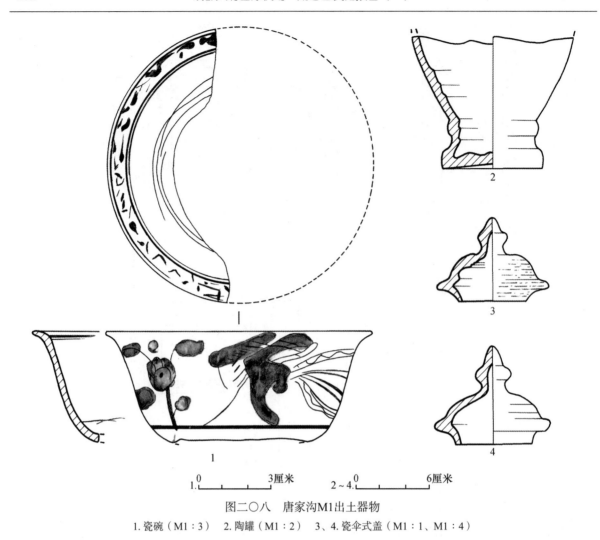

图二〇八　唐家沟M1出土器物

1. 瓷碗（M1∶3）　2. 陶罐（M1∶2）　3、4. 瓷伞式盖（M1∶1、M1∶4）

双室墓。西邻M1，东邻M3。方向158°。由封门、甬道、墓室组成。两个墓室形制及规格基本相同，以过洞相通，以东室为例介绍。

封门　位于甬道南端。由数块石板横向立砌而成，现残存一层。宽1.25、残高0.36、厚0.25米。

甬道　位于墓室南端。平面呈横长方形。底部平铺一块石板。宽0.86、进深0.46、高1.25米。

墓室　平面呈长方形。长2.6、宽1、高1.25米。墓顶从两侧墓壁顶部开始起券，由数块石板砌成券顶，起券高度0.66米。两侧壁由数块石板立砌而成，东壁砌有两个龛。龛形制及规格基本相同，龛立面呈长方形。龛底高出墓底0.6米，宽0.32、进深0.12、高0.68米。后壁由整块石板立砌而成，在中部凿出龛。龛立面大致呈长方形。龛底高出墓底0.4米，宽0.48、进深0.16、高0.4米。后龛上部为屋檐造型，左右两端各雕刻瓶花，壁龛周围雕有较为繁复的纹饰，底部也雕有四瓣花卉纹样（图版五六，2）。底部先横铺两块石板，其上中间位置平铺两块石板作为棺台。棺台长2.22、宽0.68、厚0.16米。棺床距后壁0.26米，东西距两壁0.16米，与墓壁之间形成排水沟，深0.16米（图二〇九）。

葬具　已腐朽，不存。

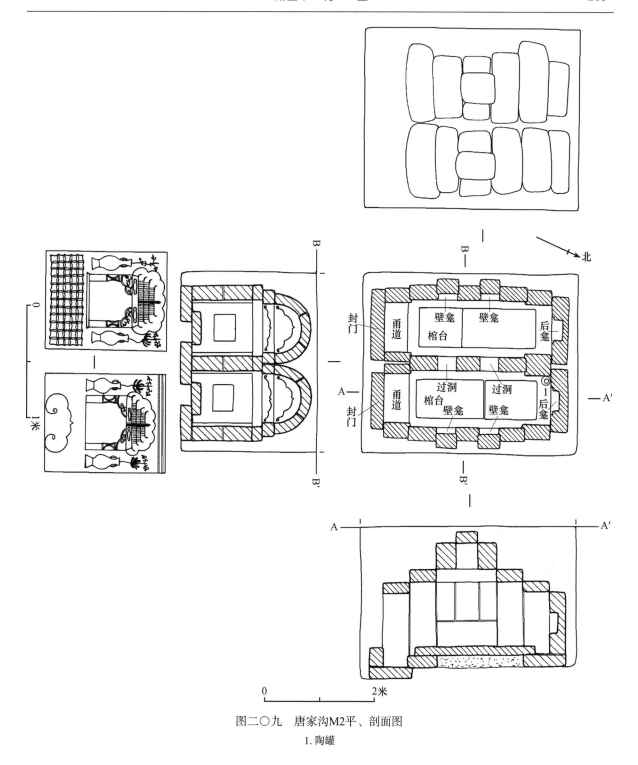

图二〇九　唐家沟M2平、剖面图
1. 陶罐

（二）随葬器物

随葬品为1件陶罐。出土于东室后部。

罐　1件。M2：1，泥质灰陶。直口，束颈，鼓腹，圈足。轮制。口径10.4、最大径15、足径7、高13.4厘米（图二一〇）。

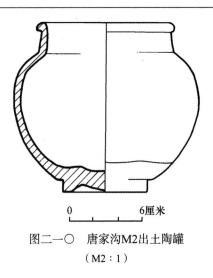

图二一〇　唐家沟M2出土陶罐
（M2∶1）

三、M3

（一）墓葬形制

墓圹平面呈长方形。长3.2、宽1.6、残深1.6米。

单室墓。西邻M2，东邻M4。方向152°。由封门、墓室组成。

封门　位于墓室南端。由两块石条横向立砌而成。宽0.82、高0.8、厚0.2米。

墓室　平面呈长方形。长2.54、宽0.73、高0.94米。顶为平顶，由四块石板平铺而成。墓壁由数块石板立砌而成。后壁由两块石板立砌，在中部向内凿出龛。龛立面呈长方形。龛底高出墓底0.38米，宽0.3、进深0.12、高0.32米。墓底由六块石板平铺而成（图二一一）。

葬具　已腐朽，不存。

（二）随葬器物

该墓盗扰严重，未出土随葬品。

四、M4

（一）墓葬形制

墓圹平面呈长方形。长3.82、宽5.4、残深2.52米。

四室墓。西邻M3，东邻M5。方向160°。由封门、甬道、墓室组成。四个墓室形制及规格

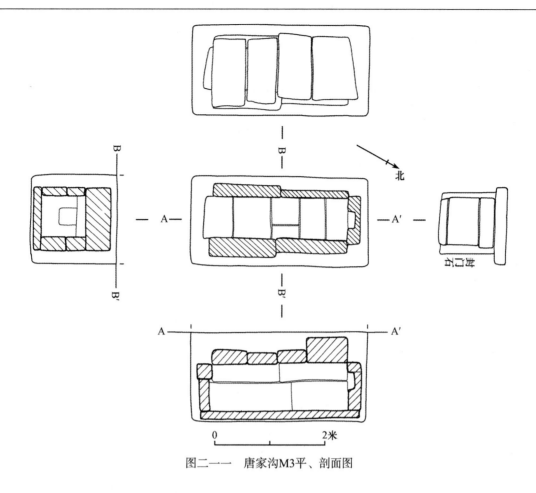

图二一一　唐家沟M3平、剖面图

基本相同，以过洞相通，以西一室为例介绍。

　　封门　位于甬道南端。由数块石条立砌而成，现残存一层。宽1.18、残高0.26、厚0.2米。

　　甬道　位于墓室南端。平面呈横长方形。底部平铺一块石板。宽0.78、进深0.44、高1米。

　　墓室　平面呈长方形。长2.6、宽0.93、高0.8米。墓顶由平顶和券顶共同组成，墓室前部及后部为平顶，由石板平铺而成，从墓室中部开始两侧墓壁顶部开始起券，由数块石板砌成券顶，顶部上面平铺一块石板，起券高度0.7米。两侧壁由数块石板立砌而成，西壁砌有两个龛。龛形制及规格基本相同，龛立面呈长方形。龛底高出墓底0.4米，宽0.38、进深0.14、高0.6米。后壁由一块石板立砌而成，在中部向内凿出龛。龛立面呈长方形。龛底高出墓底0.3米，宽0.4、进深0.2、高0.32米。西一室后龛顶部为塔尖造型。除西一室后龛形制略有不同，其余三室后龛造型均相同。西二室后龛平面呈长方形。龛底高出墓底0.36米，宽0.44、进深0.2、高0.3米。后龛顶部为屋檐造型。底部先平铺两块石板，其上中间位置平铺三块石板作为棺台。棺台长1.6、宽0.66、厚0.1米。棺台距后壁0.42米，东西距两壁0.12米，与墓壁之间形成排水沟，深0.1米（图二一二）。

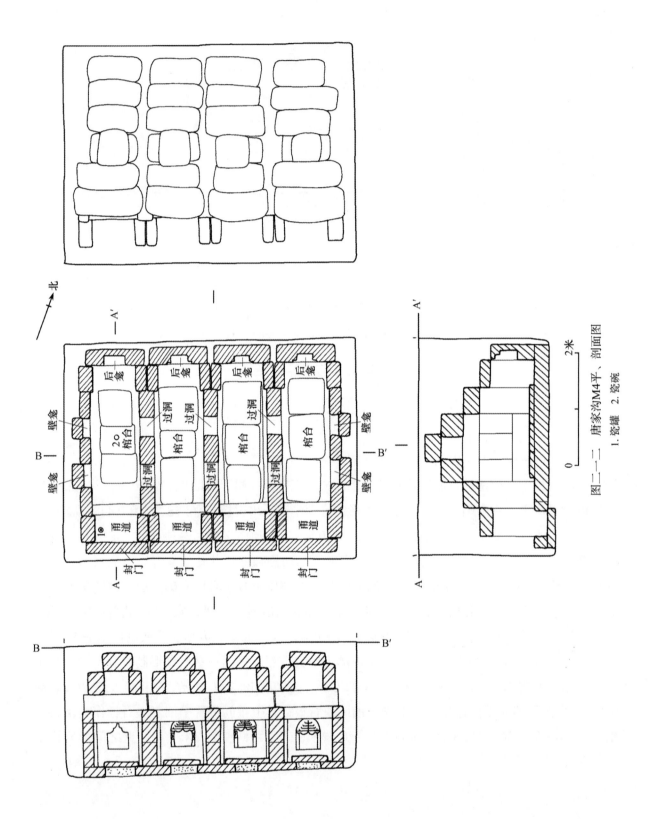

图二一二　唐家沟M4平、剖面图

1. 瓷罐　2. 瓷碗

（二）随葬器物

出土随葬品为瓷器，共2件。包括罐1件，出土于西一室甬道内；碗1件，出土于西一室中部。

罐 1件。M4：1，红胎，褐釉。侈口，圆唇，束颈，弧腹，最大腹径位于上腹部，平底。轮制。口径9.6、最大径23.2、底径8.4、高25.6厘米（图二一三，2；图版五九，3）。

碗 1件。M4：2，红胎，褐釉。敞口，斜腹，圈足。口径16、足径6、高6.1厘米（图二一三，1）。

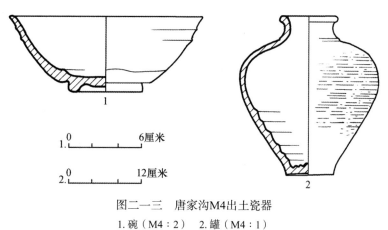

图二一三 唐家沟M4出土瓷器
1.碗（M4：2） 2.罐（M4：1）

五、M5

（一）墓葬形制

岩坑墓，系在山体直接向下开挖形成墓室。

单室墓。东邻M6，西邻M4。方向345°。墓圹平面呈梯形。长3.4、宽1.4～1.74、残深0.52～0.92米。底部为红砂岩石（图二一四）。

（二）随葬器物

该墓盗扰严重，未出土随葬品。

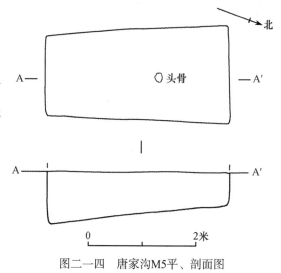

图二一四 唐家沟M5平、剖面图

六、M6

（一）墓葬形制

墓圹平面呈长方形。残长1.2、宽1.05、残深0.74米。

单室墓。方向170°。西邻M5，东邻M7。仅余墓室。

墓室　平面呈长方形。残长0.9、宽0.56、高0.36米。顶为平顶，残存两块平铺石板。残存三壁皆由一块石板立砌而成。墓底由一块石板平铺而成（图二一五）。

（二）随葬器物

该墓盗扰严重，未出土随葬品。

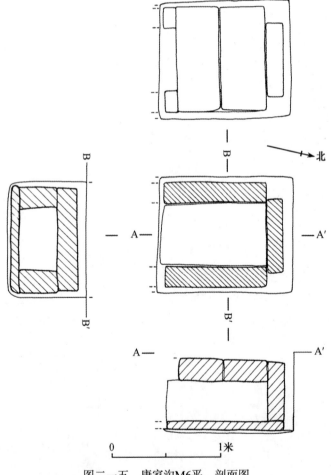

图二一五　唐家沟M6平、剖面图

七、M7

（一）墓葬形制

墓圹平面呈梯形。残长2.35、宽0.75～0.84、残深0.74米。

单室墓。方向174°。西邻M6，东邻M8。仅余墓室。

墓室　平面呈梯形。残长2.02、宽0.4～0.5、高0.42米。顶为平顶，由五块石板平铺而成。残存三壁皆由一块石板立砌而成。墓底由六块石板平铺而成（图二一六）。

（二）随葬器物

该墓盗扰严重，未出土随葬品。

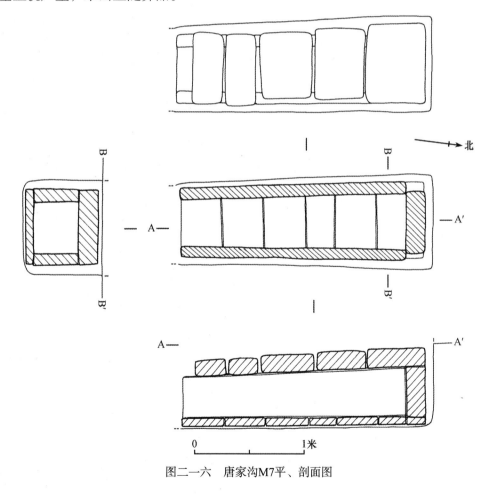

图二一六　唐家沟M7平、剖面图

八、M8

（一）墓葬形制

墓圹平面呈梯形。长2.8、宽0.85~1.02、残深0.9米。

单室墓。西邻M7，东邻M9。方向12°。

墓室　平面呈梯形。长2.25、宽0.4~0.5、高0.57米。顶为平顶，由石板平铺而成，现存三块。墓壁各由三块石板横向立砌而成。墓底由六块石板平铺而成（图二一七）。

（二）随葬器物

该墓盗扰严重，未出土随葬品。

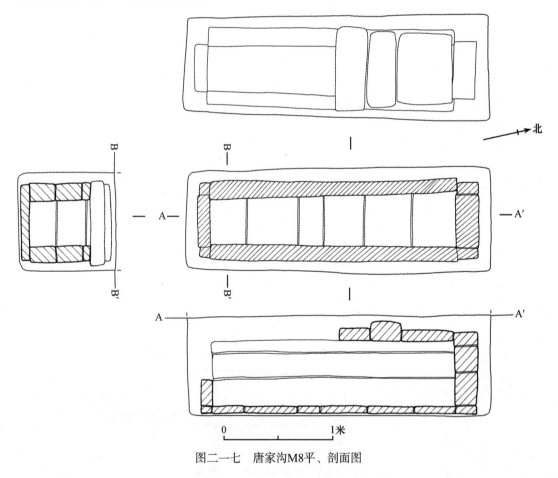

图二一七　唐家沟M8平、剖面图

九、M9

（一）墓葬形制

瓦室墓。墓圹平面呈长方形。长2.6、宽1.05、残深0.9米。

单室墓。西邻M8，东邻M10。方向190°。

墓室　平面呈长方形。长2.1、宽0.95、高0.48米。墓顶由数块石板平铺而成。四壁由板瓦垒砌而成，部分被破坏。墓底为红砂岩石（图二一八）。

（二）随葬器物

该墓盗扰严重，未出土随葬品。

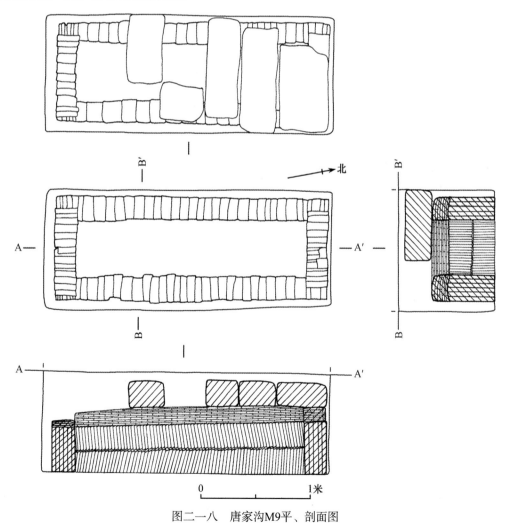

图二一八　唐家沟M9平、剖面图

十、M10

（一）墓葬形制

墓圹平面呈长方形。长2.18、宽0.85、残深0.78米。

单室墓。西邻M9。方向188°。

墓室　平面呈长方形。长1.8、宽0.4、高0.42米。顶为平顶，由数块石板平铺而成。两侧壁由两块石板立砌而成。墓底由五块石板平铺而成（图二一九）。

（二）随葬器物

该墓盗扰严重，未出土随葬品。

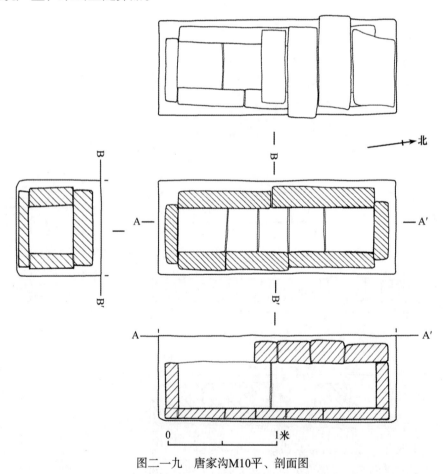

图二一九　唐家沟M10平、剖面图

第二十八节　汪家湾墓地

位于简阳市草池镇三渔村一组，小地名为汪家湾，墓地编号"2016JCSW"。中心地理坐标为东经104°25′16″、北纬30°18′2″，海拔410米。发现墓葬8座，其中M1、M3、M7、M8为单室墓，其余为多室墓。

一、M1

（一）墓葬形制

墓圹平面呈为长方形。长2.27、宽0.94、残深0.54米。

单室墓。东临M2。方向305°。

墓室　平面呈长方形。长1.93、宽0.46、高0.32米。顶为平顶，由石板平铺而成，坍塌严重，仅余两块石板。残存三壁由长方形石板立砌而成。墓底由一块石板平铺而成（图二二〇）。

葬具　墓室内出土铁棺钉，推测葬具可能为木棺。

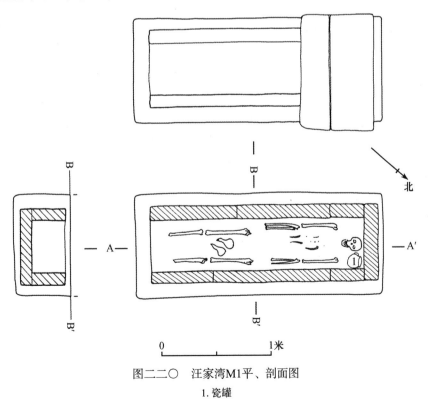

图二二〇　汪家湾M1平、剖面图

1. 瓷罐

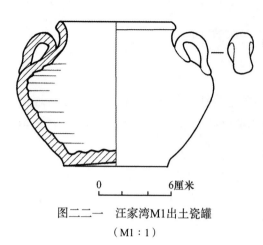

图二二一　汪家湾M1出土瓷罐
（M1：1）

（二）随葬器物

随葬品为1件瓷罐。出土于墓室后部。

罐　1件。M1：1，灰黑胎，酱釉，底部无釉，有流釉现象。侈口，方唇，束颈，肩部贯双耳，鼓腹，平底内凹。口径10、最大径16.4、底径8.8、高11.6厘米（图二二一）。

二、M2

（一）墓葬形制

墓圹平面呈长方形。长3.62、宽2.76、残深1.64米。

双室墓。东临M3，西临M1。方向357°。由封门、甬道、墓室组成。两个墓室形制及规格基本相同，以过洞相通，以西室为例介绍。

封门　位于甬道北端。由数块石板横向立砌而成，现残存一块。宽1.2、残高0.46、厚0.2米。

甬道　位于墓室北端。平面呈横长方形。底部平铺一块石板。宽0.92、进深0.44米。

墓室　平面呈长方形。长2.53、宽0.9、高1.45米。墓顶不存。墓壁由数块石板立砌而成。后壁由两块石板立砌而成，在中部向内凿出龛。两个后龛在同一高度，形制及规格一致，龛立面呈长方形。龛底高出墓底0.4米，宽0.2、进深0.12、高0.4米。后壁有刻字，漫漶不清，无法辨认。底部先横铺两块石板，其上中间位置平铺一块石板作为棺台。棺台长2.1、宽0.7、厚0.12米。棺台与后壁相连，距西壁0.06米，距东壁0.18米，与墓壁之间形成排水沟，深0.12米（图二二二）。

葬具　墓室内出土铁棺钉，推测葬具可能为木棺。

（二）随葬器物

该墓盗扰严重，未出土随葬品。

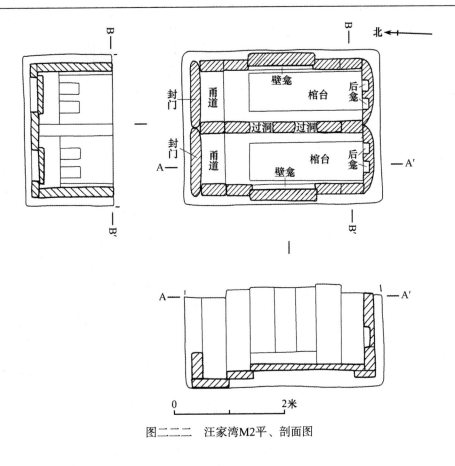

图二二二 汪家湾M2平、剖面图

三、M3

（一）墓葬形制

墓圹平面呈长方形。残长3.08、宽1.28、残深1.04米。

单室墓。西临M2。方向357°。

墓室 平面呈长方形。残长2.6、宽0.65、高0.84米。墓顶不存。残存三壁由长方形石板立砌而成，墓底由四块石板平铺而成（图二二三）。

（二）随葬器物

该墓盗扰严重，未出土随葬品。

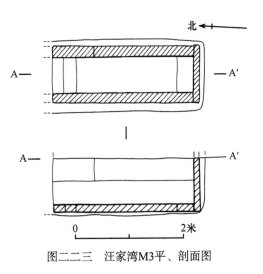

图二二三 汪家湾M3平、剖面图

四、M4

（一）墓葬形制

墓圹平面呈长方形。长3.9、宽2.82、残深1.68米。

双室墓。西临M3。方向340°。由封门、甬道、墓室组成。两个墓室形制及规格基本相同，以过洞相通，以东室为例介绍。

封门　位于甬道北端。由数块石板横向立砌，现残存一块。宽1.2、残高0.52、厚0.25米。

甬道　位于墓室北端。平面呈横长方形。底部平铺一块石板，两端各立一块石板。宽0.9、进深0.48、高1.73米。

墓室　平面呈长方形。长2.6、宽1、高1.76米。顶由长方形石板砌筑，由五块石板构成叠涩顶。西室顶坍塌不存。两侧壁由数块长方形石板立砌而成，东壁砌有两个龛。龛形制及规格基本相同。龛底高出墓底0.36米，宽0.44、进深0.04、高1.24米。后壁由一块石板立砌而成，在中部凿出龛。龛立面呈长方形。龛底高出墓底1.1米，宽0.48、进深0.24、高0.44米。底部先横铺两块石板，其上中间位置平铺两块石板作为棺台。棺台长2.42、宽0.7、厚0.12米。棺台与后壁相连，东西距两壁0.12米，与两壁之间形成排水沟，深0.12米（图二二四）。

葬具　墓室内出土铁棺钉，推测葬具应为木棺。

（二）随葬器物

出土随葬品为瓷器，共2件，包括龙纹罐1件、谷仓罐1件。出土于东室后部。

龙纹罐　1件。M4∶1，灰黑胎，靠近圈足腹部以上皆施酱黑釉。口微侈，斜弧肩，分段式曲腹，腹部纵切面呈波浪形，最大径在下腹部，圈足。肩腹部堆塑一龙戏珠纹饰。口径6.4、最大径13.6、足径8、高16.4厘米（图二二五，2）。

谷仓罐　1件。M4∶2，灰胎，靠近圈足底部以上均施酱黑釉。侈口，圆唇，弧肩，分段式曲腹，腹部纵切面呈波浪形，最大径在下腹部，圈足。肩腹部纵向分布三组各四个三角形纽。口径6、最大径12、足径7.6、高20.8厘米（图二二五，1）。

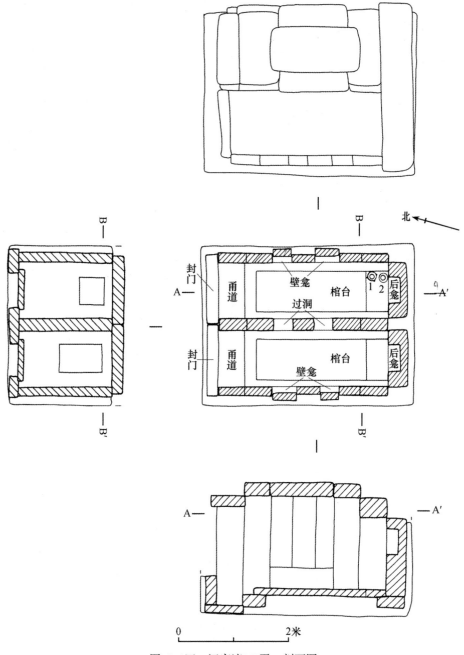

图二二四 汪家湾M4平、剖面图
1. 瓷龙纹罐 2. 瓷谷仓罐

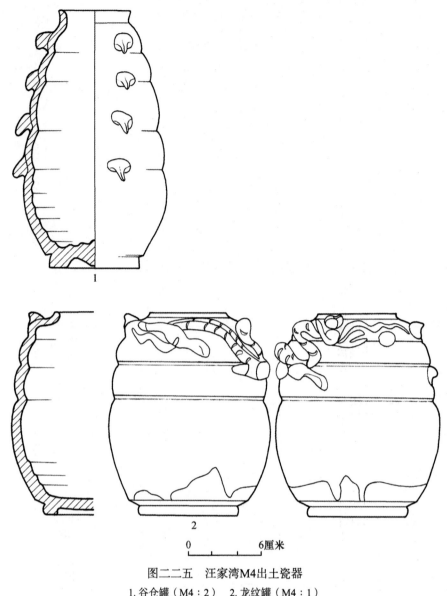

图二二五　汪家湾M4出土瓷器

1. 谷仓罐（M4∶2）　　2. 龙纹罐（M4∶1）

五、M5

（一）墓葬形制

墓圹平面呈长方形。长3.76、宽2.8、残深1.6～1.9米。

双室墓。西临M4。方向150°。由封门、甬道、墓室组成。两个墓室形制及规格基本相同，以过洞相通，以西室为例介绍。

封门　位于甬道南端。由数块石板横向立砌而成，现残存一块。宽1.24、残高0.7、厚0.18米。

甬道 位于墓室南端。平面呈横长方形。底部平铺一块石板。宽0.9、进深0.48米。

墓室 平面呈长方形。长2.6、宽1、高1.4米。顶已被破坏，仅后部残存小部分。两侧壁由数块石板立砌而成，西壁砌有两个龛。龛形制及规格基本相同，龛立面呈长方形。龛底高出墓底0.54米，宽0.4、进深0.24、高1米。后壁由数块石板立砌而成，在中部砌出龛。龛立面呈长方形。龛底高出墓底0.58米，宽0.28、进深0.16、高0.6米。底部先横铺两块石板，其上中间位置平铺一块石板作为棺台。棺台长2.32、宽0.66、厚0.14米。棺床与后壁相连，东西距两壁0.16米，与墓壁之间形成排水沟，深0.14米（图二二六）。

葬具 墓室内出土铁棺钉，推测葬具应为木棺。

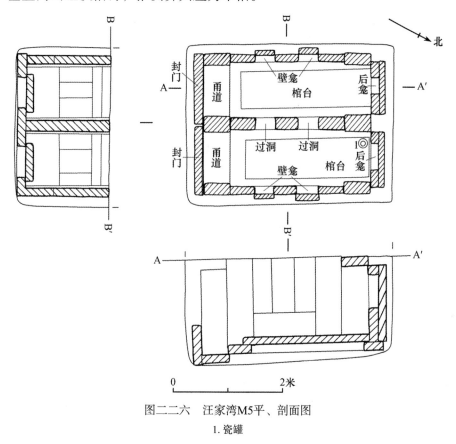

图二二六 汪家湾M5平、剖面图
1. 瓷罐

（二）随葬器物

随葬品为1件瓷罐。出土于东室后部。

罐 1件。M5：1，红胎，酱釉，腹部中间以下无釉，有流釉现象。侈口，圆唇，束颈，鼓腹，平底内凹。腹部及以下饰瓦棱纹。口径9.4、最大径16.6、底径6、高17.6厘米（图二二七）。

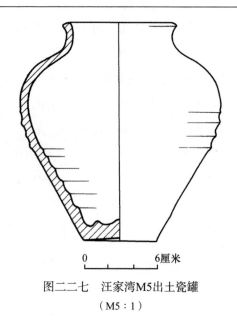

图二二七　汪家湾M5出土瓷罐
（M5∶1）

六、M6

（一）墓葬形制

墓圹平面呈长方形。长3.3、宽2.6、残深1.72米。

双室墓。东临M8。方向164°。由封门、甬道、墓室组成。两个墓室形制及规格基本相同，以过洞相通，以西室为例介绍。

封门　位于甬道南端。由数块石板横向立砌而成，现仅存底部一层。宽1.04、残高0.5、厚0.16米。

甬道　位于墓室南端。底部平铺一块石板。宽0.85、进深0.2米。

墓室　平面呈长方形。长2.48、宽0.86、高1.4米。墓室前部及后部为平顶，由石板平铺；中部两侧墓壁顶部开始起券，由三块梯形石条砌成券顶。东室券顶坍塌。两侧壁由数块石板立砌而成，西壁砌有一龛。龛立面呈长方形。龛底高出墓底0.4米，宽1.4、进深0.22、高1米。西侧墓壁线刻红色漆字："四川成都府等，简县三江乡住户吕公觉灵徐氏之位，夫婿抚用，弘治十二年三月十一日塑立谨题，石近孙造。"后壁由一块石板立砌而成，在中部向内凿出龛。龛立面大致呈长方形。龛底高出墓底0.46米，宽0.5、进深0.22、高0.62米。底部先平铺两块石板，其上中间位置平铺一块石板作为棺台。棺台长2.14、宽0.62、厚0.08米。棺台距后壁0.26米，东西距两壁0.12米，与墓壁之间形成排水沟，深0.1米（图二二八）。

葬具　墓室内出土铁棺钉，推测葬具应为木棺。

（二）随葬器物

随葬品有瓷器和铜器，共2件，包括瓷碗1件、铜簪1件。出土于西室后部。

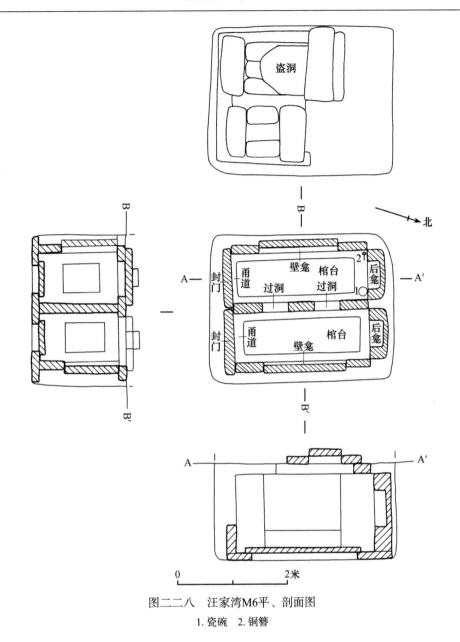

图二二八　汪家湾M6平、剖面图
1. 瓷碗　2. 铜簪

1. 瓷器

1件。

碗　1件。M6：1，红胎，酱釉，内外壁底部无釉。敞口，斜腹，圈足。口径15、足径5、高6.4厘米（图二二九，1）。

2. 铜器

1件。

簪　1件。M6：2，簪身修长但趋于圆润；簪头部呈伞帽状，饰以莲花；簪尾部尖细，易插入发髻。通长11.3、簪头直径1.8厘米（图二二九，2）。

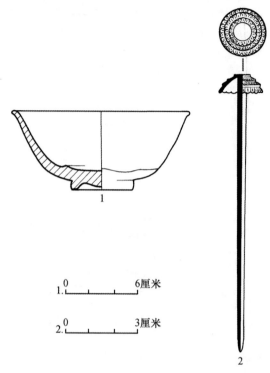

图二二九　汪家湾M6出土器物
1. 瓷碗（M6：1）　2. 铜簪（M6：2）

七、M7

（一）墓葬形制

墓圹平面呈长方形。长1.7、宽0.88、残深0.7米。

单室墓。西临M5。方向164°。

墓室　平面呈长方形。长1.36、宽0.57、高0.46米。顶为平顶，由石板平铺而成，坍塌严重，仅存一块石板。四壁由长方形石板立砌而成。墓底由一块石板平铺而成（图二三〇）。

（二）随葬器物

随葬品为1件瓷碗。出土于墓室后部。

碗　1件。M7：1，红胎，酱釉，内外壁底部无釉。敞口，斜腹，圈足。口径15.4、足径5.4、高6厘米（图二三一）。

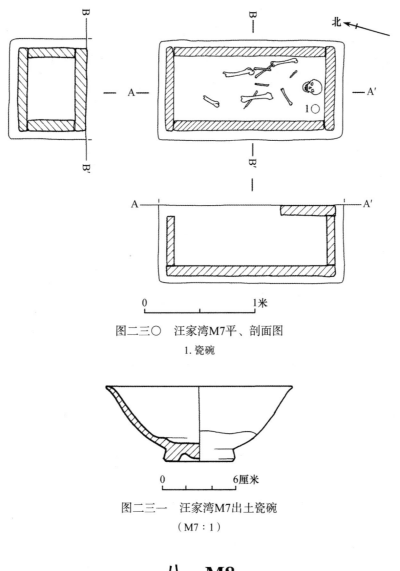

图二三〇 汪家湾M7平、剖面图
1. 瓷碗

图二三一 汪家湾M7出土瓷碗
（M7∶1）

八、M8

（一）墓葬形制

墓圹平面呈近长方形。长3.9、宽1.3、残深2.2米。

单室墓。西临M6。方向344°。由封门、甬道、墓室组成。

封门 位于甬道北端。由数块石板横向立砌而成，现残存一块。宽0.98、残高0.6、厚0.2米。

甬道 位于墓室北端。平面呈横长方形。底部平铺一块石板。宽0.84、进深0.52米。

墓室 平面呈长方形。长2.88、宽0.8、高1.46米。顶为平顶，由长方形石板平铺而成，坍塌严重，仅存两块石板。两侧壁由数块石板立砌而成，西壁砌有两个龛。龛形制及规格基本相同，龛立面呈长方形。龛底高出墓底0.52米，宽0.34、进深0.1、高1米。后壁由数块石板立砌而成，在中部砌出龛。龛立面大致呈长方形。龛底高出墓底0.48米，宽0.44、进深0.18、高0.82米。底部先横铺两块石板，其上中间位置平铺一块石板作为棺台。棺台长2.32、宽0.62、厚0.08米。棺台距后壁0.12米，东西距两壁0.15米，与墓壁之间形成排水沟，深0.1米（图二三二）。

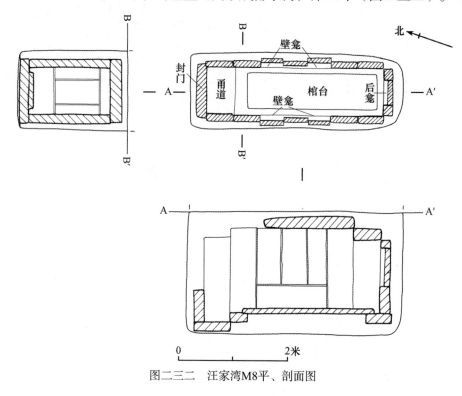

图二三二　汪家湾M8平、剖面图

（二）随葬器物

该墓盗扰严重，未出土随葬品。

第二十九节　吊嘴嘴山石室墓

位于简阳市草池镇永逸村二组和莲花村七组交界处，小地名为吊嘴嘴山，墓地编号"2016JCYD"。中心地理坐标为东经104°26′25″、北纬30°19′49″，海拔440米。发现墓葬1座，为四室墓。

M1

（一）墓葬形制

墓圹平面呈长方形。长4.16、宽4.95、深1.98米。

四室墓。方向339°。由封门、甬道、墓室组成。四个墓室形制及规格基本相同，以东二室为例介绍。

封门 位于甬道北端。由数块石板立砌而成，现残存一块。宽1.12、残高1.48、厚0.14米。

甬道 位于墓室北端。平面呈长方形。宽0.86、进深0.92、高1.8米。底部平铺一块石板。东侧有一过洞与东一室相通。西侧壁向内凿出一龛。

墓室 平面呈长方形。长2.52、宽0.84、高1.6米。顶为叠涩顶，由数块石板平铺叠砌。两侧壁由数块石板立砌而成。后壁由一块石板立砌而成，在中部向内凿出龛。龛底高出棺台0.32米，宽0.4、进深0.1、高0.44米。龛下部雕刻一案，上部雕刻楼阁，与龛一道形成案上楼阁图像。底部先在四壁铺一层地栿石，其上平铺三块石板作为棺台。棺台长2.28、宽0.68、高0.12米。棺台与两侧壁及后壁之间留出空隙形成排水沟，两侧排水沟宽0.08米，后侧排水沟宽0.04米（图二三三）。

葬具 墓室内出土铁棺钉，推测葬具可能为木棺。

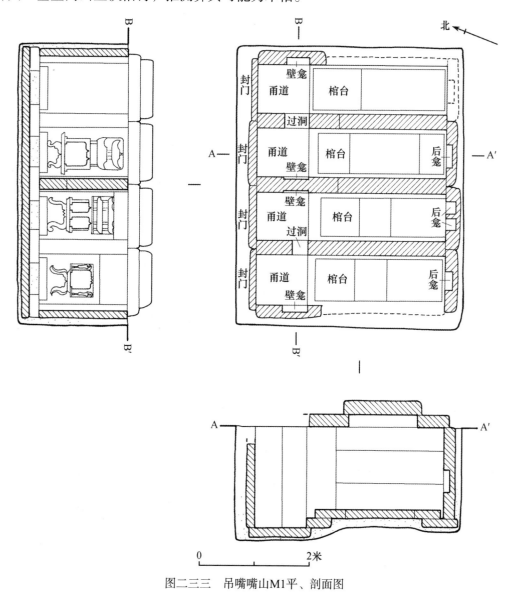

图二三三 吊嘴嘴山M1平、剖面图

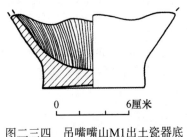

图二三四　吊嘴嘴山M1出土瓷器底
（M1∶1）

（二）随葬器物

随葬品为1件瓷器底。出土于墓内扰土中。

器底　1件。M1∶1，红胎。底角折棱明显。器身轮修痕迹明显。底径8.4、残高6厘米（图二三四）。

第三十节　坛神地石室墓

位于简阳市草池镇永逸村二组，小地名为坛神地，墓地编号为"2016JCYT"。中心地理坐标为东经104°26′22″、北纬30°19′58″，海拔420米。发现墓葬1座，为单室墓。

M1

（一）墓葬形制

墓圹平面呈梯形。长3.44、宽1.4～1.6、深1.76米。

单室墓。方向242°。由封门、墓室组成。

封门　位于墓室西端。由数块石板砌成，已被破坏。宽1.4、残高0.1、厚0.15米。

墓室　平面呈长方形。长2.76、宽1、高1.58米。顶为叠涩顶。两侧壁由一块石板横向立砌而成。后壁由数块石板立砌而成，中间形成龛。龛底高出墓底0.5米，宽0.62、进深0.2、高0.58米。底部先在四壁铺一层地栿石，其上平铺一块石板作为棺台。棺台长2.62、宽0.92、高0.11米。棺台与两侧壁及后壁之间留出空隙形成排水沟，两侧排水沟宽0.04米，后侧排水沟宽0.1米（图二三五）。

葬具　墓室内出土铁棺钉，推测葬具可能为木棺。

（二）随葬器物

该墓盗扰严重，未出土随葬品。

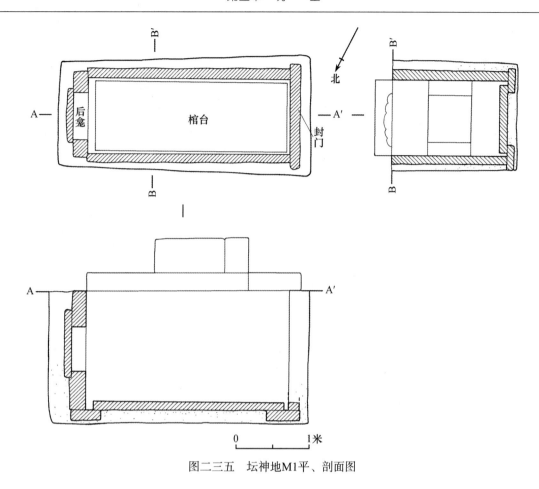

图二三五　坛神地M1平、剖面图

第三十一节　碑湾碥石室墓

位于简阳市草池镇永逸村四组，小地名为碑湾碥，墓地编号为"2016JCYB"。中心地理坐标为东经104°26′19.3″、北纬30°20′18.3″，海拔420米。发现墓葬1座，为双室墓。

M1

（一）墓葬形制

墓圹平面呈长方形。长5、宽2.78、深1.6米。

双室墓。方向215°。由封门、甬道、墓室组成。两个墓室形制及规格基本相同，以东室为例介绍。

封门　位于甬道南端。由数块石板横向立砌而成，现残存一块。宽1.16、残高1.34、厚0.15米。

甬道　位于墓室南端。顶部被破坏，底部平铺一块石板，东西两侧各立三块石板于其上。宽0.96、高1.44、进深1.42米。

墓室　平面呈长方形。长2.8、宽1、高1.4米。顶由平顶和券顶组成，靠近后壁处为平顶，中间为券顶。两侧壁由数块石板立砌而成，西侧壁有两个过洞与西室相通。过洞立面呈长方形。过洞底部高出棺台0.36米，宽0.55、高1.08米。后壁由两块石板立砌而成，在中部形成一龛。龛立面呈长方形，上部呈连弧状。龛底高出墓底0.44米，宽0.56、进深0.12、高0.64米。底部在壁下先平铺一层石板为地栿石，其上立砌石板为墓壁。棺台亦置于地栿石上，棺台平面呈长方形。棺台长2.44、宽0.76、高0.12米。棺台与两侧壁及后壁之间留出空隙形成排水沟，宽0.12～0.14米（图二三六）。

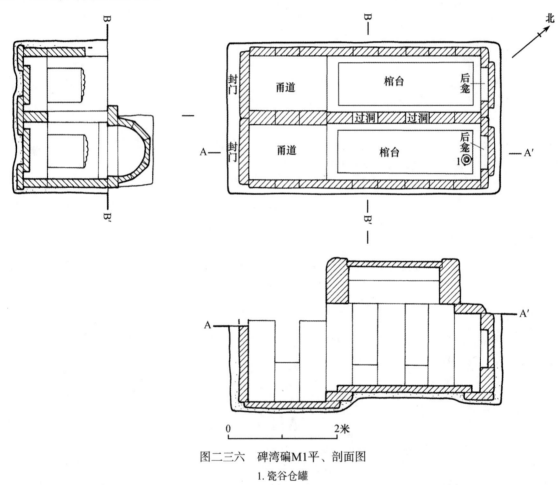

图二三六　碑湾碥M1平、剖面图
1. 瓷谷仓罐

（二）随葬器物

出土随葬品为1件瓷谷仓罐。出土于东室棺台靠近后壁处。

谷仓罐　1件。M1∶1，暗红胎，靠近圈足底部以上均施酱釉。侈口，圆唇，弧肩，分段式曲腹，腹部纵切面呈波浪形，最大径在下腹部，圈足。肩腹部纵向分布三组各五个三角形纽。口径6.4、最大径14.4、足径8.4、通高24.8厘米。带伞式盖，灰胎，纽上施酱釉。桃形纽，平底。纽径2.4、盖径7.7、底径3.9、高2.7厘米（图二三七）。

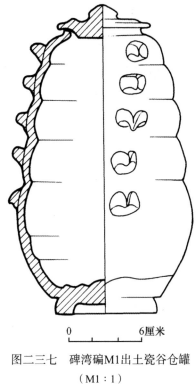

图二三七 碑湾碥M1出土瓷谷仓罐
（M1：1）

第三十二节 汪家山石室墓

位于简阳市草池镇寨子村三组，小地名为汪家山，墓地编号为"2016JCZW"。中心地理坐标为东经104°25′23″、北纬30°18′5″，海拔430米。发现墓葬2座，其中M1为单室墓，M2为双室墓。

一、M1

（一）墓葬形制

墓圹平面呈长方形。长2.86、宽1.34、深1.24米。

单室墓。方向357°。由封门、墓室组成。

封门 位于墓室北端。已破坏，从残留痕迹可见其厚约0.16米。

墓室 平面呈长方形。长2.3、宽0.7、残高1.08米。顶已被破坏。两侧壁由数块石板立砌而成，西侧残存两块，东侧残存一块。后壁由两块石板立砌而成。底部由一块石板平铺而成（图二三八）。

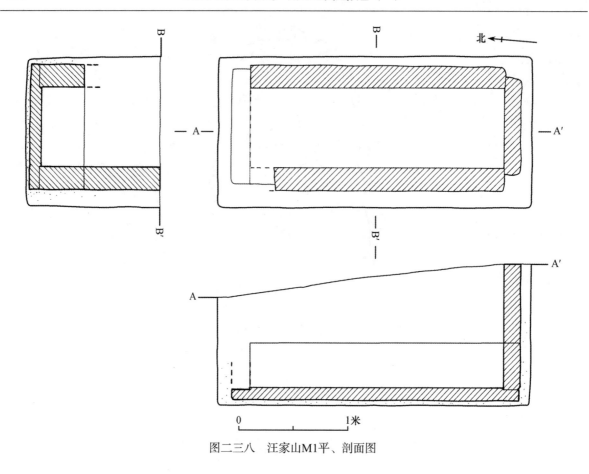

图二三八　汪家山M1平、剖面图

（二）随葬器物

该墓盗扰严重，未出土随葬品。

二、M2

（一）墓葬形制

墓圹平面呈长方形。长3.34、宽2.54、深1.5～1.6米。

双室墓。方向135°。由封门、甬道、墓室组成。两个墓室形制及规格基本相同，以东室为例介绍。

封门　位于甬道南端。由一块石板横向立砌而成。宽1.12、高1.58、厚0.17米。

甬道　位于墓室南端。平面呈横长方形。底部平铺一块石板，两端各立一块石板。宽0.86、进深0.5、高1.48米。

墓室 平面呈长方形。长2.28、宽0.82、高1.26米。顶为平顶，由四块石板横向平铺而成。两侧壁各由两块石板横向立砌而成，东西两室共用中间壁。后壁由一块石板立砌而成，在中部向内凿出龛。龛立面近方形，上部呈连弧状。龛底高出棺台0.42米，宽0.34、进深0.08、高0.33米。底部先平铺一整块石板，其上置棺台。棺台由三块石板平铺而成。长2.2、宽0.64、高0.1米。棺台与两侧壁之间留出空隙形成排水沟，宽0.08米（图二三九）。

葬具 墓室内出土铁棺钉，推测葬具可能为木棺。

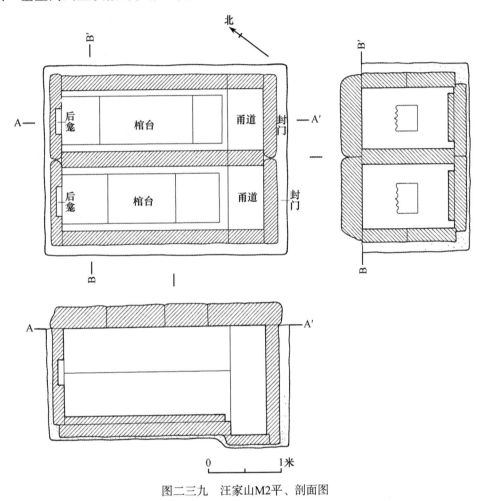

图二三九 汪家山M2平、剖面图

（二）随葬器物

该墓盗扰严重，未出土随葬品。

第三十三节　生基嘴墓地

位于简阳市草池镇寨子村九组，小地名为生基嘴，墓地编号为"2016JCZS"。中心地理坐标为东经104°25′29″、北纬30°18′4″，海拔420米。墓地位于半山腰。发现墓葬4座，其中M4为单室墓，其余为多室墓。

一、M1

（一）墓葬形制

墓圹平面呈长方形。长6.39、宽5.79、深1.88米。

四室墓。方向221°。由封门、甬道、墓室组成。四个墓室形制及规格基本相同，以东二室为例介绍。

封门　位于甬道南端。由数块石板横向立砌而成，现残存一块。宽1.28、残高1.4、厚0.23米。

甬道　位于墓室南端。平面呈横长方形。顶部已被破坏，底部平铺一块石板，两端各立砌一块石板。宽1.08、进深0.56、高1.8米。

墓室　纵向分为前、中、后三室。

前室　平面呈长方形。长1.32、宽1.08、高1.62米。顶部已被破坏，残存一块平铺的石板。两侧壁各由两块石板立砌而成，东西两侧各有一过洞与相邻室相通。底部平铺一块石板。

中室　平面呈长方形。长2.6、宽1.08、高1.7米。顶为叠涩顶。两侧壁由数块石板立砌而成。东侧壁形成两个过洞，与东侧相邻墓室相通。西侧壁形成两个龛。两龛形制及规格基本相同，龛立面呈长方形。龛底高出墓底0.28米，宽0.41、进深0.08、高1.18米。底部先平铺一块石板，其上中间位置平铺一块石板作为棺台。棺台平面呈长方形。长2.2、宽0.76、高0.08米。

后室　平面呈横长方形。长0.88、宽1.08、高1.7米。顶为平顶。两侧壁由数块石板立砌而成。东侧壁形成一个过洞，与东侧相邻墓室相通。西侧壁形成一个龛。龛立面呈长方形。龛底高出墓底0.48米，宽0.4、进深0.04、高1.18米。后壁由数块石板砌成，形成一龛。龛立面呈长方形。龛底高出后室墓底0.64米，宽0.6、进深0.2、高0.84米。后壁雕刻房屋图像，下层房屋为单层屋檐，上层房屋为双层屋檐。最顶层屋檐中间雕刻花纹图像。龛内雕刻一人物图像，呈站立状，站立于下层屋顶之上，双手置于腹前。龛左边有文字题刻，部分已涣漫不清，可辨识文字为"巽山口向阴……嘉靖二十二年四月"（图二四〇；图版五四）。

葬具　墓室内出土铁棺钉，推测葬具可能为木棺。

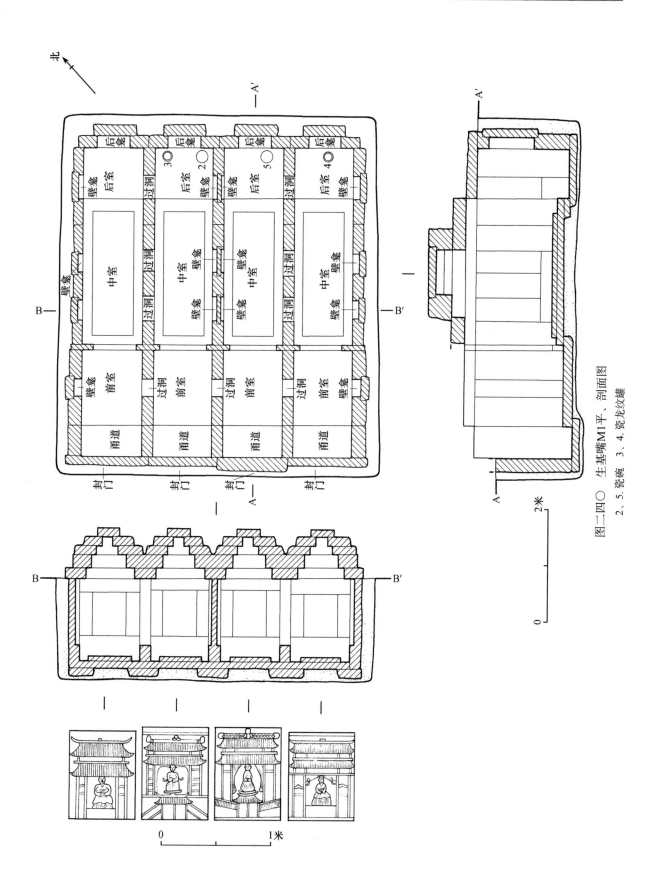

图二一四○　生基嘴M1平、剖面图
2、5. 瓷碗　3、4. 瓷龙纹罐

（二）随葬器物

出土随葬品皆为瓷器，共8件，包括伞式盖2件、龙纹罐2件、碗2件、器座1件、罐1件。瓷碗分别出土于东二室和西二室后室靠近后壁处，瓷龙纹罐分别出土于东一室和西二室后室靠近后壁处，其余器物出土于扰土中。

伞式盖　2件。灰黑胎，除底部外均施酱黑釉。桃形纽，平底。M1：1，纽径2.1、盖径6.7、底径3.7、高3.1厘米（图二四一，6；图版五七，1）。M1：7，纽径2.8、盖径7.5、底径4、高2.8厘米（图二四一，7）。

龙纹罐　2件。M1：3，灰胎，靠近圈足底部以上均施酱黑釉。敛口，圆唇，弧肩，分段式曲腹，腹部纵切面呈波浪形，最大径在下腹部，圈足。肩腹部堆塑一龙戏珠纹饰。口径6、最大径14、足径8.4、高19.8厘米（图二四一，4）。M1：4，灰黑胎，靠近圈足腹部以上皆施酱黑釉。敛口，弧肩，桶形腹，圈足。肩腹部堆塑一龙戏珠纹饰。口径6、最大径14.4、足径8、高21.6厘米（图二四一，1）。

碗　2件。M1：2，红胎，酱釉，内外壁底部无釉。敛口，斜腹，平底。口径21.2、底径

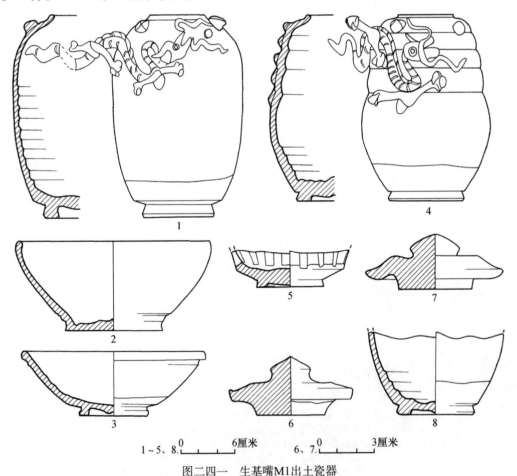

1~5、8.　0 _____ 6厘米　　6、7.　0 _____ 3厘米

图二四一　生基嘴M1出土瓷器

1、4.龙纹罐（M1：4、M1：3）　2、3.碗（M1：2、M1：5）　5.器座（M1：6）　6、7.伞式盖（M1：1、M1：7）
8.罐（M1：8）

10.8、高9.5厘米（图二四一，2）。M1：5，红胎，酱釉，内外壁底部无釉。敞口，斜腹，圈足。口径20.4、足径7.6、高6.8厘米（图二四一，3）。

器座 1件。M1：6，红胎，酱釉。器身镂空，上部残缺，圈足。足径7.4、残高3.8厘米（图二四一，5）。

罐 1件。M1：8，红胎，黑釉。圈足，上部残缺。足径8.4、残高8.6厘米（图二四一，8）。

二、M2

（一）墓葬形制

墓圹平面呈长方形。长3.46、宽2.84、深1.52米。

双室墓。方向322°。由封门、墓室组成。两个墓室形制及规格基本相同，以东室为例介绍。

封门 位于墓室北端。由数块石板横向立砌而成，现残存一块。宽1.22、残高0.84、厚0.2米。

墓室 平面呈长方形。长2.5、宽0.94、高1.38米。顶为平顶，由五块石板平铺而成。东侧壁由数块石板砌成，形成三个龛。各龛形制及规格基本相同，龛立面呈长方形。龛底高出棺台0.2米，宽0.41、进深0.13、高1.07米。西侧壁形成两个龛。龛立面呈长方形。龛底高出墓底0.3米，宽0.41、进深0.1、高1.02米。后壁由一块石板立砌而成，在中部偏上位置向内凿出龛。龛立面呈长方形，上部呈连弧状。龛底高出墓底0.42米，宽0.77、进深0.3、高0.69米。底部四壁先平铺一层地栿石，其上置棺台。棺台长2.22、宽0.74、高0.08米。棺台与两侧壁及后壁之间留出空隙形成排水沟，两侧排水沟宽0.09～0.1米，后侧排水沟宽0.13米（图二四二）。

葬具 墓室内出土铁棺钉，推测葬具可能为木棺。

（二）随葬器物

出土随葬品为瓷器，共4件，包括碗2件、罐2件。瓷碗出土于西室棺台靠近后壁处，瓷罐出土于后龛中。

碗 2件。M2：1，红胎，酱釉，内外壁底部无釉。敞口，斜腹，圈足。口径15.6、足径5.2、高5.6厘米（图二四三，3；图版五七，6）。M2：3，红胎，酱釉，内外壁底部无釉。敞口，斜腹，圈足。口径10.4、足径4.8、高3.7厘米（图二四三，4）。

罐 2件。M2：2，灰黑胎，酱釉，底部无釉，有流釉现象。侈口，方唇，束颈，肩部贯双耳，鼓腹，最大腹径位于器身中部偏上位置，平底略内凹。腹部饰弦纹。口径9.4、最大径15.8、底径7.2、高18.4厘米（图二四三，1；图版五八，4）。M2：4，红胎，无釉。侈口，圆唇，溜肩，斜弧腹，平底。口径8.2、最大径13.4、底径5.6、高16.2厘米（图二四三，2；图版五八，6）。

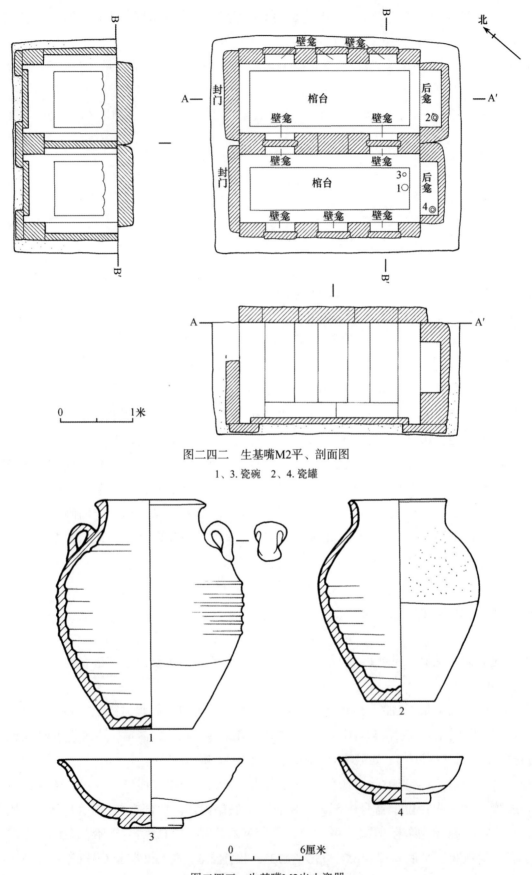

图二四二　生基嘴M2平、剖面图

1、3.瓷碗　2、4.瓷罐

图二四三　生基嘴M2出土瓷器

1、2.罐（M2∶2、M2∶4）　3、4.碗（M2∶1、M2∶3）

三、M3

（一）墓葬形制

墓圹平面呈长方形。长3.62、宽2.9、深1.26～1.4米。

双室墓。方向330°。由甬道、墓室组成。两个墓室形制及规格基本相同，以过洞相通，以东室为例介绍。

甬道 位于墓室北端。底部平铺一块石板，两端各立一块石板。宽0.97、进深0.46、高1.28米。

墓室 平面呈长方形。长2.6、宽0.95、高1.08米。顶为平顶。两侧壁由数块石板立砌而成。后壁由一块石板立砌而成，中部靠上位置向内凿出龛。龛立面呈长方形。龛底高出墓底0.4米，宽0.51、进深0.19、高0.48米。底部四壁先平铺一层地栿石，其上置棺台。棺台长2.18、宽0.74、高0.1米。棺台与两侧壁及后壁之间留出空隙形成排水沟，两侧排水沟宽0.11～0.12米，后侧排水沟宽0.2米（图二四四）。

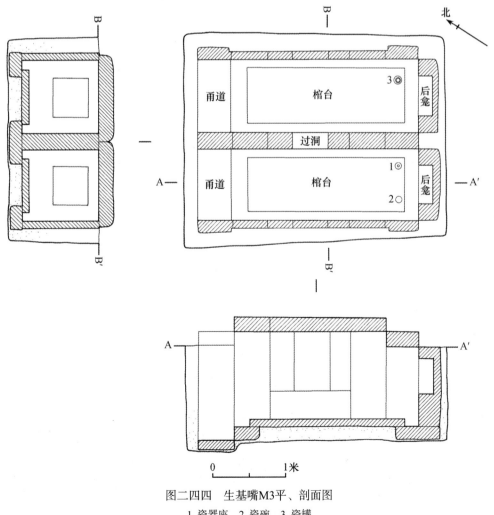

图二四四 生基嘴M3平、剖面图

1. 瓷器座 2. 瓷碗 3. 瓷罐

（二）随葬器物

出土随葬品为瓷器，共3件，包括器座1件、碗1件、罐1件。瓷器座、瓷碗出土于西室棺台靠近后壁处，瓷罐出土于东室棺台靠近后壁处。

器座　1件。M3：1，红胎，酱釉。器身镂空，圈足。口径16.8、足径8、高7.5厘米（图二四五，2）。

碗　1件。M3：2，红胎，酱釉，内外壁底部无釉。敞口，斜腹，圈足。口径16.8、足径7.5、高8厘米（图二四五，3）。

罐　1件。M3：3，红胎，无釉。敞口，圆唇，溜肩，斜弧腹，平底略内凹。口径9.4、最大径21.8、底径7.4、高23.4厘米（图二四五，1）。

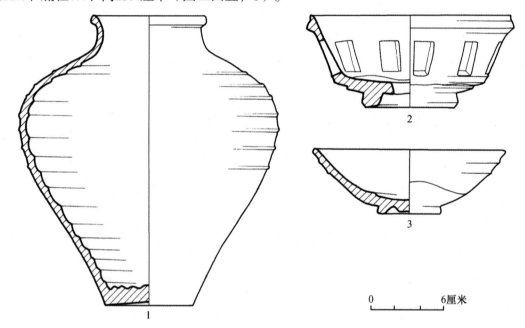

0　　　　　　6厘米

图二四五　生基嘴M3出土瓷器

1. 罐（M3：3）　2. 器座（M3：1）　3. 碗（M3：2）

四、M4

（一）墓葬形制

墓圹平面呈长方形。长3.1、宽1.1、深1.18米。

单室墓。方向311°。由封门、墓室组成。

封门　位于墓室西端。由三块石板立砌而成。宽1.07、高1.03、厚0.17米。

墓室　平面呈长方形。长2.64、宽0.66、高1米。顶为平顶，由石板平铺而成，现残存六块。两侧壁由数块石板立砌而成。后壁残存一块石板。底部由七块石板平铺而成（图二四六）。

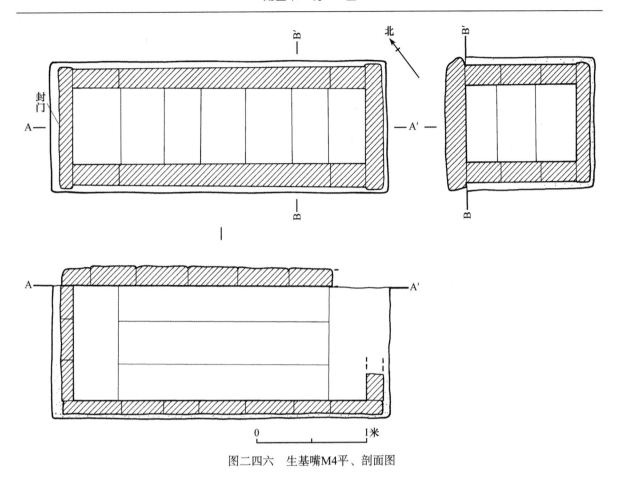

图二四六 生基嘴M4平、剖面图

（二）随葬器物

该墓盗扰严重，未出土随葬品。

第三十四节 土家碥石室墓

位于简阳市草池镇永逸村三组，小地名为土家碥，墓地编号为"2016JCYT"。中心地理坐标为东经104°26′7.6″、北纬30°20′18.5″，海拔420米。发现墓葬1座，为双室墓。

M1

（一）墓葬形制

墓圹平面呈长方形。长3.96、宽2.72、深1.62米。

双室墓。方向28°。由封门、甬道、墓室组成。两个墓室形制及规格基本相同，以东室为例介绍。

封门　位于甬道北端。由一块石板立砌而成。宽1.2、高1.68、厚0.11米。

甬道　位于墓室北端。平面呈横长方形。底部平铺一块石板，两端各立一石板。宽0.88、进深0.48、高1.56米。

墓室　平面呈长方形。长2.78、宽0.89、高1.44米。顶为叠涩顶。两侧壁各由四块石板立砌而成。后壁由数块石板立砌而成，在第二、三块石板上向内凿出龛。龛下部呈长方形，顶部呈塔状。龛底高出棺台0.42米，宽0.46、进深0.16、高0.76米。底部先平铺一层石板，其上中部位置平铺两块石板作为棺台。棺台长2.64、宽0.64、高0.1米。棺台与两侧壁之间留出空隙形成排水沟，宽0.1~0.12米（图二四七）。

葬具　墓室内出土铁棺钉，推测葬具可能为木棺。

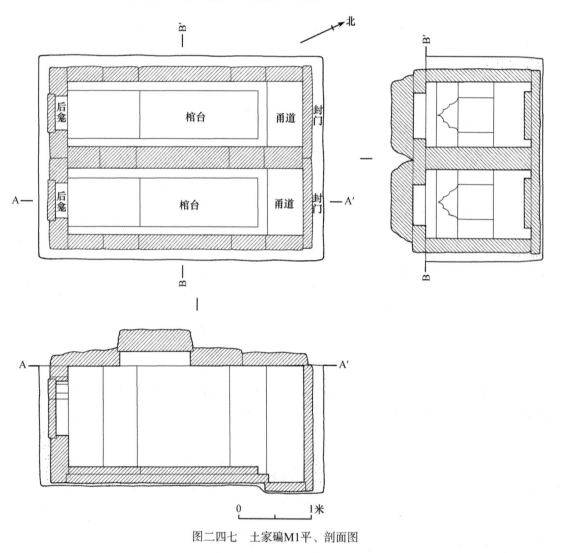

图二四七　土家碥M1平、剖面图

（二）随葬器物

该墓盗扰严重，未出土随葬品。

第三十五节 团顶山石室墓

位于简阳市草池镇瓦厂村二组，小地名为团顶山，墓地编号为"2016JCWT"。中心地理坐标为东经104°25′54″、北纬30°19′28″，海拔415米。发现墓葬1座，为四室墓。

M1

（一）墓葬形制

墓圹平面呈长方形。长4.08、宽5.16、深1.84米。

四室墓。方向136°。由封门、甬道、墓室组成。四个墓室形制及规格基本相同，以南一室为例介绍。

封门 位于甬道东端。由数块石板横向立砌而成，现残存一块。宽1.16、残高1.4、厚0.16米。

甬道 位于墓室东端。平面呈横长方形。底部平铺一块石板，两端各立一块石板。宽0.86、进深0.5、高1.6米。

墓室 平面呈长方形。长2.79、宽0.88、高1.32米。顶为叠涩顶。两侧壁由数块石板立砌而成，南壁形成两个龛。两龛形制及规格基本相同，龛立面呈长方形。龛底高出棺台0.36米，宽0.44、进深0.12、高1米。后壁由两块石板立砌而成，形成一个龛。龛立面呈长方形，上部呈连弧状。龛底高出棺台0.56米，宽0.46、进深0.2、高0.6米。墓底先平铺一层石板，其上中间位置平铺一层石板作为棺台。棺台长2.42、宽0.68、高0.14米。棺台与两侧壁及后壁之间留出空隙形成排水沟，两侧排水沟宽0.08～0.16米，后侧排水沟宽0.2米（图二四八）。

葬具 墓室内出土铁棺钉，推测可能为木棺。

（二）随葬器物

该墓盗扰严重，未出土随葬品。

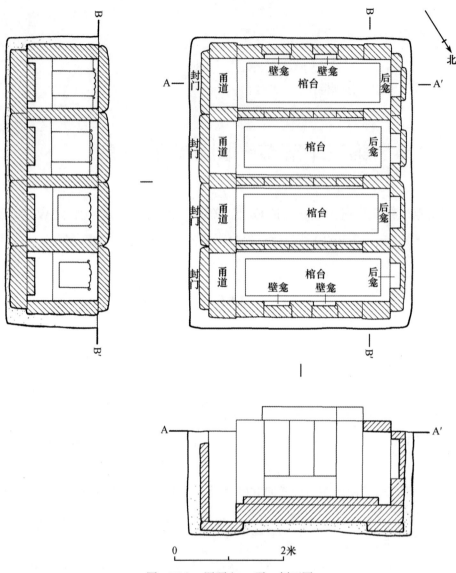

图二四八　团顶山M1平、剖面图

第五章 初步研究

第一节 汉 墓

一、墓葬形制

本次发掘的37座崖墓，除汪家山地点M3、M10两座未开凿完成外，其余35座墓葬依据墓室的多寡可以分为三类。

1.单主室

15座。墓道绝大多数呈梯形，由墓门向外逐渐收窄，部分前端被破坏。根据墓室的差异，可分为二型。

A型 5座。墓室狭长。根据壁龛、灶等附属设施的变化，可分为三式。

Ⅰ式：1座。墓室平面呈长方形，无侧龛、灶等附属设施。大山M9，由墓道、墓门、墓室组成。墓道前端被破坏，残存部分平面呈长方形。墓门立面呈长方形。墓室平面大致呈不规则长方形，近墓门侧略微宽，顶部和底部皆不甚平整，顶部靠近墓门侧较高，向后壁侧倾斜。

Ⅱ式：2座。墓室平面呈不规则长方形，带侧室、壁龛、原岩石棺等附属设施。包括汪家山M1、大山M15。大山M15，由墓道、墓门、甬道、墓室、侧室组成。墓道残存部分平面近梯形。墓门立面呈长方形。甬道平面近梯形，两侧不甚对称，顶部和底部皆不甚平整，顶部靠近墓室侧较高，向墓门侧倾斜。墓室平面呈不规则长方形，顶部和底部皆不甚平整，皆为靠近后壁侧较高，向甬道侧略微倾斜。墓室北侧壁有一龛，平面呈长方形，顶部和底部皆不甚平整。其内凿有一原岩石棺。侧室平面近梯形。

Ⅲ式：2座。墓室平面呈长方形或梯形，带侧室、壁龛、原岩石棺和灶等附属设施。包括汪家山M5、M15。汪家山M15，由墓道、墓门、甬道、墓室组成。墓道残存部分平面呈不规则梯形。墓门立面呈长方形。甬道平面呈不规则梯形，南北两侧不甚对称，底部和顶部皆较平。墓室平面呈长方形，底部和顶部皆不甚平整，向甬道侧倾斜。墓室北壁前部有一灶台案龛，单眼灶，眼呈不规则形；北壁后部有一棺龛。南壁前部有一原岩石棺，南壁后部有一棺龛。

B型　10座。墓室相对较短。根据壁龛、灶等附属设施的变化，可分为二式。

Ⅰ式：8座。墓室平面呈长方形或梯形，有壁龛或侧室，部分有原岩石棺，无灶等附属设施。包括汪家山M17，大山M3、M4、M10、M11、M13、M14、M16。大山M4，由墓道、墓门、甬道、墓室组成。墓道残存部分平面近梯形。墓门立面呈长方形。甬道平面大致呈梯形，底部和顶部不甚平整，底部近墓道侧较高，向墓室侧倾斜，近墓室侧较宽，近墓道侧较窄，墓室平面呈不规则梯形，近甬道侧较窄，底部和顶部皆不甚平整，底部向甬道侧倾斜，顶部则向远甬道侧倾斜。墓室南北两壁各有一龛。

Ⅱ式：2座。墓室平面呈长方形或梯形，有壁龛或侧龛，有灶等附属设施。包括汪家山M9、蛮洞子山M1。蛮洞子山M1，由墓道、墓门、甬道、墓室组成。墓道残存部分平面呈不规则梯形。墓门立面呈长方形。甬道平面略呈梯形，靠近墓室侧较窄，斜平顶，靠近墓门侧较高，向墓室侧倾斜。墓室平面呈梯形，靠近甬道侧较窄，顶部和底部皆不甚平整，顶部靠近后壁侧较高，向甬道侧倾斜较甚。墓室北侧壁有一龛，平面呈不规则椭圆形，顶部较弧，中间高、两侧较低，底部近平。南壁近甬道一侧有一灶龛，平面呈长方形，单眼灶。远甬道一侧有一龛，平面呈长方形。

2. 前后双主室

17座。根据两个主室的区分方式，可分为二型。

A型　12座。两主室通过高低区分。根据有无灶、画像等，可分为三式。

Ⅰ式：4座。部分有龛、原岩石棺等，无灶及雕刻。包括汪家山M16、M18，大山M5、M6。大山M5，由墓道、墓门、甬道、前室、后室、侧室组成。墓道残存部分平面近长方形。墓门立面呈长方形。甬道平面近长方形。前室平面近梯形，近甬道侧较窄，顶部和底部皆不甚平整，靠近后室侧较高，向甬道侧倾斜。后室平面略呈长方形，顶部和底部皆不甚平整，靠近后壁侧较高，向前室侧略微倾斜，底部高出前室0.2米。侧室位于主墓室北侧，处于前后室交接处，顶部和底部较平。

Ⅱ式：4座。有龛、原岩石棺等，出现灶，墓内不见画像。包括汪家山M2、M6，大山M8、M12。汪家山M6，由墓道、墓门、甬道、前室、后室组成。墓道残存部分平面呈梯形。墓门立面呈长方形。甬道平面呈梯形。前室平面呈不规则长方形，弧顶，向两侧略微倾斜，斜底，由后室侧向甬道侧倾斜。后室平面呈不规则长方形，斜顶，斜底，皆向前室侧倾斜。后室西侧有一棺台，平面呈不规则形；东侧有一原岩石棺。

Ⅲ式：4座。有龛、原岩石棺等，出现灶，出现画像。包括汪家山M4、大山M7、蛮洞子山M2、尖山坡M1。大山M7，由墓道、墓门、甬道、前室、后室组成。墓道残存部分分为前后两段，平面皆呈不规则梯形。墓门立面呈长方形。甬道平面近长方形。前室平面呈不规则长方形，顶部和底部皆不甚平整，顶部靠近后室侧较高，向甬道侧倾斜，底部中间高、两侧较低。

北壁近甬道方向有一壁龛，龛内雕刻一劳作俑，呈站立状，手持农具。壁龛西侧邻近处有一灶台案龛，案龛平面呈长方形，斜顶，平底。灶龛平面呈长方形。南壁近甬道处雕刻一两层阁楼，阁楼西侧雕刻两个人俑，其一为劳作俑，呈站立状，手持农具，另一人手持何物已不清。阁楼右上方雕刻一凤鸟，单腿着地，呈振翅欲飞状。阁楼与劳作俑之下雕刻一排水田，呈块状，共分为5块，最西侧一块田内有鱼2条，头的方向相反。南壁中部有一龛，平面呈长方形，龛顶塌陷下的石块上有一"胜纹"雕刻。后室平面呈长方形，后壁有一龛。

B型　5座。两主室通过甬道相连。根据有无画像等，可分为二式。

Ⅰ式：4座。墓室内不见画像。包括汪家山M8、M11~M13。汪家山M13，由墓道、墓门、甬道、前室、后室组成。墓道残存部分平面呈不规则梯形。墓门门楣部分已坍塌，根据残存部分可推测立面呈长方形。甬道平面略呈梯形，东西两侧不对称，平顶，底部向墓道侧倾斜。前室平面呈不规则长方形。东壁前部有一灶龛，双眼灶。西壁有一龛。东西两侧各有一侧室，皆通过甬道与前室相连。东侧室甬道平面呈梯形。东侧室平面呈不规则长方形，底部后高前低，呈阶梯状，分为前后两段，近甬道侧底部低于近后壁侧。西侧室甬道平面略呈梯形，底部向前室侧倾斜，平顶。西侧室平面呈不规则长方形，底部后高前低，呈阶梯状，分前后两段，近甬道侧底部低于近后壁侧，顶部向甬道侧倾斜。西侧室南壁有一棺龛，平面略呈长方形，西壁有一龛。后室通过甬道与前室相接，甬道平面呈不规则长方形，底部与前室底部在同一平面。后室平面近长方形，平顶，底部后高前低，呈阶梯状，分前后两段，近甬道侧底部低于近后壁侧，二者高差0.12米。后室西壁有一壁龛，平面略呈长方形。

Ⅱ式：1座。墓室内有画像。大山M1，由墓道、墓门、甬道、前室、后室组成。墓道残存部分平面近梯形。墓门从残存部分看立面呈长方形。甬道平面近梯形。前室平面近梯形，近甬道侧较窄。南壁甬道与前室相接处雕刻一劳作俑，呈站立状，手持农具。前后室相接处南壁有一灶台案龛，双灶眼。后室平面呈不规则梯形。后室南壁灶龛下雕刻人俑两个，并排而立，人俑手置于腹部；后壁向内凿出一棺龛；北壁雕刻人俑两个，并排而立。

3. 前、中、后三主室

3座。根据有无长后龛的差异，可分为二型。

A型　1座。有长后龛。大山M2，分前、中、后三室，前室平面呈不规则梯形，中室、后室平面皆近长方形。三个墓室呈阶梯状前后分布，中室底部高出前室底部0.22米，后室底部高出中室0.3米。后室后壁向内凿出一棺龛。

B型　2座。无长后龛。包括汪家山M7、M14。汪家山M7，前室平面呈梯形，中室和后室平面皆呈不规则梯形。三个墓室呈阶梯状前后分布，中室底部高出前室底部0.72米，后室底部高出中室底部0.22米。

二、随葬品类型

此次发掘的35座墓皆被盗扰。其中汪家山M7，大山M16，蛮洞子山M1、M2，尖山坡M1等5座墓葬未见随葬品；汪家山M4、M8，大山M1、M13～M15等6座墓葬仅见少量铜钱；其余24座墓葬出土随葬品共164件。另有铜钱485枚。出土随葬品最多墓葬为大山M4，共出土22件；出土铜钱最多墓葬为大山M3，共197枚。随葬品质地主要为陶、铜、铁、石四种，以陶器为主。

（一）陶器

陶器以罐、釜、甑、钵四种器物形制变化较为显著，可进行类型学分析。

罐　28件。除汪家山M15：8、M15：9、M16：1、M17：5残损外，其余24件根据领部的不同，可分为二型。

A型　21件。矮领。根据肩部的差异，可分为二亚型。

Aa型　16件。圆肩。根据肩腹部位置的变化，可分为三式。

Ⅰ式：7件。肩腹部分界不甚明显，且交界处位置较高。包括汪家山M9：2、M14：1、M14：2、M17：1，大山M3：1、M4：2、M7：1。汪家山M14：2，侈口，尖圆唇，斜弧腹，平底。肩部饰一周凹弦纹。口径11、最大径18.6、底径9、高16.2厘米。

Ⅱ式：5件。肩腹部分界相对明显，交界处位置降低。包括汪家山M2：2、M9：3、M17：2，大山M4：1、M10：1。大山M4：2，敞口，圆唇，斜弧腹，平底。口径10.8、最大径21、底径10.6、高16.4厘米。

Ⅲ式：4件。肩腹部分界明显，交界处位置进一步降低。包括汪家山地点M2：3、M18：2，大山M4：3、M9：1。大山M9：1，侈口，斜弧腹，平底略内凹。口径13.2、最大径24.6、底径10.6、高17.4厘米。

Ab型　5件。折肩。包括汪家山M11：13、M12：3、M13：1、M14：3、M15：6。汪家山M14：3，侈口，尖圆唇，圆鼓腹，平底略内凹。口径11、最大径17.4、底径8.8、高17厘米。

B型　3件。高领。根据口部的差异，可分为二亚型。

Ba型　2件。口微敛。包括汪家山M15：5、M15：7。汪家山M15：5，圆唇，束颈，折肩，鼓腹，圈足。口径12.6、最大径23.4、足径12.5、高23.2厘米。

Bb型　1件。口微敞。汪家山M16：2，方唇，圆肩，弧腹，平底内凹。肩腹交接处饰对称三角形纽，腹部有数周横向刮抹痕。口径22、最大径26、底径16.6、高22.8厘米。

釜　5件。根据底部的差异，可分为二型。

A型　1件。平底。汪家山M18：3，侈口，窄平沿，圆唇，弧腹。沿上有一周凹槽，肩部饰一周凹弦纹，腹部饰数周戳印纹，底部饰数道细绳纹。口径16.4、最大径17.2、底径10、高10厘米。

B型　4件。圜底。包括汪家山M9：4、M9：5、M15：1，大山M8：2。汪家山M15：1，侈口，宽沿，圆唇，束颈，弧腹。沿上饰一周凹弦纹，腹部饰数周戳印纹，底部饰数道细绳纹。口径17、最大径19、高12厘米。

甑　3件。根据腹部的差异，可分为二型。

A型　1件。上腹较直，下腹弧收，上下腹区分明显。汪家山M2：1。

B型　2件。弧腹。汪家山M9：1、M17：3。

钵　19件。平底或平底略内凹。根据腹部的不同，可分为二型。

A型　5件。弧腹。包括汪家山M13：3、M13：4、M13：5、M15：2，大山M3：6。汪家山M15：2，尖唇，饼足。口径20、底径9、高8.5厘米。

B型　14件。折腹。根据折腹位置的变化，可分为二式。

Ⅰ式：11件。折腹位置相对较高。包括汪家山M5：1、M15：3、M15：4、M18：1，大山M4：4、M4：5、M4：6、M5：1、M5：2、M5：3、M11：1。大山M4：5，敞口，圆唇。下腹部饰一周双竖条纹。口径20.2、底径7.4、高7.6厘米。

Ⅱ式：3件。折腹位置降低。包括汪家山M13：2、M17：4，大山M8：1。汪家山M13：2，敛口，尖圆唇。口沿下部饰一周凹弦纹。口径17.2、底径7.6、高6.8厘米。

（二）铜钱

可清晰辨识字迹者共138枚。主要有"五铢""货泉""大泉五十""货布"等几种。

五铢　可十分清晰辨识字迹者共103枚。根据有无边郭，可分为二型。

A型　92枚。有郭五铢。"五"字交笔弯曲，字体较宽。根据"铢"字"朱"旁上部的不同，可分为二亚型。

Aa型　71枚。"铢"字"朱"旁上部圆折。根据"朱"旁上部左右两竖的变化，可分为三式。

Ⅰ式：46枚。"铢"字"朱"旁上部左右两竖基本竖直。"五"字交股弯曲左右对称，呈两个相对的弹头状。如汪家山M18：11。

Ⅱ式：6枚。"铢"字"朱"旁上部左右两竖略微内敛。如大山M12：3。

Ⅲ式：19枚。"铢"字"朱"旁上部左右两竖外张。如汪家山M11：15。

Ab型　21枚。"铢"字"朱"旁上部方折。"五"字交股弯曲左右对称，呈两个相对的弹头状。如大山M5：15。

B型　11枚。磨郭五铢。字体与A型大致相同，不同之处在于有的部分边郭被磨去，有的不仅边郭不存，而且文字及钱肉的一部分也被磨掉。如汪家山M8：1。

货泉　可十分清晰辨识字迹者共26枚。内外郭较为规整，如大山M3：105。

大泉五十　可十分清晰辨识字迹者共8枚。分大小两种。大者如大山M3：184，钱体厚实，钱文笔画较粗大，背面素面。钱径2.84、穿宽0.85厘米。小者如大山M4：110，钱体略轻薄，钱文笔画细腻，背面素面。钱径1.75、穿宽0.79厘米。

货布　可十分清晰辨识字迹者共1枚。大山M14：1。

三、画像类型

此批崖墓共5座发现有画像，分别为汪家山M4，大山M1、M7，蛮洞子山M2，尖山坡M1。总共发现画像17幅，根据画像内容，可分为人物类、动物类、仿木建筑类、水田类、其他五种。

（一）人物类

5座崖墓内皆有发现，共10幅。

1. 汪家山M4

1幅。画像位于墓道西侧壁上，下部风化严重，人像为站立式。

2. 大山M1

3幅，其中北壁1幅、南壁2幅。南壁2幅分别位于甬道和前室相接处以及后室灶龛下部。前者为单人画像，站立式，手执农具，其余部位风化严重已不清。后者为双人并排图像，站立式，双手置于腹部。北壁为两人并排而立，残损严重。

3. 大山M7

3幅，雕刻于前室南北两侧壁前部，其中南壁2幅、北壁1幅，皆为单人画像。南壁靠甬道方向画像为站立式，左手叉于腰间，右手执农具。靠近墓室侧画像为站立式，右手执物。北壁画像位于灶龛下，左手叉于腰间，右手执农具。

4. 蛮洞子山M2

1幅。雕刻于前室北壁前部与甬道相接处，高浮雕，为一裸体男像，右手置于胸前，左手已不清，男性生殖器凸显。

5. 尖山坡M1

2幅。分别位于前后室西壁。前室者为三人并排，头戴帽，双手皆置于胸前；后室者为两人并排，头戴帽，双手皆置于胸前。

（二）动物类

见于大山M7，共2幅。

1. 凤鸟（朱雀）

1幅。位于大山M7前室南壁靠近甬道方向上部，单腿着地，呈振翅欲飞状。

2. 鱼

1幅。位于大山M7前室水田内，共2条，头的方向相反。

（三）仿木建筑类

皆为干栏式建筑，共3幅。大山M7和蛮洞子山M2、尖山坡M1内各1幅，形制略有差异。大山M7雕刻有楼梯通向二层，蛮洞子山M2雕刻则将瓦当体现得十分明显，尖山坡M1雕刻已风化不清。

（四）水田类

1幅。见于大山M7。雕刻于前室南壁靠近甬道处，浅浮雕，一字形排列，共5块，其中靠近墓室方向一块田内有鱼2条。

（五）其他

1幅。见于大山M7。位于塌陷的一石块上，从塌陷位置来看，原应位于前室南壁龛的上部，浅浮雕，为"胜纹"图像。

四、墓葬分期与年代

此次发现的崖墓未出土明确的纪年材料，从墓葬形制和随葬器物来看，可分为两期。

第一期：墓葬形制流行单主室A型Ⅰ、Ⅱ式，B型Ⅰ式；前后双主室A型Ⅰ式。以陶器为主要随葬品，器形有Aa型Ⅰ式、Ⅱ式陶罐，A型陶釜，B型陶甑，B型Ⅰ式陶钵。该组墓葬有汪家山M1、M16～M18，大山M3～M6、M9～M11、M13～M16。

第二期：墓葬形制流行单主室A型Ⅲ式、B型Ⅱ式；前后双主室A型Ⅱ、Ⅲ式，B型Ⅰ、Ⅱ式；前中后三主室A、B型。以陶器为主要随葬品，器形有Aa型Ⅲ式、Ab型、B型陶罐，B型陶釜，A型陶甑，A型、B型Ⅱ式陶钵。该组墓葬有汪家山M2、M4～M9、M11～M15，大山M1、M2、M7、M8、M12，蛮洞子山M1、M2，尖山坡M1。

天府国际机场四个地点发现的崖墓，从墓葬形制来看，35座崖墓大部分附有灶台、壁龛等附属设施，有10座墓葬还凿有原岩石棺。观察四川崖墓的发展轨迹，在其发展期后段即东汉中期偏晚开始出现灶台、龛、原岩石棺等附属设施，而在鼎盛期即东汉晚期开始大规模流行[①]。从随葬器物来看，汪家山M16出土的陶盘与双流"绿水康城"地点M3中的Ⅱ式盘十分接近[②]，汪家山M9出土的陶釜与绵阳崖墓白虎嘴地点M25中的Ⅲ式釜非常相似[③]，汪家山M14出土的陶罐与绵阳崖墓沙包梁地点M3中的A型Ⅱ式小口束颈罐基本相同[④]。"绿水康城"地点M3时代为东汉中期，绵阳崖墓白虎嘴地点M25、沙包梁地点M3时代为东汉晚期。最后，从钱币来看，A型五铢钱沿用时间较长，贯穿整个东汉时期，而B型五铢钱的时代特征则较为明显，主要流行于东汉晚期[⑤]。

综合墓葬形制、出土器物及钱币等因素，我们认为，天府国际机场崖墓群第一期时代为东汉中期左右；第二期时代为东汉晚期左右。

五、结　　语

天府国际机场本次发掘的37座崖墓，对研究四川地区崖墓的分区以及东汉时期的制陶工艺、丧葬习俗、社会生活等都具有极其重要的参考价值。需要指出的是，过去简阳地区的汉代

---

① 罗二虎：《四川崖墓的初步研究》，《考古学报》1988年第2期。

② 成都市文物考古研究所、双流县文物管理所：《成都市双流县华阳镇绿水康城小区发现一批砖室墓》，《成都考古发现》（2003），科学出版社，2005年。

③ 成都文物考古研究所、绵阳博物馆：《绵阳崖墓》，文物出版社，2015年。

④ 成都文物考古研究所、绵阳博物馆：《绵阳崖墓》，文物出版社，2015年。

⑤ 徐承泰、范江欧美：《东汉五铢钱的分期研究》，《文物》2010年第10期。

考古发掘工作开展较少，此次天府国际机场崖墓群的发掘，为开展简阳地区的汉代考古学研究提供了十分重要的资料。崖墓内画像相对较多，这一现象与成都平原崖墓内比较少见画像有所不同。

第二节　宋　　墓

一、墓葬形制

本次发掘宋墓较少，涉及三圣庙和甘蔗嘴两个地点，共7座墓葬，均为石室墓。墓葬构筑方法是先在地面开挖一个长方形土圹，然后在土圹内以石条、石板修建墓室。根据墓葬平面形制的差异，可分为二型。

A型　2座。墓室平面呈梯形，无墓道。三圣庙M1、M2。

B型　5座。墓室平面呈长方形，有斜坡墓道。甘蔗嘴M1~M5。

二、随葬品类型

按质地可分为瓷器、陶器和钱币三类。

1. 瓷器

数量较多，器形主要有罐、碗、盏、瓶、执壶等。以下对相对完整的器物进行类型划分及描述。

罐　9件。根据肩部耳数量的差异，可分为两类。

甲类　8件。四耳罐。根据颈、腹特征的差异，可分为二型。

A型　1件。颈部较高，弧腹，腹部较深。三圣庙M1：1，砖红胎，颈部以上挂灰白色化妆土，青釉。口微敛，方唇，溜肩，最大径在腹部。口径7.4、最大径10、底径5.2、高14.8厘米。

B型　7件。颈部较矮，斜直腹，腹部较浅。红褐胎，颈部以上挂灰白色化妆土，青釉。直口，方唇，溜肩，最大径在腹部。三圣庙M2：2，口径7、最大径9、底径4.7、高10.3厘米。三圣庙M2：3，口径6.8、最大径9、底径4.9、高10.6厘米。三圣庙M2：4，口径7、最大径9.3、底径4.5、高10.7厘米。三圣庙M2：5，口径7.4、最大径9、底径4.4、高10.6厘米。三圣庙M2：7，口径7.4、最大径9.3、底径4.4、高11.2厘米。三圣庙M2：8，口径7、最大径8.6、底径4.4、高9.7厘米。三圣庙M2：9，口径7、最大径9.3、底径4.7、高10.4厘米。

乙类　1件。双耳罐。甘蔗嘴M3：2，砖红胎，挂灰白色化妆土，青釉。敛口，圆唇，矮领，鼓腹，圈足，肩部有双耳。器身绘酱黄釉花卉纹。口径11.2、最大径18.6、足径10、高17.6厘米。

碗　3件。根据口部及腹部的差异，可分为二型。

A型　2件。圆唇，弧腹。三圣庙M2：1，红褐胎，挂灰白色化妆土，酱釉。敞口，圈足。口径16、足径5、高6.4厘米。甘蔗嘴M3：1，砖红胎，挂米黄色化妆土，青釉，有流釉现象。敞口，矮圈足。内壁以绿釉绘草叶纹。口径13.8、足径4.4、高4.6厘米。

B型　1件。尖圆唇，斜弧腹。甘蔗嘴M5：5，砖红胎，挂灰白色化妆土，青釉。敞口。口径19.2、残高8厘米。

盏　5件。根据颈部及底部的差异，可分为三型。

A型　3件。足部略凸，饼足。三圣庙M2：10，褐胎，挂灰白色化妆土，青釉。敞口，圆唇，腹部微折。口径10、底径4、高2.9厘米。三圣庙M2：11，褐胎，挂灰白色化妆土，青釉。敞口，圆唇，腹部微折。内底残留支钉痕。口径10.4、底径4.4、高3厘米。

B型　1件。平底。甘蔗嘴M2：2，砖红胎，挂米黄色化妆土，青釉，有流釉现象。器身有变形。敞口，圆唇，弧腹。口径10.8、底径3.6、高3厘米。

C型　2件。束颈，矮圈足。甘蔗嘴M3：3，砖红胎，挂米黄色化妆土，青灰釉，有流釉现象。敞口，圆唇，斜直腹。口径10.2、足径3.8、高3.8厘米。甘蔗嘴M3：4，砖红胎，挂米黄色化妆土，青灰釉，有流釉现象。敞口，斜直腹。口径10.2、足径3.6、高3.8厘米。

瓶　1件。三圣庙M2：6，红褐胎，腹部以上施青釉。敞口，束颈，颈部内折，溜肩，斜直腹，平底内凹。口径7.4、最大径15.3、底径8、高32.3厘米。

执壶　1件。甘蔗嘴M4：6，褐胎，施酱釉。直口，圆唇，扁圆腹，平底内凹。肩部有双耳及一周凹弦纹。口径6、底径9、高13.5厘米。

2. 陶器

罐　9件。器形一致，可修复及完整者5件。直口，圆唇，斜肩，折腹，平底。甘蔗嘴M1：1，口径5.6、最大径8.1、底径5、高5.4厘米。甘蔗嘴M2：1，底部残件。最大径9、底径6.8、残高5厘米。甘蔗嘴M2：3，底部残件。最大径9、底径5.6、残高4.5厘米。甘蔗嘴M4：1，口径6.2、最大径8.1、底径6.2、高6厘米。甘蔗嘴M4：2，口径6、最大径9.1、底径6.6、高6.2厘米。甘蔗嘴M4：3，口部残件。口径6、最大径8.5、残高5.5厘米。甘蔗嘴M4：4，口径5.8、最大径8.1、底径6、高6厘米。甘蔗嘴M4：5，口径6.6、最大径9.1、底径6、高6.2厘米。甘蔗嘴M5：2，底部残件。底径5、残高2厘米。

3. 钱币

出土钱币方孔中均残留铁棺钉，应为木棺腐朽后所残留。根据材质，可分为铜钱和铁钱两类。

（1）铜钱

开元通宝 9枚。楷书，钱文对读，方穿，无背纹。根据"通""元"字写法的差异，可分为三型。

A型 4枚。"通"字走之四点短粗断开，"元"字第一笔短，第二笔左挑。三圣庙M2：21，钱径2.5、穿宽0.6、厚0.1厘米。三圣庙M2：22，钱径2.5、穿宽0.7、厚0.1厘米。三圣庙M2：23，钱径2.4、穿宽0.7、厚0.1厘米。三圣庙M2：24，钱径2.5、穿宽0.7、厚0.1厘米。

B型 4枚。"通"字走之四点短粗断开，"元"字第一笔长，第二笔左挑。三圣庙M1：4，钱径2.5、穿宽0.6、厚0.1厘米。三圣庙M2：25，钱径2.4、穿宽0.6、厚0.1厘米。三圣庙M2：26，钱径2.4、穿宽0.7、厚0.1厘米。三圣庙M2：27，钱径2.4、穿宽0.7、厚0.1厘米。甘蔗嘴M1：3，钱文对读。钱径2.4、穿宽0.6、厚0.2厘米。

C型 1枚。"通"字走之四点弯折相连，"元"字第一笔长，第二笔左挑。三圣庙M2：28，钱径2.4、穿宽0.6、厚0.1厘米。

乾元重宝 1枚。三圣庙M2：20，楷书，钱文对读。钱径2.5、穿宽0.6、厚0.18厘米。

淳化元宝 1枚。三圣庙M2：13，行书，钱文旋读。钱径2.4、穿宽0.5、厚0.1厘米。

至道元宝 2枚。三圣庙M2：18，行书，钱文旋读。钱径2.5、穿宽0.6、厚0.1厘米。三圣庙M2：19，草书，钱文旋读。钱径2.5、穿宽0.6、厚0.1厘米。

咸平元宝 1枚。三圣庙M2：12，楷书，钱文旋读。钱径2.5、穿宽0.6、厚0.1厘米。

祥符通宝 1枚。三圣庙M2：14，楷书，钱文旋读。钱径2.5、穿宽0.6、厚0.1厘米。

祥符元宝 3枚。三圣庙M2：15，楷书，钱文旋读。钱径2.4、穿宽0.5、厚0.1厘米。M2：16，楷书，钱文旋读。钱径2.4、穿宽0.5、厚0.1厘米。M2：17，楷书，钱文旋读。钱径2.4、穿宽0.5、厚0.1厘米。

天禧通宝 1枚。三圣庙M1：3，楷书，钱文旋读。钱径2.4、穿宽0.6、厚0.1厘米。

元丰通宝 1枚。甘蔗嘴M1：4，行书。钱径2.4、穿宽0.6、厚0.2厘米。

崇宁重宝 1枚。甘蔗嘴M2：11，楷书，钱文对读。钱径3.2、穿宽0.7、厚0.2厘米。

（2）铁钱

均锈蚀严重，钱文无法识读。甘蔗嘴M1：5，钱径2.6、穿宽0.5、厚0.2厘米。甘蔗嘴M1：6，钱径2.6、穿宽0.6、厚0.2厘米。甘蔗嘴M2：4，钱径2.6、穿宽0.7、厚0.2厘米。甘蔗嘴M2：5，钱径2.4、穿宽0.6、厚0.2厘米。甘蔗嘴M2：6，钱径2.4、穿宽0.6、厚0.2厘米。甘蔗嘴M2：7，钱径2.7、穿宽0.6、厚0.2厘米。甘蔗嘴M2：8，钱径2.5、穿宽0.7、厚0.2厘米。甘蔗嘴M2：9，钱径2.8、穿宽0.8、厚0.2厘米。甘蔗嘴M2：10，钱径2.5、穿宽0.6、厚0.2厘米。甘蔗嘴M4：7，钱径2.7、穿宽0.7、厚0.2厘米。

三、墓 葬 年 代

　　三圣庙、甘蔗嘴宋墓均为石室墓，保存不佳，未见纪年文字材料，但出土一定数量的随葬器物，有瓷器、陶器、钱币三类。瓷器包括罐、碗、盏、瓶、执壶等，钱币包括开元通宝、乾元重宝、淳化元宝、至道元宝、咸平元宝、祥符通宝、祥符元宝、天禧通宝、元丰通宝、崇宁重宝等。依据出土器物并结合墓葬形制对墓葬年代进行判断。

　　从墓葬形制来看，三圣庙2座墓葬平面呈前宽后窄的梯形，两侧有壁龛，后壁有后龛，墓顶样式是以拱形横梁为券顶、横梁之间铺设石板为藻井顶相结合的方式，为以往四川地区宋墓所不见。2座宋墓的平面形制与成都天府新区永兴镇干塘村M8、M9形制相近，而干塘村M8、M9均不带后龛，其发掘者认为墓葬年代约在北宋晚期至南宋早期[1]；甘蔗嘴宋墓形制也与三圣庙宋墓结构相似，墓室还出现了雕刻，如仿木结构、宗教人物、墓主人像、妇人启门图等。三圣庙宋墓与上述墓葬不同之处在于甬道有底龛，后龛也十分狭长。

　　三圣庙M2出土瓶的形制与成都市青白江区景峰村砖室墓M4出土瓶[2]、成都下同仁路J1出土A型双耳瓶[3]相同。景峰村M4的年代在五代至南宋初；下同仁路J1的使用年代主要在北宋中晚期，废弃年代在明代早期以前。甲类B型瓷四耳罐与成都海滨村年家院子M14出土Cb型四耳罐[4]、成都青白江区艾切斯M5和M11出土B型Ⅲ式四耳罐[5]如出一辙。瓷盏与成都海滨村年家院子M6西出土Bb型瓷盏[6]、海滨村M4出土瓷盏[7]相似。海滨村M4出土绍圣二年（1095年）墓志，下葬时间明确。瓷碗与成都博瑞"都市花园"M26出土Ⅰ式瓷碗[8]、成都海滨村M5出土瓷

　　①　成都文物考古研究所、双流县文物管理所：《成都市天府新区永兴镇干塘村宋墓发掘简报》，《成都考古发现》（2014），科学出版社，2016年，第427、428、438页。

　　②　成都市文物考古研究所、青白江区文物保护管理所：《成都市青白江区景峰村五代及宋代墓葬发掘简报》，《成都考古发现》（2003），科学出版社，2005年，第340页。

　　③　成都文物考古研究院：《成都下同仁路——佛教造像坑及城市生活遗址发掘报告》，文物出版社，2017年，第97页。

　　④　成都文物考古研究院：《成都市青龙乡海滨村年家院子墓地发掘简报》，《成都考古发现》（2016），科学出版社，2018年，第230页。

　　⑤　成都文物考古研究所、青白江区文物保护管理所：《成都青白江区艾切斯工地唐、宋墓葬发掘简报》，《成都考古发现》（2006），科学出版社，2008年，第241、245页。

　　⑥　成都文物考古研究院：《成都市青龙乡海滨村年家院子墓地发掘简报》，《成都考古发现》（2016），科学出版社，2018年，第235页。

　　⑦　成都文物考古研究所：《成都市青龙乡海滨村墓葬发掘简报》，《成都考古发现》（2003），科学出版社，2005年，第292页。

　　⑧　成都市文物考古研究所：《成都博瑞"都市花园"汉、宋墓葬发掘报告》，《成都考古发现》（2001），科学出版社，2003年，第159页。

碗[①]相近。故M2的时代应在北宋晚期。

三圣庙M1被盗严重，仅出土1件瓷四耳罐、2枚钱币，"天禧通宝"为北宋早期钱币，甲类A型瓷四耳罐与《四川地区宋代墓葬研究》中B型Ⅰ式四耳罐相近，其时代上限也可到北宋早期[②]。由于其紧邻三圣庙M2，形制又与M2一致，结合墓葬形制及出土器物判断，三圣庙M1时代应与三圣庙M2相当或偏早，当在北宋中晚期。

甘蔗嘴墓地5座墓葬平面呈长方形，两侧有壁龛和后龛，墓顶为券顶和藻井顶相结合的形式，平面形制与《四川地区宋代墓葬研究》一文中甲类ⅡBc型石室墓类似，该文将此型墓葬年代定在南宋中晚期[③]。

甘蔗嘴5座墓葬中出土的小型陶罐的形制与简阳城西拖拉机厂墓葬出土的有盖陶罐相近，后墓出土有买地券，时代为南宋端平三年（1236年）[④]。甘蔗嘴M3出土瓷碗绘有草叶纹，样式与成都二仙桥M1出土Ⅰ式瓷碗、琉璃厂窑出土C型青釉瓷碗一致[⑤]，二仙桥M1的时代为南宋绍兴年间，时代明确，琉璃厂窑C型青釉瓷碗的年代在北宋末至南宋中期。甘蔗嘴M3出土的B型束口瓷盏与琉璃厂窑址Ab型瓷盏[⑥]、双流县青枫村M11出土瓷盏[⑦]、江西张重四墓出土建窑瓷盏[⑧]形制相近，这种束口瓷盏流行于南宋及元代。根据日本学者对日本福冈博多遗址出土的中国黑釉茶盏的整理研究，从12世纪后半期开始，黑釉盏的口缘部明显折曲上立，即出现了束口式盏[⑨]。此外，甘蔗嘴M5出土瓷碗底部模印"卍"字、双菱形符号，这种做法常见于琉璃厂窑和玉堂窑南宋时期的产品[⑩]。综上所述，甘蔗嘴M3的时代最早，为南宋中期，其余墓葬的年代为南宋中晚期。

四、结　语

四川地区宋代流行的墓葬主要为砖室墓和石室墓两大类，从分布地区来看，石室墓主要分

---

① 成都文物考古研究所：《成都市青龙乡海滨村墓葬发掘简报》，《成都考古发现》（2003），科学出版社，2005年，第292页。

② 陈云洪：《四川地区宋代墓葬研究》，《南方民族考古》（第七辑），科学出版社，2011年。

③ 陈云洪：《四川地区宋代墓葬研究》，《南方民族考古》（第七辑），科学出版社，2011年。

④ 方建国：《简阳县发现南宋纪年墓》，《四川文物》1987年第3期。

⑤ 成都文物考古研究所：《成都市琉璃厂古窑址2010年试掘报告》，《成都考古发现》（2010），科学出版社，2012年，第361、362、392、393页。

⑥ 报告正在整理。

⑦ 成都文物考古研究所、双流县文物管理所：《四川双流县青枫村汉、唐、宋代墓地发掘简报》，《成都考古发现》（2010），科学出版社，2012年，第501、502页。

⑧ 陈定荣：《江西吉水纪年宋墓出土文物》，《文物》1987年第2期。

⑨ 刘涛：《宋辽金纪年瓷器》，文物出版社，2004年，第123页。

⑩ 成都文物考古研究所：《成都市琉璃厂古窑址2010年试掘报告》，《成都考古发现》（2010），科学出版社，2012年，第394页。

布在成都平原以外的丘陵地区。简阳地处龙泉山脉东侧，属成都平原向川东丘陵地区的过渡地带，县城及邻近地区在基建活动中曾发现过宋代墓葬，均为石室墓，但多以公布随葬品资料为主，无法了解墓葬形制等其他相关信息。此次发现的三圣庙和甘蔗嘴宋墓，墓葬平面与成都平原的砖室墓相近，随葬瓷器完全相同，可以说其受成都平原地区砖室墓的影响较大，为研究简阳地区宋代墓葬提供了新的材料。

三圣庙墓中出土多数棺钉上穿1枚铜钱，且铜钱均为北宋早期钱币，这种做法在中江月耳井M2[①]中也有类似发现，但月耳井M2仅1枚棺钉上串4枚钱币，钱币时代跨度较大，查阅相关文献，并未发现有关线索，是何用意值得深究。

甘蔗嘴宋墓所在山坡地势西高东低，墓葬西侧外围修建有排水沟便于排水，属于茔域建设中规划的水利设施。墓葬排列规整，呈"品"字形，《地理新书》卷十三"步地取吉穴"条说："凡葬有八法，步地亦有八焉……八曰昭穆，亦名贯鱼。入先茔内葬者，即左昭右穆，如贯鱼之形"[②]，宿白在《白沙宋墓》中曾有详细论述，并引宋妇人斫鲙画像砖所雕刻穿鱼之状形象描述[③]。甘蔗嘴宋墓排列正如鱼贯之形，虽未出土文字材料佐证，但结合墓地格局和墓葬形制等因素，可判断该地点应为一处家族墓地。

甘蔗嘴墓葬中墓门所雕刻像幡，M1、M2、M4为佛教观音地藏组合或地藏像，M3疑似道教真人像，M5未雕刻，形制与敦煌等地出土像幡基本一致。墓葬中雕刻宗教题材的做法，在唐宋时期的墓葬中十分常见，墓门雕刻像幡是目前发现的一种新的艺术表现手法。

佛教用的幡，一类是作为表示佛的"威德"的供具；另一类则是一些佛教信徒因受佛教思想的影响，为消灾免病、求福祈寿而施舍的供奉幡[④]。随着佛教的传播，开窟、建寺、写经、造幡之风也跟着盛行起来。北魏时有的寺院"幡幢若林"[⑤]。唐代长安慈恩寺建成，迎像送僧入寺也用"金缕绫罗幡五百口"[⑥]。目前所见古代的幡的实物，主要是敦煌莫高窟藏经洞出土之物，属于供养范畴。像幡中所绘人物，主要是佛和菩萨，另有少量天王和金刚力士像。

此外，幢幡还具有导引功能，为亡者祈福，往生净土。例如，《弥勒上生经》中即有化身幢幡之神："时兜率天宫有五大神。第一大神，名曰宝幢，身雨七宝，散宫墙内，一一宝珠，化成无量乐器，悬处空中，不鼓自鸣，有无量音，适众生意。第二大神，名曰花德，身雨众华，弥覆宫墙，化成花盖，一一花盖，百千幢幡，以为导引。"[⑦]可以看出，幡兼备了生前到死后获取好处的种种功能。宋代佛门规条《禅苑清规·尊宿迁化》记载，在高僧圆寂之后，

① 中江县文物保护管理所：《四川中江县月耳井村宋墓清理简报》，《四川文物》2012年第2期。

② 金身佳整理：《地理新书校理》卷十三"步地取吉穴"条，湘潭大学出版社，2012年，第366、367页。

③ 宿白：《白沙宋墓》，文物出版社，2002年，第107页，注释175。

④ 敦煌文物研究所考古组：《莫高窟发现的唐代丝织品及其它》，《文物》1972年第2期。

⑤ （北魏）杨衒之撰，周祖谟校释：《洛阳伽蓝记》卷三，中华书局，2013年，第99页。

⑥ （唐）慧立、彦悰：《大慈恩寺三藏法师传》卷七，中华书局，1983年，第156页。

⑦ （南朝·宋）沮渠京声译：《佛说观弥勒菩萨上生兜率天经》，《大正新修大藏经》，新文丰出版有限公司，1983年，第14册，第419页。

"送葬之仪，合备大轝，结饰临时，并真亭、香亭、法事花幡"[①]。所谓法事花幡，即佛门丧葬所用的各种幢幡供养，在丧葬法事中为亡僧引魂祈福。佛教自传入中国以来，虽有波折，但崇佛之风仍深入民间。在佛教本土化的过程中，丧葬习俗也受到了其影响。甘蔗嘴墓葬中，悬幡于门口，体现了幡的导引意义；同时像幡中的观音地藏像反映了救赎的理念，使亡者不堕地狱。M3幡中造像身份虽不明确，但其作用应与观音地藏相似。

此次发现的甘蔗嘴宋墓是近年来简阳地区考古的重要发现，5座墓葬形制统一，墓室内或有家具、仿木建筑、墓主人像、宗教人物等装饰性题材，在年代上有一定的早晚关系，墓葬中出现的佛教因素以及传统装饰组合，为研究四川地区宋代墓葬提供了新的资料。

第三节　明　　墓

一、墓葬形制

简阳石板凳镇、芦葭镇、草池镇发现的明墓形制较为统一，除草池镇街子村五组唐家沟墓地M5为岩坑墓、M9为瓦室墓外，其余均为石室墓。该地区明代大量盛行石室墓而未见成都平原地区习见的砖室墓，除了沿袭传统丧葬习俗[②]、受葬风葬俗的影响之外，最大的原因应与该地区的地理地貌有关。这一地区属于丘陵山地，石材的取用相对方便，且相对于砖瓦而言，石板更加坚固；加之铁器加工工具的发展和改进，石板的制作成本相对较低，普通人家在财力上也更容易承受。

墓葬构筑方法大体是先在山腰处向下将墓圹挖好，然后再用红砂岩石板在墓圹四周和底部采用竖砌、横砌、平铺等方法垒砌甬道和墓室，然后在墓壁上部用石板构筑墓顶，或平顶，或券顶，或叠涩顶。待墓主人下葬后，用封门石封住墓室。部分墓葬的石板在某些部位采用榫卯结构连接，多室墓相邻两室之间有过洞相连。最后用五花土将整个墓室掩埋形成封土。

根据墓室结构、砌筑方式可以将这批墓葬分为三类。

第一类　1座。瓦室墓。墓室四壁采用板瓦砌筑，墓顶用石板平铺。唐家沟M9。

第二类　96座。石室墓。根据墓室的多寡，可分为二型。

A型　48座。单室墓。墓葬平面以长方形为多，少数为梯形。除19座顶部不明的墓葬外，其余29座根据墓顶的砌筑方式，可分为四亚型。

Aa型　19座。平顶。墓顶由长方形石板横向平铺于墓壁上部。细坡M1、王家岭M2、唐家沟M3。

---

① （宋）宗赜著，苏军点校：《禅苑清规》，中州古籍出版社，2001年，第95页。

② 自宋代开始，石室墓一直是四川盆地丘陵山地的传统埋葬形式。无论是墓葬形制，还是墓内装饰，四川地区明代石室墓都可以溯源至宋代石室墓。尽管其间有外来文化因素的渗透，但石室墓传统一直从未间断。

　　Ab型　1座。券顶。墓顶用数块长方形条石竖向砌筑。张家坝M2。

　　Ac型　4座。叠涩顶。墓顶用石板层层内收形成。花果山M4、王家岭M3、周家大坪M2、坛神地M1。

　　Ad型　5座。组合式墓顶，或平顶加券顶，或叠涩顶加券顶，或平顶加叠涩顶加券顶。碓窝山M1、家蛋湾M2、敲钟山M1。

　　B型　48座。多室墓，包含有双室、三室、四室和六室四种。墓葬平面均为长方形。除9座顶部不明的墓葬外，其余39座根据墓顶的砌筑方式，可分为四亚型。

　　Ba型　4座。券顶。墓顶用数块长方形条石竖向砌筑。碓窝山M2、长山M1、唐家沟M2。

　　Bb型　12座。组合式墓顶，或平顶加券顶，或叠涩顶加券顶，或平顶加叠涩顶加券顶。花果山M2、大坟山M1、周家大坪M3。

　　Bc型　12座。叠涩顶。墓顶砌筑方式为先在墓壁上竖向平铺三块石板，然后层层内收至墓室中部，在最上层平铺一块石板以封闭墓室。碓窝山M4、马鞍山M2、竹林湾M1、赵家庙M1、吊嘴嘴山M1。

　　Bd型　11座。平顶。墓顶由长方形石板横向平铺于墓壁上部。猫斗山M4、王家岭M1、唐家沟M1、汪家山M2。

　　第三类　1座。岩坑墓。墓室平面呈梯形，系在山体上直接向下开挖形成墓室。唐家沟M5。

二、随葬品类型

　　按质地可分为陶器、瓷器和铜器三类。

1. 陶器

　　5件。均为陶罐。根据腹部的差异，可分为三型。

　　A型　2件。卵形腹。狮毛山M3∶2、狮毛山M8∶1。

　　B型　2件。筒形腹，整体较瘦高。坡改梯M1∶1、唐家沟M1∶2。

　　C型　1件。球腹。唐家沟M2∶1。

2. 瓷器

　　79件。器类有碗、罐、器盖、器座等。

　　碗　24件。尖圆唇，圈足。根据制作工艺的差异，可分为二型。

　　A型　21件。单色釉，不施彩。根据口部和腹部的差异，可分为三亚型。

　　Aa型　19件。敞口，浅腹。碓窝山M3∶6、碓窝山M3∶10、花果山M1∶1、花果山

M4：2、猫斗山M2：1、猫斗山M3：1、猫斗山M4：3、生基坡M3：1、狮毛山M3：1、狮毛山M7：2、狮毛山M7：3、狮毛山M8：2、唐家沟M4：2、汪家湾M6：1、汪家湾M7：1、生基嘴M1：5、生基嘴M2：1、生基嘴M2：3、生基嘴M3：2。

Ab型　1件。近直口，深腹。庙儿山（幸福村）M2：1。

Ac型　1件。敛口。生基嘴M1：2。

B型　3件。釉下彩青花。猫斗山M2：2、狮毛山M3：3、唐家沟M1：3。

罐　36件。其中核桃沟M3：2、吊嘴嘴山M1：1、生基嘴M1：8仅余底部，无法分型。其余33件根据整体形制的差异，可分为五型。

A型　7件。素面或饰弦纹，无耳。猫斗山M5：1、庙儿山（金龙村）M1：2、核桃沟M2：1、唐家沟M4：1、汪家湾M5：1、生基嘴M2：4、生基嘴M3：3。

B型　12件。器身堆塑龙纹，即龙纹罐。关于龙纹罐，有学者主张将其归类于谷仓罐[1]这一大类当中，本书认为应按照形制差异将二者分成二型进行介绍较为妥当。根据腹部的差异，可分为二亚型。

Ba型　6件。垂腹。碓窝山M3：2、碓窝山M3：3、王家岭M5：1、狮毛山M4：3、汪家湾M4：1、生基嘴M1：3。

Bb型　6件。卵形腹。碓窝山M3：5、猫斗山M4：1、猫斗山M4：2、王家岭M5：2、狮毛山M4：2、生基嘴M1：4。

C型　9件。谷仓罐。该名称源自陈万里先生《浙江与瓷器》一书，他在该书中记述有若干件堆塑着飞鸟、人物的器形，其中一件称之为"上方屋宇，疑是谷仓"[2]。之后又有数位学者从谷仓罐的名称、性质特征、源流、象征意义等方面进行过研究[3]。根据器身有无纽，可分为二亚型。

Ca型　7件。有纽。花果山M2：1、大坟山M1：1、狮毛山M1：1、狮毛山M2：1、狮毛山M7：1、汪家湾M4：2、碑湾碥M1：1。

Cb型　2件。无纽。狮毛山M1：2、狮毛山M2：2。

D型　4件。肩腹部有双耳。核桃沟M3：1、生基坡M3：2、汪家湾M1：1、生基嘴M2：2。

E型　1件。口微敛，高领，鼓腹。肩部饰有两两对称的捉手。碓窝山M3：4。

器盖　17件。根据器形的差异，可分为二型。

---

① 周静：《川渝地区明墓出土谷仓罐研究》，《考古》2019年第12期。

② 陈万里：《浙江与瓷器》，中华书局，1946年，第42页。

③ 如江西省文物工作队陈定荣：《谷仓罐概述》，《农业考古》1987年第2期；孙长初：《谷仓罐形制的文化演绎》，《东南文化》2000年第7期；仝涛：《五联罐和魂瓶的形态学分析》，《考古与文物》2004年第2期；王铭：《唐宋时期的明器五谷仓和粮罂》，《考古》2014年第5期等。目前学界基本达成共识，即谷仓罐源于长江流域东汉时期盛行的五联罐，魏晋隋唐时期是其发展期，宋元时期有所衰落，至明代又有所复兴和发展。谷仓罐可能用于盛放五谷杂粮。

A型　11件。伞式盖。根据纽部的差异，可分为二亚型。

Aa型　10件。桃形纽。碓窝山M3：1、猫斗山M2：3、猫斗山M2：4、狮毛山M4：1、狮毛山M4：4、坡改梯M3：1、唐家沟M1：1、唐家沟M1：4、生基嘴M1：1、生基嘴M1：7。

Ab型　1件。圆形纽。碓窝山M3：9。

B型　6件。盏式盖。花果山M1：2、花果山M4：1、庙儿山（金龙村）M1：1、生基坡M3：3、狮毛山M8：3、坡改梯M2：1。

器座　2件。圈足镂空。生基嘴M1：6、生基嘴M3：1。

3. 铜器

2件。

簪　2件。生基坡M3：4、汪家湾M6：2。

三、墓 葬 分 组

这98座墓葬中有24座墓葬因盗扰严重，保存极差，又未发现随葬品，故无法进行分组，仅在文中进行简单描述。其余74座墓葬根据上述墓葬形制和随葬品的类型划分，可以分为以下三组。

第一组，墓葬形制以第一类瓦室墓和第二类Aa型、Ab型、Ba型、Bd型为主。随葬品以C型陶罐、A型瓷罐、B型瓷器盖为主。该组墓葬有花果山M1，猫斗山M5，庙儿山（金龙村）M1、M2，核桃沟M3，坡改梯M2、M3，唐家沟M2、M7、M8、M9，汪家湾M7等。另外可以归入该组的墓葬还包括细坡M1、M2，碓窝山M2，花果山M3，何家坟M1，核桃沟M1，长山M1，张家坝M1等。共计20座。

第二组，墓葬形制包含有第二类石室墓的各个类型，其中平顶和券顶继续沿用，所占比例逐渐减少，新出现有叠涩顶和各类组合式的墓顶。随葬品以B型陶罐、Aa型瓷碗、Ac型瓷碗、B型瓷碗、B型龙纹罐、C型谷仓罐、D型瓷罐、E型瓷罐、A型器盖、器座、铜簪为主，单独或组合放置。该组墓葬有碓窝山M1、M3、M4，花果山M2、M4，猫斗山M2、M4，马鞍山M1、M2，竹林湾M1，大坟山M1，核桃沟M2，生基坡M3，王家岭M3、M5，家蛋湾M1、M2，雷万波坡M1，周家大坪M2、M3，赵家庙M1，狮毛山M6，庙儿山（幸福村）M1，坡改梯M4，汪家湾M4、M6，吊嘴嘴山M1，坛神地M1，生基嘴M1、M2，土家碥M1，团顶山M1等。共计32座。

第三组，墓葬形制以第二类Aa型、Bd型和第三类岩坑墓为主，墓葬形制趋于简单化。随葬品以A型陶罐、Aa型瓷碗、Ab型瓷碗、B型瓷碗、A型瓷罐、Ba型龙纹罐、Cb型谷仓罐、器座为主。该组墓葬有猫斗山M3，狮毛山M1~M5、M7、M8，庙儿山（幸福村）M2，坡改梯

M1，唐家沟M1、M4、M5，汪家湾M1、M5，碑湾碥M1，生基嘴M3等。另外可以归入该组的墓葬还包括王家岭M1、M4，周家大坪M1，枣子山M1，汪家山M2等。共计22座。

四、墓葬分期与年代

参照过往的研究成果和四川地区的发掘简报，尤其是一些纪年墓材料，如成都高新西区双柏村明墓M8～M10①，成都温江区中粮包装厂M3、M8和M9②，简阳市朱家湾墓地M6③，成都市武侯区"沙竹苑"明墓M1～M3④，成都市龙泉驿区红光村墓葬M1⑤等，再结合本次发掘的汪家湾M6、生基嘴M1等纪年墓葬，根据以上的墓葬形制以及随葬品的分组情况，可以将这三组墓葬大致分为三期。

第一期即第一组。时代为明代早期，下限可定在弘治年间。墓葬形制较为简单，无太多装饰，以单室墓居多。均为平顶或券顶。随葬品器物组合以罐、碗、器盖为主。

第二期即第二组。约为明代中期，时代大致可定在弘治至万历年间。墓葬形制开始变得复杂，单室墓和多室墓并用，墓顶以各类组合式形制较为常见，多室墓之间有过洞相通，墓内雕刻有各类纹饰图案，壁龛、藻井等附属设施也逐渐增多。随葬品器物组合以各类碗、器盖、罐为主，新出现了龙纹罐和谷仓罐等。

第三期即第三组。时代为明代晚期，上限可定在万历年间。墓葬形制逐渐趋于简单化，以单室墓为主，少见甬道、壁龛等墓室结构，墓内浮雕纹饰也越来越少。前期流行的各类龙纹罐和谷仓罐继续沿用，但是整体器形变矮，堆塑的龙纹图案简单化。

需要指出的是，未纳入分组的墓葬无法进行分期，时代也仅能大体判断为明代。

---

① 成都文物考古研究所：《成都市高新西区双柏村宋、明墓发掘简报》，《成都考古发现》（2013），科学出版社，2015年。

② 成都文物考古研究所、温江区文物保护管理所：《成都市温江区中粮包装厂明墓发掘简报》，《成都考古发现》（2005），科学出版社，2007年。

③ 成都文物考古研究院、简阳市文物管理所：《简阳市朱家湾墓地发掘简报》，《成都考古发现》（2017），科学出版社，2019年。

④ 成都文物考古研究所：《成都市武侯区"沙竹苑"明代太监墓发掘简报》，《成都考古发现》（2007），科学出版社，2009年。

⑤ 成都市文物考古工作队、龙泉驿区文物保护管理所：《成都市龙泉驿区洪安镇红光村明墓群发掘简报》，《成都考古发现》（2017），科学出版社，2019年。

五、结　语

　　本次简阳天府国际机场项目发掘的明代中小型墓葬数量多，形制丰富，出土随葬品种类齐全，总体来看墓葬等级、规格不高，多数应该为庶人墓地，同时不排除个别墓葬为品官墓，如坡改梯M4等。通过这批墓地的分布情况、墓葬数量等可以对明代简阳地区的行政区划、人口数量等有个大概的分析和认识。

　　这批明代墓葬以草池镇汪家湾墓地、生基嘴墓地、狮毛山墓地及石板凳镇庙儿山墓地最为重要。其中汪家湾墓地M6发现有墓葬题记："四川成都府等，简县三江乡住户吕公觉灵徐氏之位，夫婿抚用，弘治十二年三月十一日翌立谨题，石近孙造。"弘治十二年为1499年，由此可知该墓下葬年代在明代中期。生基嘴墓地M1墓室壁龛左侧有题刻"巽山□向阴……嘉靖二十二年四月"，嘉靖二十二年为1543年，可知该墓室建造或下葬时间在明代中期偏晚。可以此两座墓作为标型墓葬，依据两墓形制和出土随葬品对周围同类墓葬进行断代。狮毛山墓地周围发现有界沟，可知该墓地为家族墓地，惜因破坏较严重，未出土买地券、纪年材料，无法进行昭穆制度、丧葬制度等更加详细的研究。

　　此次发掘的这批石室墓与川东丘陵地尤其是沱江流域墓葬的形制、出土器物较为一致，大大丰富了川东丘陵地区的墓葬材料。另外，此次发现的唐家沟墓地瓦室墓M9与邛崃羊安工业区墓群发现的瓦室墓类似，而唐家沟岩坑墓M5也与川西平原地区类似，可知，位于沱江流域的这批墓葬兼有川东丘陵和川西平原两地的墓葬特色，反映了四川盆地内的文化交流现象。

　　至明朝，汉人重新掌握国家政权，在文化、经济、政治等方面既有突破又有发展，在发展地方宗教[①]的同时提倡恢复古制[②]，如明代一些石室墓的"立柱夹龛"习俗就与成都平原宋墓的丧葬习俗有关[③]。因此，研究明代墓葬和遗址材料对于重新认识明代历史，研究明代丧葬习俗等意义重大。鉴于目前四川地区乃至全国其他地区发表的明代墓葬材料相对较少，本次发现的这批明代墓葬材料能为重新审视明代墓葬的分期和文化发展序列提供极有价值的帮助。

---

　　① 　南宋时期四川盆地墓内装饰题材以道教题材为主，明代则出现了佛、道、儒三教融合的现象，如在樟树村明墓就有道教八卦纹、佛教的仰覆莲须弥座同时使用。这与明太祖朱元璋制定的以儒为主、三教并用政策有关。

　　② 　《明史·志第三十六·士庶人丧礼》就记载有庶人下葬应严禁宋元时期的火葬习俗。（清）张廷玉等：《明史》，中华书局，1984年。

　　③ 　成都平原宋代砖室墓的一个显著特点，即在墓室侧壁砌多道立柱，立柱之间形成多道龛，后壁多数也有一龛。参见吴敬：《南方地区宋代墓葬研究》，社会科学文献出版社，2015年，第21页。

后　记

　　本报告为成都天府国际机场一期项目文物保护成果之一。2016年下半年至2017年上半年，为配合成都天府国际机场的建设，成都文物考古研究院与四川大学、西南民族大学、简阳市文物管理所组织专业队伍对机场建设范围内文物点开展了考古发掘工作。本项目的领队是成都文物考古研究院蒋成，谢林为现场执行领队，杨洋、刘祥宇、江滔、潘绍池负责现场发掘，白铁勇负责测绘，白玉龙负责文物保护。此外，参加发掘的人员还有程远福、谢常、陈军、徐凌鸿、陶芬、周波等。在发掘过程中，四川省文物局、成都市文物局、简阳市文化体育广电和新闻出版局给予了大力支持，在此一并感谢。

　　本报告涉及文物点位现场发掘工作自2016年8月至2017年1月结束，历时约6个月。参加资料整理的人员有成都文物考古研究院谢林、江滔、刘祥宇、杨洋、潘绍池、吴鹏、魏新柳、白铁勇、孙旭旺、李康、傅毅；简阳市文物管理所陈军、陶芬；都江堰市文物保护和历史文化研究中心傅浩；成都武侯祠博物馆付祺；成都市新都区文物保护所姜思旭。参加器物修复的人员有成都文物考古研究院技师党国松、党国慧。室内器物摄影为魏新柳。参加后期遗迹和器物绘图的人员有逯德军、钟雅莉。

　　本报告分章节作者为：第一章谢林、潘绍池、孙旭旺、陈军。第二章潘绍池、吴鹏、谢林、白铁勇。第三章江滔、刘祥宇、李康。第四章一至三节李康、潘绍池、陶芬；四至七节孙旭旺、魏新柳、姜思旭；八至十一节傅毅、付祺；十二至二十节傅浩、傅毅、陈军；二十一、二十三节姜思旭、杨洋；二十二、二十四、二十五节付祺、姜思旭、傅浩；二十六至二十八节杨洋、李康；二十九至三十一吴鹏、陶芬；三十二、三十三节白铁勇、姜思旭、杨洋；三十四、三十五节魏新柳、孙旭旺。第五章第一节潘绍池；第二节江滔、刘祥宇；第三节杨洋。报告由陈云洪、潘绍池统稿，成都文物考古研究院学术委员会进行了审核。

编　者

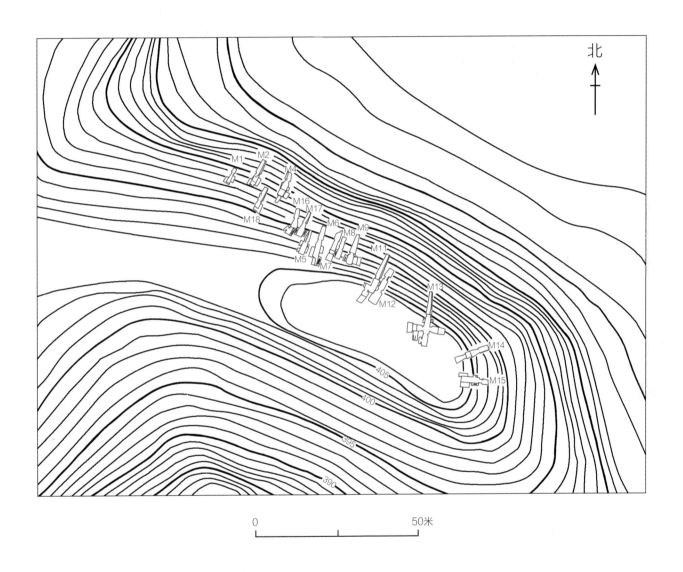

北

M1 M2 M4 M16 M17 M18 M6 M8 M9 M5 M7 M11 M12 M13 M14 M15

405
400
395
390

0 50米

汪家山崖墓分布图

图版二

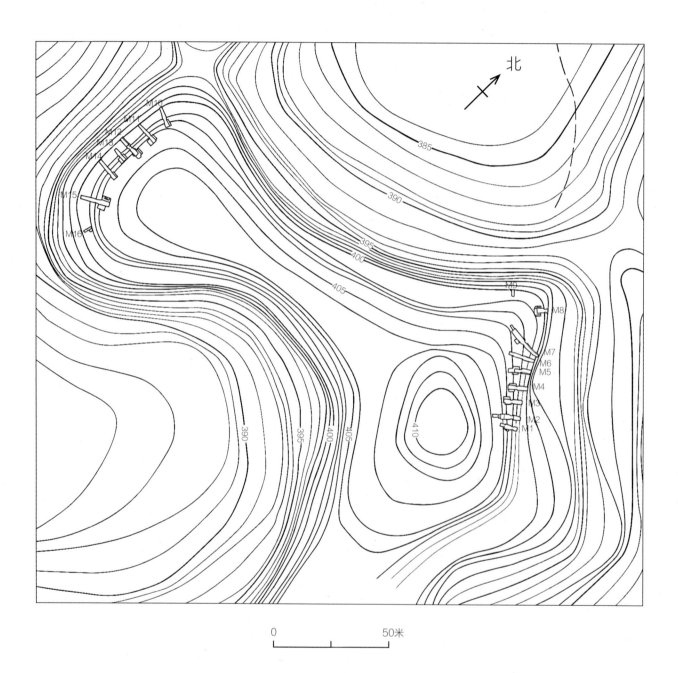

北

0   50米

大山崖墓分布图

北

0 16.4米

1.汪家山崖墓航拍图

北

2.大山崖墓航拍图

汪家山、大山崖墓航拍图

1.墓道、墓门

2.墓室

汪家山M2墓道、墓门、墓室

1. 后龛

2. 墓道雕刻

汪家山M4后龛及墓道雕刻

1. M6墓室

2. M7、M8墓道、墓门

汪家山M6墓室及M7、M8墓道、墓门

1. M9原岩石棺

2. M14墓内

汪家山M9原岩石棺、M14墓内形制

1. 墓道、墓门

2. 墓室

汪家山M16墓道、墓门、墓室

1. M17墓室

2. M18墓室

汪家山M17、M18墓室

1. M5：1

2. M13：2

3. M13：3

4. M13：4

5. M13：5

6. M15：3

汪家山M5、M13、M15出土陶钵

1.钵（M15：2）

2.钵（M15：4）

3.钵（M18：1）

4.瓿（M2：1）

5.瓿（M9：1）

6.瓿（M17：3）

汪家山M2、M9、M15、M17、M18出土陶器

1. 釜（M9：4）

2. 釜（M9：5）

3. 釜（M15：1）

4. 釜（M18：3）

5. 盘（M16：3）

6. 盘（M16：4）

汪家山M9、M15、M16、M18出土陶器

1. M2：2

2. M11：13

3. M14：1

4. M14：2

5. M14：3

6. M15：5

汪家山M2、M11、M14、M15出土陶罐

1. 罐（M16：2）

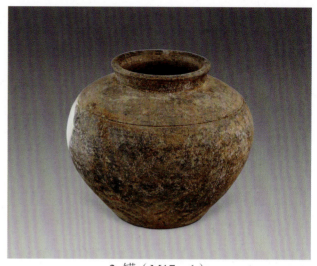

2. 罐（M17：1）

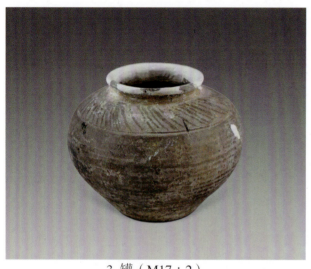

3. 罐（M17：2）

4. 罐（M18：2）

5. 簋（M9：6）

6. 簋（M16：5）

汪家山M9、M16、M17、M18出土陶器

1. M2：4

2. M5：3

3. M9：8

4. M11：6

5. M13：13

6. M14：9

汪家山M2、M5、M9、M11、M13、M14出土陶鸡

1. 女侍立俑（M1：1）

2. 女侍立俑（M1：2）

3. 女侍立俑（M9：10）

4. 侍立俑（M9：11）

5. 抚耳俑（M9：13）

6. 舞蹈俑（M9：14）

汪家山M1、M9出土陶俑

1.女侍立俑（M11：7）

2.男侍立俑（M11：8）

3.男侍立俑（M11：12）

4.提罐俑（M11：9）

5.男俑头（M11：11）

6.人物俑（M12：1）

汪家山M11、M12出土陶俑

1. 男俑头（M12：2）

2. 抚琴俑（M12：4）

3. 男俑头（M13：10）

4. 男劳作俑（M14：4）

5. 女劳作俑（M14：5）

6. 抚耳俑（M14：6）

汪家山M12、M13、M14出土陶俑

1. 女俑头（M13：9）

2. 男俑头（M13：11）

3. 执锸俑（M15：11）

4. 女侍立俑（M15：12）

5. 女俑头（M15：13）

6. 男俑头（M15：14）

汪家山M13、M15出土陶俑

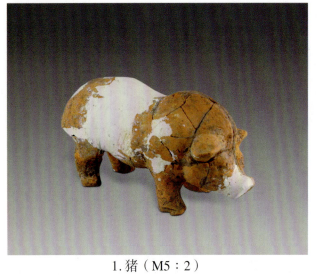

1.猪（M5：2）

2.狗（M11：5）

3.狗（M13：7）

4.猪（M13：8）

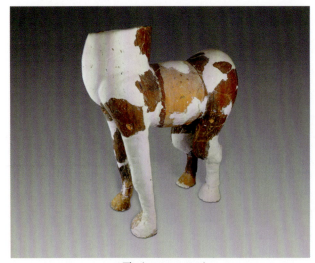

5.马（M13：15）

6.马（M14：8）

汪家山M5、M11、M13、M14出土陶俑

1. 墓室

2. 墓内雕刻

大山M1墓室及墓内雕刻

1. M2后龛

2. M3墓室

大山M2后龛、M3墓室

1. M4墓道、墓门

2. M5原岩石棺

大山M4墓道、墓门及M5原岩石棺

1.阁楼

2.凤鸟

大山M7雕刻

1. 人物

2. 胜纹

大山M7雕刻

1. M8陶棺、原岩石棺

2. M10墓室

大山M8陶棺、原岩石棺及M10墓室

1. M11墓室

2. M12墓道、墓门

大山M11墓室及M12墓道、墓门

1. M13陶棺

2. M15原岩石棺

大山M13陶棺、M15原岩石棺

1. 大山M16墓室

2. 蛮洞子山M2墓顶

大山M16墓室、蛮洞子山M2墓顶

1. 阁楼

2. 人物

蛮洞子山M2雕刻

1. M4：4

2. M4：5

3. M4：6

4. M5：1

5. M5：2

6. M8：1

大山M4、M5、M8出土陶钵

1. M3：1

2. M4：1

3. M4：3

4. M7：1

5. M9：1

6. M10：1

大山M3、M4、M7、M9、M10出土陶罐

1.抚琴俑（M2：2）

2.女侍立俑（M4：14）

3.女侍立俑（M4：15）

4.男俑（M4：17）

5.俑头（M4：18）

6.舞俑（M5：7）

大山M2、M4、M5出土陶俑

1.猪（M2：1）

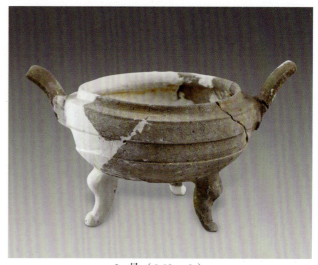

2.鼎（M3：2）

3.灶（M4：7）

4.狗（M4：11）

5.鸡（M4：12）

6.猪（M6：1）

大山M2、M3、M4、M6出土陶器

1. 全景

2. 后龛

甘蔗嘴M1全景及后龛造像

1. M1左侧门柱

2. M1右侧门柱

甘蔗嘴M1左右门柱雕刻

甘蔗嘴M1拱形梁花纹

1. 全景

2. 墓室

甘蔗嘴M2全景及墓室

1. M2后龛

2. M2右侧门柱

甘蔗嘴M2后龛及右侧门柱雕刻

1. 拱形梁花纹

2. 棺台

甘蔗嘴M2拱形梁花纹及棺台

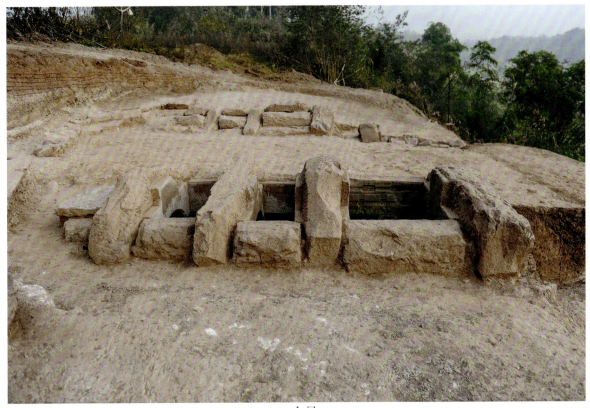

1. 全景

2. 墓室

甘蔗嘴M3全景及墓室

1. 封门

2. 后龛

甘蔗嘴M3封门及后龛

1. 左侧门柱

2. 右侧门柱

甘蔗嘴M3左右门柱雕刻

甘蔗嘴M3拱形梁花纹

甘蔗嘴M3棺台

1. 全景

2. 墓室

甘蔗嘴M4全景及墓室

1. 左侧门柱

2. 右侧门柱

甘蔗嘴M4左右门柱雕刻

1.甬道仿木结构及彩绘

2.后龛

甘蔗嘴M4甬道仿木结构及彩绘与后龛

1. 墓顶

2. 棺台

甘蔗嘴M4墓顶彩绘及棺台

甘蔗嘴M4拱形梁花纹

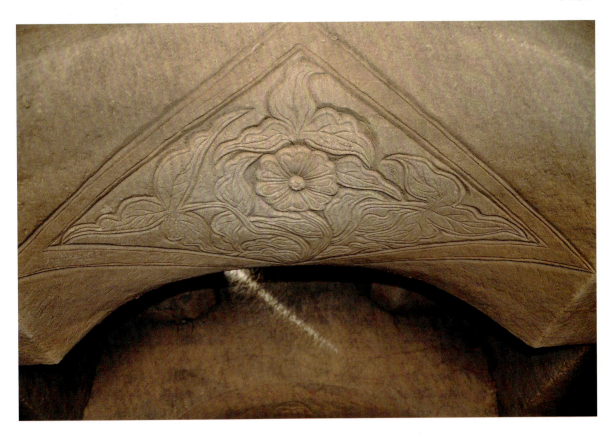

甘蔗嘴M4拱形梁花纹

1. 全景

2. 墓室

甘蔗嘴M5全景及墓室

1. 棺台

2. 后龛

甘蔗嘴M5后龛及棺台

1. 东二室后壁雕刻

2. 西二室后壁雕刻

生基嘴M1雕刻

1. 碓窝山墓地B地点墓葬

2. 雷万波坡M1

明代墓葬

1. 马鞍山M1、M2

2. 唐家沟M2后龛

明代墓葬

1. 器盖（生基嘴M1：1）

2. 器盖（猫斗山M2：3）

3. 器盖（猫斗山M2：4）

4. 器盖（花果山M4：1）

5. 器盖［庙儿山（金龙村）M1：1］

6. 碗（生基嘴M2：1）

1. 碗（猫斗山M4：3）

2. 碗（猫斗山M3：1）

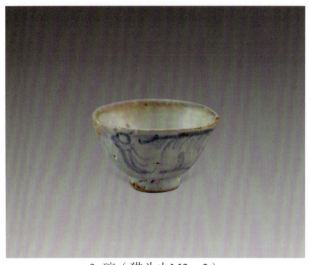

3. 碗（猫斗山M2：2）

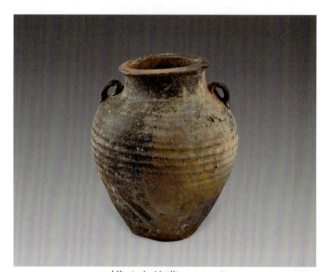

4. 罐（生基嘴M2：2）

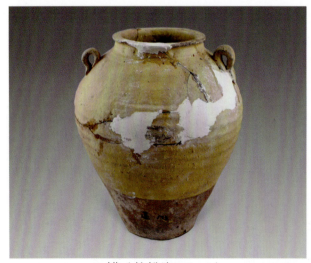

5. 罐（核桃沟M3：1）

6. 罐（生基嘴M2：4）

明代墓葬出土瓷器

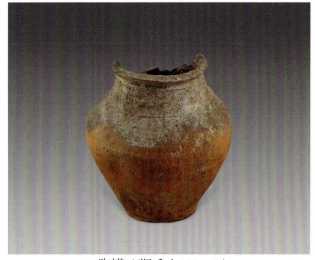

1. 陶罐（狮毛山M3：2）

2. 陶罐（狮毛山M8：1）

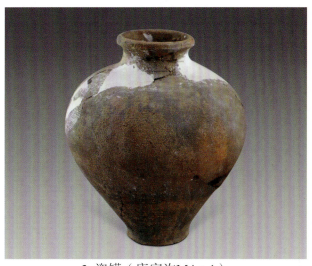

3. 瓷罐（唐家沟M4：1）

4. 瓷罐（猫斗山M5：1）

5. 瓷罐（狮毛山M2：1）

6. 瓷罐（狮毛山M2：2）

1. 谷仓罐（狮毛山M7∶1）

2. 谷仓罐（花果山M2∶1）

3. 龙纹罐（狮毛山M4∶2）

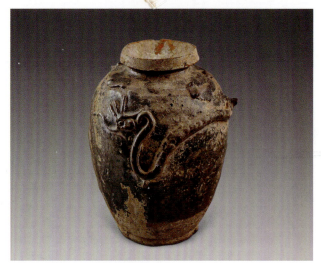

4. 龙纹罐（猫斗山M4∶1）

5. 龙纹罐（猫斗山M4∶2）

明代墓葬出土瓷器